主　　编　曹士兵　中国应用法学研究所所长
副 主 编　关　毅　国家法官学院科研部主任
　　　　　刘　畅　国家法官学院科研部副主任
主编助理　边疆戈　国家法官学院科研部编辑
　　　　　苏　烽　国家法官学院科研部编辑

《中国法院年度案例》编辑人员（按姓氏笔画）
边疆戈　朱建伟　刘　畅　关　毅　苏　烽
杨小利　罗胜华　赵丽敏　袁登明　唐世银
曹士兵　曹海荣　梁　欣　程　瑛　谭　红

本书编审人员　刘　畅

中国法院
2019年度案例

国家法官学院案例开发研究中心◎编

物权纠纷

中国法制出版社
CHINA LEGAL PUBLISHING HOUSE

《中国法院年度案例》通讯编辑名单

序

法律的生命在于实施，而法律实施的核心在于法律的统一适用。《中国法院年度案例》丛书出版的价值追求，即是公开精品案例，研究案例所体现的裁判方法和理念，提炼裁判规则，为司法统一贡献力量。

《中国法院年度案例》丛书，是国家法官学院于2012年开始编辑出版的一套大型案例丛书，之后每年年初定期出版，由国家法官学院案例开发研究中心具体承担编辑工作。此前，该中心坚持20余年连续不辍编辑出版了《中国审判案例要览》丛书近90卷，分中文版和英文版在海内外发行，颇有口碑，享有赞誉。现在编辑出版的《中国法院年度案例》丛书，旨在探索编辑案例的新方法、新模式，以弥补当前各种案例书的不足。该丛书2012～2018年已连续出版7套，一直受到读者的广泛好评，并迅速售罄。为更加全面地反映我国司法审判的发展进程，顺应审判实践发展的需要，响应读者需求，2014年度新增3个分册：金融纠纷、行政纠纷、刑事案例，2015年度将刑事案例调整为刑法总则案例、刑法分则案例2册，2016年度新增知识产权纠纷分册，2017年度新增执行案例分册，2018年将刑事案例扩充为4个分册。现国家法官学院案例开发研究中心及时编撰推出《中国法院2019年度案例》系列丛书，共23册。

总的说来，当前市面上的案例丛书百花齐放，既有判决书网，可以查询各地、各类的裁判文书，又有各种专门领域的案例汇编书籍，以及各种案例指导、案例参考等读物，十分活跃，也各具特色。而《中国法院年度案例》丛书则试图把案例书籍变得“好读有用”，故在编辑中坚持以下方法：一是高度提炼案例内容，控制案例篇幅，每个案例基本在3000字以内；二是突出争议焦点，剔除无效信息，尽可能在有限的篇幅内为读者提供有效、有益的信息；三是注重对案件裁判文书的再加工，大多数案例由案件的主审法官撰写“法官后语”，高度提炼、总结案例的指导价值。

同时，《中国法院年度案例》丛书还有以下特色：一是信息量大。国家法官学院案例开发研究中心每年从全国各地法院收集到的上一年度审结的典型案例超过10000件，使该丛书有广泛的选编基础，可提供给读者新近发生的全国各地的代表性案例。二是方便检索。为节约读者选取案例的时间，丛书分卷细化，每卷下还将案例主要根据案由分类编排，每个案例用一句话概括裁判规则、裁判思路或焦点问题作为主标题，让读者一目了然，迅速找到需求目标。

中国法制出版社始终全力支持《中国法院年度案例》的出版，给了作者和编辑们巨大的鼓励。2018年新推出数据库增值服务，2019年继续提供数据库增值服务并充实完善数据内容。购买本书，扫描前勒口二维码，即可在本年度免费查阅使用上一年度案例数据库。我们在此谨表谢忱，并希望通过共同努力，逐步完善，做得更好，真正探索出一条编辑案例书籍、挖掘案例价值的新路，更好地服务于学习、研究法律的读者，服务于社会，服务于国家的法治建设。

本丛书既可作为法官、检察官、律师等司法实务工作人员的办案参考和司法人员培训推荐教程，也是社会大众学法用法的极佳指导，亦是教学科研机构案例研究的精品素材。当然，案例作者和编辑在编写过程中也不能一步到位实现最初的编写愿望，可能会存在各种不足，甚至错误，欢迎读者批评指正，我们愿听取建议，并不断改进。

曹士兵

目　录

Contents

一、物权保护纠纷

（一）所有权确认纠纷

二、用益物权纠纷

三、担保物权纠纷

四、共有关系纠纷

五、相邻关系纠纷

六、建筑物区分所有权纠纷

七、其他物权相关纠纷

一、物权保护纠纷

（一）所有权确认纠纷

1

法定代表人用公司支票所购房、车登记在个人名下的，房、车不归公司所有

——周某等诉高某童等所有权确认案

【案件基本信息】

1. 裁判书字号

北京市第三中级人民法院（2017）京 03 民终 11038 号民事判决书

2. 案由：所有权确认纠纷

3. 当事人

原告（被上诉人）：周某、高某霞、高某龙

被告（上诉人）：高某童、北京某信息咨询有限责任公司（以下简称某信息咨询公司）、北京某商贸有限公司（以下简称某商贸公司）、张某

【基本案情】

周某与高云某于 1985 年 4 月 20 日登记结婚，二人婚后生育一子高某龙、一女高某霞。高云某与张某于 1995 年 8 月 31 日生育一子高某童（非婚生子）。2012 年 4 月 22 日，高云某去世，其父母均已先于其去世。

1998年5月25日，高云某与张某共同成立某信息咨询公司，法定代表人为高云某。2010年6月11日，高云某与张某共同成立某商贸公司，法定代表人为张某。1999年7月7日，高云某一次性缴纳129328元购买涉诉楼房，于2005年6月28日转移登记至高云某名下。高云某去世后，涉诉楼房由张某、高某童居住使用。1998年12月21日，高云某购买捷达牌小轿车一辆，车辆登记在高云某名下。2008年6月19日，高云某购买速腾牌小轿车一辆，车辆登记在高云某名下。上述两辆车现均由张某控制使用。

庭审中，被告称涉诉楼房及车辆系由某信息咨询公司出资购买，为此其提交发票及支票存根、转账存根予以证明。原告主张取出支票钱款的目的不能明确，即使是高云某取出现金，也只能证明是高云某与某信息咨询公司之间的债权债务关系，与房屋、车辆所有权无关。

【案件焦点】

高云某用某信息咨询公司的支票购买车辆、房屋，登记在自己名下，车辆、房屋是否属于公司财产。

【法院裁判要旨】

北京市顺义区人民法院经审理认为：根据《最高人民法院关于民事诉讼证据的若干规定》第二条的规定，当事人对自己提出的诉讼请求所依据的事实或者反驳对方诉讼请求所依据的事实有责任提供证据加以证明。没有证据或者证据不足以证明当事人的事实主张的，由负有举证责任的当事人承担不利后果。庭审中，张某主张涉诉房屋系高云某为高某童购买，应属于其与高某童所有，但是针对该主张其并未提交充足的证据予以证明，应当承担不利后果。对于其上述主张，本院不予认可。另外，四被告主张高云某从某信息咨询公司取走款项后买车、买房，但即使高云某自某信息咨询公司取款，也只能证明高云某与该公司之间存在款项来往关系，不能影响房屋、车辆的所有权属性。因为涉诉车辆、房屋均为高云某与周某婚姻关系存续期间购买，所以应当属于高云某与周某的夫妻共同财产。

北京市顺义区人民法院依照《最高人民法院关于民事诉讼证据的若干规定》第二条之规定，作出如下判决：

一、确认北京市顺义区某小区某号楼某号房屋为高云某与周某的夫妻共同财产；

二、确认捷达牌小轿车、速腾牌小轿车为高云某与周某的夫妻共同财产。

某信息咨询公司、某商贸公司、高某童、张某不服一审判决，提起上诉。北京市第三中级人民法院经审理认为：本案二审争议的焦点在于涉诉楼房及车辆是否为高云某及周某的夫妻共同财产。涉诉楼房及车辆购买于高云某及周某婚姻关系存续期间，登记在高云某名下，高云某为涉诉楼房及车辆登记的物权所有人，即使高云某从某信息咨询公司取款，双方之间亦为债权债务关系，不能据此认定涉诉楼房及车辆的所有权归属，故涉诉楼房及车辆应当属于高云某与周某的夫妻共同财产。某信息咨询公司、某商贸公司、高某童、张某依据出资情况主张涉诉楼房及车辆的所有权，与现有法律规定相悖，对其上诉意见不予采纳。

综上所述，某信息咨询公司、某商贸公司、高某童、张某的上诉请求不能成立，应予驳回，一审判决认定事实清楚，适用法律正确，应予以维持。依照《中华人民共和国民事诉讼法》第一百七十条第一款第一项的规定，判决如下：

驳回上诉，维持原判。

【法官后语】

本案的主要争议焦点在于某信息咨询公司的法定代表人高云某用该公司开具的支票购买车辆及房屋，如何确认所有权归属。造成本案存在审理难点的原因在于高云某的个人身份与其某信息咨询公司法定代表人身份的重合，而某信息咨询公司仅有的另一名股东则是与高云某有同居关系并育有子女的张某，这又导致高云某的个人财产与公司的财产不能完全析分。

确认涉诉房屋及车辆所有权问题，应主要从房屋及车辆登记情况、出资来源以及购买过程进行分析。第一，从房屋登记情况来看，《物权法》第九条第一款规定，不动产物权的设立、变更、转让和消灭，经依法登记，发生效力；未经登记，不发生效力，但法律另有规定的除外。第十七条规定，不动产权属证书是权利人享有该不动产物权的证明。不动产权属证书记载的事项，应当与不动产登记簿一致；记载不一致的，除有证据证明不动产登记簿确有错误外，以不动产登记簿为准。上述条款赋予不动产登记以权利变动效力及权利推定效力，故登记是判定房屋归属的根本依据，法院应推定登记簿上记载的权利人享有所有权。车辆虽然属于动产，但是

《物权法》第二十四条规定，船舶、航空器和机动车等物权的设立、变更、转让和消灭，未经登记，不得对抗善意第三人。因此，法院亦首先推定车辆登记的权属人为其所有权人。涉诉房屋及车辆均登记在高云某名下，且购买于高云某与周某婚姻关系存续期间，因此法院首先应推定涉诉房屋及车辆系高云某与周某的夫妻共同财产。某信息咨询公司对车辆及房屋登记的权利人提出异议并主张所有权，那么其应当向法院提交充足的证据证明其主张。该公司向法院提交支票证明涉诉房屋及车辆由公司出资，那么法院应根据该出资证据作进一步分析。第二，从车辆及房屋出资来源分析，高云某与张某的特殊身份关系在一定程度上导致高云某的个人财产与公司财产并不能完全析分，虽然可以确定高云某用于购买房屋及车辆的款项来源于某信息咨询公司，但是只能代表高云某自公司处取得钱款，并不能说明是公司出资让高云某为公司购买车辆及房屋。因此，还要结合房屋、车辆购买过程中办理手续的名义人以及房屋、车辆使用情况进行判断。第三，根据房屋及车辆购买过程来看，高云某系以其个人名义来办理手续并最终登记在其个人名下，首先可以确定从高云某角度，其购买车辆及房屋不是为了公司，而是为其个人，对此张某完全知情，但并没有提出异议，可以进一步印证高云某购买房屋、车辆并非公司购买；而且车辆、房屋登记在高云某名下十余年之久，作为某信息咨询公司股东的张某均未提出异议，不符合常理。从房屋及车辆的最终使用情况来看，涉诉房屋并未作为某信息咨询公司的工作场所或者其他场所，可以看出高云某是为了个人居住而购买，与公司并无关系，车辆亦由张某个人使用。

综上，在某信息咨询公司仅有的另外一位股东张某知情且同意的情况下，高云某以个人名义办理车辆及房屋的购买手续并将车辆及房屋登记在其个人而非公司或者张某名下，最终涉诉车辆及房屋也是由高云某、张某使用、居住，完全可以证明高云某购买房屋、车辆的行为并非以公司法定代表人的身份为公司购买。因此，法院最终认定涉诉房屋及车辆均属于高云某与周某的夫妻共同财产。

编写人：北京市顺义区人民法院　李秀文

2

房改房的权属认定及涉房改房继承、赠与的处理

——陈某国诉杜某家等所有权确认案

【案件基本信息】

1. 裁判书字号

福建省厦门市集美区人民法院（2016）闽0211民初3346号民事判决书

2. 案由：所有权确认纠纷

3. 当事人

原告：陈某国

被告：杜某家、陈某香、陈某卿、杜某华、陈某玉、谢某花

第三人：林某珍

【基本案情】

杜某华与陈某耳原系夫妻，二人生育二子即陈某国、杜某家和三女即陈某香、陈某卿、陈某玉。陈某耳于1997年1月去世，其父陈某春先于其去世。谢某花系陈某耳的母亲。陈某国与林某珍于1985年登记结婚，于1995年年初登记离婚。陈某国与戴某某于1996年2月9日登记结婚。讼争房屋坐落于厦门市集美区某巷6号106单元，建筑面积64.24平方米，竣工于1984年12月，原属厦门化学纤维厂所有。陈某耳、林某珍原系该厂员工。1993年12月，根据《厦门市住房制度改革实施方案》规定，陈某耳向厦门化学纤维厂递交《购买公有住房申请表》，申请购买讼争房屋。《购买公有住房申请表》记载申请人陈某耳的共户家庭成员（常住户口）为陈某国，申请表后附陈某耳、杜某华和陈某国的户口页复印件。同月30日，陈某耳与厦门化学纤维厂签订《厦门市公有住宅买卖合同书》，约定讼争房屋每平方米建筑面积的综合价为500.12元，房款总计32127.71元，购房工龄补贴计3200元，实际付款额计28927元。1995年7月7日，陈某耳、陈某国的户籍由他处迁入

讼争房屋。同年10月5日，陈某耳向厦门化学纤维厂缴纳讼争房屋价款28807元。1997年4月9日，讼争房屋所有权登记于陈某耳名下，领证日期为1997年5月16日，共有权人记载为空白。讼争房屋交付后由谢某花、陈某耳、陈某国夫妇共同居住使用，房屋所有权证和国有土地使用证由陈某国持有。

林某珍于2016年2月28日、5月30日先后出具证明，分别载明：1. 从1987年分到房以后，陈某耳就提出让其母谢某花来同住，后谢某花就过来一起住由陈某国家庭供养。房改后，陈某耳曾对我说过：房子虽是你们买的，但也有一些是我的工龄份额，要求我要孝敬老人，一直让老人住下去，我的份额就都是你们的。2. 在离婚时本人与陈某国已商定，确认某巷6号106单元房产归陈某国所有，陈某国已对该房产中我的份额作出补偿。

审理中，法院根据陈某国的申请依法通知证人陈某某、林某某（分别系陈某耳堂弟、堂弟媳）出庭作证，其陈述陈某耳因病去世前一夜就讼争房屋的继承立有口头遗嘱，遗嘱内容为将讼争房屋属于陈某耳的产权份额赠送给陈某国，同时要求谢某花有权居住在讼争房屋。另，杜某华陈述希望在法庭主持下协商处理本案，如协商不成，则将讼争房屋中属于杜某华的份额赠与陈某国。

【案件焦点】

1. 原告能否以实际出资为由主张对涉案房改房享有所有权；2. 房改房是否属于购房职工与配偶的夫妻共同财产；3. 涉房改房的继承、赠与的认定及处理。

【法院裁判要旨】

福建省厦门市集美区人民法院经审理认为：根据《中华人民共和国物权法》第九条第一款“不动产物权的设立、变更、转让和消灭，经依法登记，发生效力；未经登记，不发生效力，但法律另有规定的除外”、第十六条第一款“不动产登记簿是物权归属和内容的根据”以及《最高人民法院关于适用〈中华人民共和国物权法〉若干问题的解释（一）》第二条“当事人有证据证明不动产登记簿的记载与真实权利状态不符、其为该不动产物权的真实权利人，请求确认其享有物权的，应予支持”的规定，不动产登记机构对房屋所有权人的登记具有公示效力，一般情况下可以依此确认不动产的所有权人，但该登记并不意味着权利的最终归属，也不影响人民法院对存在争议的房屋权属作出认定。

从查明的事实来看，讼争房屋系房改房，以陈某耳名义向其工作单位厦门化学纤维厂申请，并签订了《厦门市公有住宅买卖合同书》，将讼争房屋所有权登记在陈某耳名下，陈某耳系讼争房屋的所有权人。根据《中华人民共和国婚姻法》第十七条第一款“夫妻在婚姻关系存续期间所得的下列财产，归夫妻共同所有：（一）工资、奖金；（二）生产、经营的收益；（三）知识产权的收益；（四）继承或赠与所得的财产，但本法第十八条第三项规定的除外；（五）其他应当归共同所有的财产”以及《最高人民法院关于适用〈中华人民共和国婚姻法〉若干问题的解释（二）》第十一条“婚姻关系存续期间，下列财产属于婚姻法第十七条规定的‘其他应当归共同所有的财产’：（一）一方以个人财产投资取得的收益；（二）男女双方实际取得或者应当取得的住房补贴、住房公积金；（三）男女双方实际取得或者应当取得的养老保险金、破产安置补偿费”的规定，讼争房屋购买于杜某华与陈某耳婚姻关系存续期间，并以陈某耳的工龄享受了住房价格补贴，故讼争房屋系陈某耳与杜某华婚姻关系存续期间所得的共同财产。《最高人民法院关于适用〈中华人民共和国婚姻法〉若干问题的解释（三）》第十二条规定，婚姻关系存续期间，双方用夫妻共同财产出资购买以一方父母名义参加房改的房屋，产权登记在一方父母名下，离婚时另一方主张按照夫妻共同财产对该房屋进行分割的，人民法院不予支持。购买该房屋时的出资，可以作为债权处理。现陈某国主张购房款由其出资，但房改房福利色彩浓厚，出售对象特定，与购房人的职务、工龄、福利相关，即使陈某国、林某珍在陈某耳购买讼争房屋时有出资，该出资可作为债权主张，不代表其享有讼争房屋的所有权份额。即使讼争房屋由荣坪新村房屋调整而来，也不代表陈某国对讼争房屋享有所有权，故陈某国以实际出资为由主张对讼争房屋享有所有权，缺乏事实及法律依据，法院不予采纳。

如前所述，讼争房屋系陈某耳与杜某华的夫妻共同财产，因陈某耳于1997年1月去世，故讼争房屋中属于陈某耳的份额在陈某耳死亡时作为其遗产发生继承。根据《中华人民共和国继承法》第五条“继承开始后，按照法定继承办理；有遗嘱的，按照遗嘱继承或者遗赠办理；有遗赠扶养协议的，按照协议办理”、第十三条第三款“对被继承人尽了主要扶养义务或者与被继承人共同生活的继承人，分配遗产时，可以多分”以及第十七条第五款“遗嘱人在危急情况下，可以立口头遗嘱。口头遗嘱应当有两个以上见证人在场见证。危急情况解除后，遗嘱人能够用书面或者录音形式立遗嘱的，所立的口头遗嘱无效”的规定，证人陈某某、林某某出具的证明及庭审中的证言证实，陈某耳因病去世前一夜就讼争房屋中属于其本人的份额立有口头遗嘱，遗嘱内容为将其房产份额赠送给陈某国，同时要求谢某花有权居住在讼争房屋。本院认为，上述口头遗嘱系陈某耳在危急情况下所立，遗嘱见证人陈某某、林某某系完全民事行为能力人，与各继承人及争议财产均无利害关系，不具有《中华人民共和国继承法》第十八条规定的不能作为遗嘱见证人的情形，结合陈某国与陈某耳、谢某花长期共同居住生活的事实，法院认定陈某耳所立附义务的口头遗嘱合法有效，讼争房屋中属于陈某耳的份额由陈某国继承，陈某国负有让谢某花居住使用讼争房屋之义务。另，审理中杜某华明确表示，如协商不成则将讼争房屋中属于其本人的份额赠与陈某国，系杜某华对自身权利的合法处分，符合法律规定。现陈某国主张对讼争房屋享有所有权，具有事实和法律依据，法院予以支持。

福建省厦门市集美区人民法院根据《中华人民共和国民法通则》第七十六条、第七十八条，《中华人民共和国物权法》第九条第一款、第十六条、第十七条，《中华人民共和国婚姻法》第十七条，《中华人民共和国合同法》第一百八十五条，《最高人民法院关于适用〈中华人民共和国物权法〉若干问题的解释（一）》第二条，《最高人民法院关于适用〈中华人民共和国婚姻法〉若干问题的解释（二）的补充规定》第十一条，《中华人民共和国继承法》第二条、第三条、第五条、第十三条第三款、第十七条第五款、第十八条、第二十一条、第二十六条第一款，《中华人民共和国民事诉讼法》第六十四条第一款、第一百四十四条，《最高人民法院关于民事诉讼证据的若干规定》第二条的规定，判决：

一、位于福建省厦门市集美区某巷6号106单元（建筑面积为64.24平方米、原登记所有权人为陈某耳）房屋归陈某国所有；

二、谢某花有权在其有生之年居住于上述房屋。

【法官后语】

本案涉及的主要问题是房改房的产权登记在已去世的购房人名下，购房人之子能否以实际出资及遗嘱继承为由主张对该房屋享有所有权。具体涉及以下几个问题：

1. 可否依据出资认定房改房的所有权归属

陈某国以实际支付讼争房改房的购房款为由，主张对房改房享有部分所有权，但房改房是特定历史时期国家福利政策的产物，具有补偿性、社会保障性、国家统筹性、享受权利一次性等特点，福利色彩浓厚，不能仅依据出资认定房改房的所有权归属。首先，房改房的销售对象有严格的限制。不是所有人都可以享受房改的优惠政策，享有购买房改房资格的人只能是承租公房的城镇居民和符合分配住房条件的单位职工。因此，确定房改房的权属，不能仅依据出资判断。其次，确认房改房的权属，还要考虑工龄优惠。房改房的福利政策包括使用购房人工龄在内的各种优惠，形式上是对房价的政策性补贴，实质上具有物权补偿及房屋承租权转化的属性。按照成本价购买的房改房，房屋所有权归职工个人所有，按照标准价购买的，职工拥有部分房屋所有权，一般在5年后归职工个人所有。房改房的价格在标准价或成本价的基础上还有工龄、职务或职称方面的优惠折扣，所以，购房职工的工龄优惠成为购房职工在购买公有住房时必然会享受的一项福利待遇。综上，房改房出售仅限于特定对象，与购房人的职务、工龄、福利相关，不能单纯以出资判断其所有权归属。他人在购买房改房时有出资的，只形成债的关系，不代表对房屋具有所有权。

具体到本案，陈某国不具有购买讼争房改房的资格，如果陈某国与林某珍在购房人陈某耳购买讼争房改房时有出资，可作为债权主张，而不能主张所有权，陈某国以实际出资为由主张对讼争房屋享有所有权，缺乏事实及法律依据。

2. 房改房是否属于购房人与配偶的夫妻共同财产

根据《最高人民法院关于适用〈中华人民共和国婚姻法〉若干问题的解释(二)的补充规定》第十一条的规定，婚姻关系存续期间，男女双方实际取得或者应当取得的住房补贴、住房公积金属于夫妻共同所有。房改房的价格在标准价或成本价的基础上还有夫妻双方的工龄、职务或职称方面的优惠折扣，所以，对购房人的相关优惠成为其购买公有住房时必然会享受的福利待遇。这些优惠不仅仅是对购房人的政策性补贴，更是其夫妻双方获得的财产或财产性权益。因此，婚姻关系存续期间配偶一方享受了住房价格补贴购买的房改房应认定为夫妻共同财产。

具体到本案，讼争房屋购买于杜某华与陈某耳婚姻关系存续期间，并以陈某耳工龄享受了住房价格补贴，故讼争房屋系陈某耳与杜某华的共同财产。

3. 涉房改房继承、赠与的认定及处理

房改房政策实施至今已有二十多年，司法实践中多有房改房权属证书上载明的所有权人死亡且涉及继承的问题，有的还涉及房改房的赠与问题，对此应当根据继承和赠与的相关法律规定厘清相关法律关系以确认房改房的所有权归属：房改房作为遗产继承的，继承开始后，首先确认房改房是否属于共有，存在共有关系的，应先将其他共有人产权份额分出，剩余的份额按照法定继承办理；有遗嘱的，按照遗嘱继承或者遗赠确定房改房所有权归属；有遗赠扶养协议的，按照协议办理。如涉及赠与，则根据房屋所有权人的赠与行为确定所有权归属。

具体到本案，讼争房改房产权人陈某耳生前立有遗嘱，将该房屋有条件地遗赠给陈某国，虽然其对杜某华的产权份额构成无权处分，但是因杜某华在本案中明确表示同意将其该产权份额赠与陈某国，故可以认定讼争房改房归陈某国所有。

房改房是20世纪90年代国务院实行城镇住房制度改革的产物，作为特定历史时期的政策福利性分房，其权属认定需要结合住房制度改革相应政策规定、公有住房出售的具体情况、房改时是否享受了工龄优惠等因素及其权属变动情况进行综合判断。

编写人：福建省厦门市集美区人民法院　王悦

3

房屋买受人死亡后出资人所有权取得的认定

——于某玲诉于某一等所有权确认案

【案件基本信息】

1. 裁判书字号

北京市第二中级人民法院（2017）京02民终3430号民事判决书

2. 案由：所有权确认纠纷

3. 当事人

原告（上诉人）：于某玲

被告（上诉人）：于某三

被告（被上诉人）：于某一、于某二、于某四、于某五

第三人：北京雪花电器集团公司（以下简称北京雪花公司）

【基本案情】

于德某、于吕氏系夫妻，分别于1953年、1972年去世，二人共生育六个子女，即于某一、于某二、于某三、于某四（1993年2月去世，未婚）、于某五、于某六。于某玲系于某三之女。

于某四曾在北京市塑料制品厂（1994年3月经批准与北京雪花公司合并，暂时保留北京市塑料制品厂名称）工作，1992年7月4日，于某四与该厂签订《公有住宅租赁合同》并承租201号房屋，后该厂进行房改售房，于某四于当年12月28日缴纳购房款2000元。在于某四去世后，于某玲经手办理了201号房屋的买卖合同事宜。该《房屋买卖合同》签订时间为1993年7月13日，卖方为北京市塑料制品厂，买方为于某四。1994年3月14日、1995年2月14日、1996年3月13日及1998年4月22日的四份收据显示，该厂先后收到"于某四"购房款5000元、5000元、6078元及维修基金623元，交款人均为于某玲。1997年8月16日，201号房屋所有权证下发，登记所有权人为于某四。

2013年10月，于某玲诉至法院，以系于某四养女，对其进行了照顾，且缴纳了购房款、维修基金等为由要求确认201号房屋归其所有。于某二、于某五、于某六对此不认可，认为201号房屋应为于某四个人财产，他们亦未放弃继承。于某三认可于某玲陈述。后法院经审理驳回了于某玲的诉讼请求，于某玲提起上诉，二审法院将该案发回重审。

该案重审后，于某玲、于某三及于某二、于某五、于某六均坚持原前述意见。于某一在重审程序中未进行答辩。

关于201号房屋性质，北京市塑料制品厂表示，该房屋原产权为单位，经福利分房由职工承租，后经房改房政策，由职工购买取得产权。但应以职工名义购买，不能给非单位职工，故办理在于某四名下。

诉讼中，法院前往于某四去世前居住地所在的街道办事处社区办、社区及派出

所进行走访，街道办事处和社区的工作人员反映，没有听说过于某四曾有养女或养子。社区片警对于于某四的情况不了解。于某玲就其与于某四系养母女关系，未能向法院提交证据予以证明。

北京雪花公司表示因于某四去世，所以北京塑料制品厂将房屋卖给于某四的家属，可以是于某玲，也可以是其他的家属，具体售房对象和收取房款的意义，因为时间已经过去20年，无法核实。

于某玲申请法院调取1993年3月至7月的北京塑料制品厂党政会议纪要以证明其是购房人，法院前往北京雪花公司党群办公室了解相关情况，未果。

于某玲所持《房屋买卖合同》约定：北京塑料制品厂将涉案房屋出售给于某四，房价款9921元。实际价：18078元（法院注：该实际价部分为手写）；于某四分三次付清房价款：首付款在1992年12月28日付2000元；剩余部分房款分别于1993年、1994年、1995年三年内付清；由北京塑料制品厂到房地产交易管理所办理立契过户手续。涉案房屋在北京市丰台区房屋管理局备案的《房屋买卖合同》的内容与前述合同内容基本一致，其上没有手写的实际价部分。

北京雪花公司陈述，于某四是我单位职工，因其对单位有贡献，故在其去世后，单位未收回涉案房屋，亦未指定将房屋卖给谁，应该是给于某四全部家属的。

【案件焦点】

1. 房屋买受人缴纳了部分房款，但未签订书面房屋买卖合同，其与售房单位之间是否成立买卖合同关系；2. 房屋买受人死亡后，其亲属出面与售房单位签订的买卖合同是否形成新的买卖关系，房屋买受人是否已经变更；3. 房屋买受人与实际出资人之间是否存在借名买房关系。

【法院裁判要旨】

北京市丰台区人民法院经审理认为，本案的争议焦点如下：首先，于某玲是否为于某四的养女。于某玲未提交能够证明存在收养关系的相关证据，本院走访了于某四生前居住地的街道、社区和派出所，均没有人表示于某四生前曾有过养女或办理过收养手续，故本院不能确定于某玲系于某四之养女。其次，出售201号房屋行为的法律意义。于某四生前，其单位已经开始落实房改政策，于某四有购房意愿，并缴纳了2000元的预付款，于某四与北京塑料制品厂之间已经就出售201号房屋达成了合意，后因于某四去世，其单位考虑到于某四生前购房的情况及其对单位所做的贡献，将房屋卖给于某四的家属，具体对象为谁，北京雪花公司无法确认与核实，但其两份售房合同的买受方均明确为于某四。因单位售房对象仅限于本单位职工，只有于某四符合购房的身份，故合同及收款均以于某四的名义进行。最后，于某玲支付房屋价款的行为并不意味着其当然享有房屋的物权，这不符合借名买卖的情况，没有任何证据显示原产权单位同意将房屋卖给于某玲，因此于某玲应承担举证不利的后果。

北京市丰台区人民法院依照《中华人民共和国民法通则》第五条、《中华人民共和国物权法》第九条、《中华人民共和国民事诉讼法》第一百四十四条之规定，作出如下判决：

驳回于某玲的诉讼请求。

于某玲、于某三不服一审判决，提起上诉。北京市第二中级人民法院经审理认为：第一，北京塑料制品厂于 1992 年进行房改售房，于某四于同年 12 月 28 日即已缴纳购房款 2000 元，故此时双方之间的房屋买卖合意已经达成。现于某玲认为其系涉案房屋的实际购买人，但未能提交北京塑料制品厂将其确定为购买人的证据，且北京雪花公司现表示亦未指定将涉案房屋卖给谁，应该是给于某四的全部家属，故仅凭于某玲的房款给付行为以及缴纳房款的数额情况，本院无法认定涉案房屋归其所有。第二，于某玲未举证证明其系于某四之养女，故在于某四去世后，其缴纳房款的行为不能视为其作为于某四的第一顺序继承人继续履行房屋买卖合同的行为。于某玲亦未举证证明作为继承人的于某二、于某五、于某六等人放弃承继房屋买卖合同项下的权利。于某玲主张其为养女，且其他继承人均已放弃对涉案房屋的权利，无证据支持，本院无法采信。因此，其缴纳房款的行为不构成对涉案房屋权利的承继。第三，本案中无证据证明北京塑料制品厂已确定于某玲系房屋买卖合同的买方，北京雪花公司亦表示未指定将涉案房屋卖给谁，应该是给于某四的全部家属，且于某玲未举证证明其与于某四之间曾达成借名买房的合意，故于某玲主张其系借名买房，无证据佐证，亦无法支持。

北京市第二中级人民法院依照《中华人民共和国民事诉讼法》第一百七十条第一款第一项之规定，判决如下：

驳回上诉，维持原判。

【法官后语】

本案涉案房屋买卖从达成买卖合意、签订合同到具体履行均具诸多特殊性，如涉及房改售房、购房人仅缴纳部分房款，尚未签约即死亡、购房人的购房合同形成于其死亡之后、购房人亲属中由一人出面签约并缴纳剩余房款等。上述情况导致案件审理中需要认定和处理的法律节点较多，由于认识角度不同，对各节点的界定也容易出现分歧，现仅就案件中的节点问题分析探讨如下：

节点一：本案属于继承纠纷还是物权确认纠纷。

从于某玲起诉的基本诉由上看，于某玲以其签订了购房合同、缴纳了房款为主要依据，要求确认房屋归共所有，并非依据我国继承法的规定主张房屋归其所有，因此，本案系物权确认纠纷当中的所有权确认纠纷，并非继承纠纷。

节点二：于某四与北京塑料制品厂之间是否达成了房屋买卖合意。

于某四生前未与北京塑料制品厂签约，未就房屋总价款进行明确约定，仅支付了部分购房款，在此情况下，是否可以认定于某四与北京塑料制品厂之间尚未形成房屋买卖合意？答案应当是否定的。社会生活的复杂性决定了法官在适用法律时需要运用社会经验，考虑社会情理，以作出慎重判断。本案中，要做到正确、合理地适用法律，认定合同当事人之间是否达成合意，需要法官审慎地适用经验法则加以判断，不能简单地、公式化地套用法律条文。在我国，单位房改售房对于其职工而言是一项非常重要的福利优惠，由于购买价格不高，职工普遍具有强烈的购买意愿，同时房改售房具有很强的政策性，售房价款的确定亦是按照明确的政策执行，在此情况下，根据于某四已向单位支付购房首付款的行为，可以认定其与北京塑料制品厂之间已经达成房屋买卖的合意，不宜以双方未就房屋总价款进行明确约定为由认定双方未达成合意。

节点三：于某玲以死者于某四的名义签订的合同是否无效。

本案中，于某玲以于某四名义与北京塑料制品厂签订合同时，于某四已经死亡。因此，容易使人认为，死者于某四已经丧失民事主体资格，故以其名义签订的合同应属无效，北京塑料制品厂无需履行该合同。对此，基于上述节点二的分析，我们认为，于某四在生前与北京塑料制品厂已经达成口头房屋买卖合同且于某四已经履行了部分义务。因此，于某玲所签房屋买卖合同可视为对于某四与北京塑料制品厂之间的购房合意进行的书面确认，故不宜以书面合同形成时于某四已亡故简单地判断该合同无效，否则不仅与于某四和北京塑料制品厂的真实意愿相悖，而且意味着对于某四生前应当享有的住房福利的剥夺。

节点四：于某玲代亡者于某四签订房屋买卖合同并缴纳剩余购房款，能否因此确认房屋所有权归其所有。

首先，基于节点二的分析，我们认为，房屋的购买人应为于某四。取得房屋所有权需具备法定事由，出资人不因其对房屋的出资行为而必然取得房屋的所有权。如果于某玲基于签约和缴纳款项等情况主张其系房屋的购买人，根据“谁主张，谁举证”的原则，其应当对此承担举证责任。于某玲称其系于某四之养女，并无证据支持，现合同载明的房屋购买人系于某四，于某玲虽支付过部分购房款，但其不能举证证明其与于某四之间存在继承、借名购买、合同权利继受等法律关系，亦不能举证证明其与北京塑料制品厂存在房屋买卖合同关系，北京塑料制品厂亦不认可其与于某玲就涉案房屋形成买卖关系，在此情况下，于某玲要求确认其对涉案房屋享有所有权没有依据。

编写人：北京市第二中级人民法院　姚颖

4

房屋所有权证不是认定房屋归属的唯一依据

——蒋某庆诉蒋某辉所有权确认案

【案件基本信息】

1. 裁判书字号

福建省厦门市中级人民法院（2017）闽02民终4479号民事判决书

2. 案由：所有权确认纠纷

3. 当事人

原告（上诉人）：蒋某庆

被告（被上诉人）：蒋某辉

【基本案情】

蒋某庆与蒋某辉系兄弟关系。蒋某辉于2005年12月1日取得了讼争房屋的农村房屋所有权证，该房屋为石砖木结构，占地面积169平方米，建筑面积184.1平方米，于1975年未经审批建成，蒋某辉于1985年8月15日补办乡村建房用地申请手续，讼争房屋建成后，一直由蒋某庆居住使用。

另，蒋某庆和蒋某辉之母杨某在讼争房屋建成后一直和蒋某庆一起居住使用；蒋某辉于1972年结婚，结婚后独立生活，不存在与杨某、蒋某庆共同生活的情形。

【案件焦点】

涉案房屋是否属杨某及其儿子蒋某庆、蒋某辉共同所有。

【法院裁判要旨】

福建省厦门市翔安区人民法院经审理认为：不动产权属证书是权利人享有该不动产物权的证明，所有权人对自己的不动产，依法享有占用、使用、收益和处分的权利。本案中，蒋某辉拥有讼争房屋的农村房屋所有权证。因此，应依法认定蒋某辉系该房屋的所有权人。现蒋某庆请求确认讼争房屋为其与蒋某辉共同所有，但所提供的证据包括证人证言等均无法推翻蒋某辉所持有的权属证书或否定蒋某辉系讼争房屋所有权人的身份，故蒋某庆要求确认讼争房屋为其与蒋某辉共同所有的诉讼请求，证据不足，不予支持。

福建省厦门市翔安区人民法院依照《中华人民共和国民事诉讼法》第六十四条第一款之规定，判决如下：

驳回蒋某庆的诉讼请求。

蒋某庆不服，提起上诉。福建省厦门市中级人民法院经审理认为：由于杨某丈夫已过世，蒋某辉是家中长子，按照农村长兄如父的习俗，父亲过世后，由长兄即蒋某辉代表该农户来处理家中事务属正常情况。因此，讼争房屋在办理权属登记时登记在蒋某辉的名下，并不能当然认定该房屋仅属蒋某辉个人所有。讼争房屋位于杨某及其儿子蒋某庆、蒋某辉共同生活的厦门市翔安区马巷镇曾林村，蒋某辉在建造该讼争房屋前已另有生活居所，此房屋建成后，是蒋某庆和杨某的唯一生活居所，从建成后一直居住至今。虽然该房屋建造前未办理审批手续，但是在之后补办了乡村建房用地申请手续等，可以认定该用地的性质是杨某一家（包括蒋某辉、蒋某庆）的宅基地。建房时蒋某辉年长，且已结婚，其有出资建房，蒋某庆亦予以认可。而蒋某庆当时亦已 18 岁，已是具备劳动能力的农民，蒋某辉未举证而称蒋某庆 18 岁仍属年纪尚小，没有能力共同出资建房，缺乏证据，本院不予采纳。因此，本院确认讼争房屋应属杨某及其儿子蒋某庆、蒋某辉共同所有。因杨某已过世，其生前未有遗嘱，其所有的房屋按法定继承由蒋某庆、蒋某辉各得一半。综上，蒋某庆的诉讼请求有事实和法律依据，应予支持。一审法院认定事实有误，应予纠正。

福建省厦门市中级人民法院依照《中华人民共和国民事诉讼法》第一百七十条第一款第二项的规定，作出如下判决：

一、撤销厦门市翔安区人民法院（2017）闽 0213 民初 794 号民事判决；

二、确认讼争房屋归蒋某辉与蒋某庆共同所有。

【法官后语】

不动产登记具有推定不动产权利人的作用。《物权法》第十六条规定，不动产登记簿是物权归属和内容的根据。不动产登记簿由登记机构管理。正是因为不动产登记簿的这种作用，不动产登记才具有公示公信力，人们可以基于对不动产登记的信赖而提高交易效率，降低不动产交易成本。

但是，不动产登记的性质是登记机关受理申请人的申请，对当事人已经取得的不动产权利进行书面记载的行为，并不是对当事人及其利害关系人的待定权利进行确权或裁决。行政机关的登记行为不是民事权利取得与变动的直接动因，并不能直接创设权利，也不是确权行为。登记所产生的仅仅是公示和公信效力，在没有强有力的相反证明时，可以推定登记产权人即真正的权利人，但这一行政确认不具有绝对的证明力和最终的确认效力。不动产登记可能会因登记机构或代理机构（如房产中介）甚至当事人的原因导致登记错误，这种错误可以通过登记异议予以改正，但在登记权利人不承认登记是错误的情况下，物权的登记权利人与真实权利人之间可能会就物权的归属产生争议而提起诉讼。此时法院可以根据当事人之间的实体法律关系来确认真正的权利人，行政登记中形成的法律关系和法律事实可以被反驳推翻。《最高人民法院关于适用〈中华人民共和国物权法〉若干问题的解释（一）》第二条规定，当事人有证据证明不动产登记簿的记载与真实权利状态不符、其为该不动产物权的真实权利人，请求确认其享有物权的，应予支持。当事人可以将登记机关的权利文书作为诉讼证据提交法院，登记文书虽具有极强的证明力，但在法院查明的事实和法律关系与登记确定的事实和法律关系互相矛盾时，法院可以对其效力不予认可，对民事权利的归属作出自己的判断。

本案中，讼争房屋所有权证及集体土地建设用地使用权证虽均登记在蒋某辉名下，但因蒋某庆主张自己是共有人，故对讼争房产的真实权利人应通过查明的事实和法律关系来确定。从建房贡献上看，建房时当事人双方均已成年，存在共同出资建房的能力，蒋某辉虽较为年长，但不能排除蒋某庆也有共同出资的可能；从使用情况分析，讼争房屋建成后一直由蒋某庆居住使用几十年，系蒋某庆与其母亲共同生活的居所，蒋某辉则另有生活住所，其对蒋某庆居住使用讼争房产并未提出过异议；调解记录、证人证言等证据也进一步佐证了房屋建设的背景、过程、实际居住情况及纠纷由来。故本案不动产的登记内容与真实的权利状态不符，讼争房产确为蒋某辉与蒋某庆共同所有，法院判决最终推翻了讼争房产的权属登记。

编写人：福建省厦门市中级人民法院　曾聆　林加仁

5

基于建房行为取得物权的认定

——王某厚诉王某德物权确认案

【案件基本信息】

1. 裁判书字号

山东省淄博市中级人民法院（2017）鲁03民终2316号民事判决书

2. 案由：物权确认纠纷

3. 当事人

原告（被上诉人）：王某厚

被告（上诉人）：王某德

【基本案情】

王某德系王某厚的同胞哥哥，于1987年在临淄区辛店街道车站居委会取得宅基地一处，一直闲置。与被告协商后，原告于1988年春天开始建造房屋，于当年秋天完工，共建造房屋四间、厨房、大门、围墙等共计138.86平方米。1989年2月19日，原告搬进该房居住，水电费用也一直由原告缴纳。2000年1月18日，原告以被告的名义办理房权证，房权证上注明该房屋坐落于临淄区南二路新村邹阳里（以下简称邹阳里）×弄×号，后一直由原告持有该证，2008年9月16日，被告到房产部门挂失并补办房权证。2013年2月，原告将该房屋院落以每年3600元的价格出租给程某乾使用，由原告收取租金。后因该房面临拆迁，双方发生纠纷。原告起诉请求依法确认邹阳里×弄×号的房屋4间以及附属偏房共计138.86平方米归原告所有。

【案件焦点】

王某厚诉求确认涉案房产归其所有有无事实及法律依据。

【法院裁判要旨】

山东省淄博市临淄区人民法院经审理认为：根据《最高人民法院关于适用〈中华人民共和国物权法〉若干问题的解释（一）》第二条之规定，当事人有证据证明不动产登记簿的记载与真实权利状态不符、其为该不动产物权的真实权利人，请求确认其享有物权的，应予支持。本案中，诉争房产虽登记在被告名下，但证人崔某某、田某某、赵某某的证言及其他证人的书面证言能够互相印证，该房产系由原告建造，且自建成后一直由原告居住、出租，长达二十多年之久，办理房权证后又一直由原告持有。故原告提供的证据形成了较为完整的证据链，能够证明王某厚通过合法建造取得了争议房产的物权。被告虽辩称该房产由其建造，但其申请出庭的证人就本案关键细节均陈述不清楚，证明力不足，法院不予采信。

山东省淄博市临淄区人民法院依照《中华人民共和国物权法》第三十三条、《最高人民法院关于适用〈中华人民共和国物权法〉若干问题的解释（一）》第二条、《中华人民共和国民事诉讼法》第六十四条之规定，判决如下：

依法确认位于邹阳里×弄×号的房屋四间以及附属偏房共计138.86平方米归王某厚所有。

王某德不服一审判决，提起上诉。山东省淄博市中级人民法院经审理认为：双方当事人的争议焦点为王某厚诉求确认涉案房产归其所有有无事实及法律依据及原审审理程序是否违法。

关于涉案房产应否归王某厚所有的问题。第一，在诉讼中，当事人对提出的诉讼请求所依据的事实或反驳对方诉讼请求所依据的事实，应当提供证据加以证明，未能提供证据或者证据不足以证明其主张的，应承担举证不能的不利后果。本案中，王某厚主张对涉案房产与王某德形成买卖合同关系并已向王某德妻子支付宅基地款3000元，对此王某德不予认可，王某厚未提供充分证据予以证明，其应承担举证不能的责任。第二，《中华人民共和国物权法》第九条第一款规定，不动产物权的设立、变更、转让和消灭，经依法登记，发生法律效力；未经登记，不发生效力，但法律另有规定的除外。根据查明的事实，涉案的房屋及土地经有权部门登记在王某德名下，王某厚未提供充分证据推翻王某德对涉案物权登记的效力。第三，王某厚能否基于建房行为取得涉案房屋所有权的问题。涉案房屋坐落的土地经有权部门登记使用权人为王某德，虽然王某厚提供的相关证人证言相对于王某德提供的证据形成证据优势，具有高度盖然性的条件，能够证明王某厚在涉案基地上对涉案房屋的建造实施了出资建设行为，并在涉案房屋中居住二十多年之久，但是在王某德与王某厚没有对涉案房产权属有明确约定的情况下，王某厚并不能因为对房屋实施出资建设的行为而享有所有权。故，王某厚不属于《中华人民共和国物权法》第三十条规定的合法建造人，并不能因事实行为而当然取得物权。原审判决对此认定不当，本院予以纠正。本案属于物权保护纠纷，而王某厚主张的对于涉案房屋出资建设及收益情况，属于债权纠纷，双方可以另行处理。

关于一审审理程序是否违法的问题。一审庭审中，法庭要求王某德陈述案件事实及答辩理由，王某德当庭提交了答辩状，在法庭总结案件争议焦点并询问当事人有无异议和补充时，王某德明确表示“没有”，故一审审理过程不存在剥夺王某德答辩权利的情形。本案为物权确认纠纷，并不受诉讼时效相关规定的限制。本案案件事实清楚、权利义务关系明确，一审适用简易程序审理亦无不当。故，王某德有关一审诉讼程序违法的上诉理由不成立，不予支持。

山东省淄博市中级人民法院依照《中华人民共和国物权法》第九条、第三十条，《中华人民共和国民事诉讼法》第六十四条、第一百七十条第一款第二项的规定，判决如下：

一、撤销山东省淄博市临淄区人民法院（2016）鲁0305民初5023号民事判决书；

二、驳回王某厚的诉讼请求。

【法官后语】

《物权法》第三十条规定，因合法建造、拆除房屋等事实行为设立或者消灭物权的，自事实行为成就时发生效力。根据《土地管理法》和《城乡规划法》的相关规定及司法实践经验，“合法建造”的认定应把握以下原则：（1）要取得合法手续的建房，包括完成特定的审批手续、取得合法的土地权利、符合规划要求，否则意味着鼓励人们擅自突破城市规划、违章建房，从而损害公共利益。（2）可以参照建设工程合同案件的判断标准，目前司法实践对于四证（建设用地规划许可证、建设工程规划许可证、国有土地使用权证、开工许可证）掌握的标准是，建设用地规划许可证和建设工程规划许可证作为效力性强制性规范，而其他两证一般作为管理性强制性规范对待。（3）尊重城乡差异，适度区别在国有建设用地与农村宅基地上建房，尊重目前农村宅基地上建房缺少审批程序的现实。（4）违章建筑的认定属于行政判断权，司法不宜取代。对于建造房屋“事实行为成就”，应当依照一般社会观念判断。如果建筑物已经具备四壁和顶盖、具备一定使用功能，可视为形成一个新的不动产。

概括起来，合法建造取得物权，应当具备两个前提条件：一是必须有合法的建房手续，完成特定审批，取得合法土地权利，符合规划要求；二是房屋应当建成。本案中，双方当事人争议的房屋为农村房屋，由于该房屋的土地使用权利人为王某德，王某厚无证据证明其已经取得涉案宅基地使用权，尽管涉案房屋系王某厚出资建设，且在涉案房屋中居住了二十余年，在其与王某德对涉案房产权属没有明确约定的情况下，按照我国农村居民一户一名的宅基地使用权制度，王某厚并不能因为出资建房就当然成为《物权法》规定的合法建造人，并因已建好并使用房屋而成为房屋所有权人。退一步说，即使王某厚能够证实其支付了王某德宅基地款项，但因非法受让其他集体经济组织所有的土地，在该土地上出资修建房屋，因违反法律规定、损害公共利益，其建造行为不属于《物权法》第三十条规定之情形，不能获得所建房屋的物权。再者，涉案房屋已经由有权部门登记在王某德名下，而王某厚无充分证据推翻登记效力，依据《物权法》第九条的规定，王某德应系涉案房屋的所有权人。

编写人：山东省淄博市临淄区人民法院　刘海红

6

房屋登记所有权人与实际所有权人对房屋权属的争议处理

——陈某云诉杜某麒房屋所有权确认案

【案件基本信息】

1. 裁判书字号

河北省邢台市中级人民法院（2017）冀05民终3949号民事判决书

2. 案由：房屋所有权确认纠纷

3. 当事人

原告（被上诉人）：陈某云

被告（上诉人）：杜某麒

【基本案情】

原告与杜某通（已去世）系夫妻关系，原告系被告的祖母。位于邢台市桥东区某回迁楼1号楼1单元3层的房屋（以下称涉案房屋）系原告的夫妻共同财产。庭审中，原告和被告认可于2014年2月19日向邢台市房管局提供了一份虚假的房屋买卖合同，将涉案房屋过户登记到被告名下。房屋过户到被告名下后，并未实际交付，一直由原告居住至今，该房屋房产证也一直由原告保管。后被告于2016年8月23日以涉案房屋房产证丢失为由向邢台市房管局提交换证补证申请，补领了新的房产证。原告称将涉案房屋过户给被告，是因被告以出国留学需要房产做担保为由，向原告借用该房屋，回国后再还给原告。实际被告并未出国留学。被告称，该房屋是原告和爷爷赠与自己的房屋，已过户登记，属于被告所有。

【案件焦点】

1. 原告要求撤销与被告的涉案房屋过户协议是否应当得到支持；2. 被告是否应将房屋过户至原告名下。

【法院裁判要旨】

河北省邢台市桥东区人民法院经审理认为：原告起诉要求撤销的过户协议并不存在，双方的争议既不是撤销权纠纷也不是确认合同效力纠纷，实质是房屋登记所有权人与房屋实际所有权人对房屋权属的争议。涉案房屋原系原告与杜某通共同共有。被告没有证据证明 2014 年 2 月 19 日将该房屋变更登记在被告名下是原告夫妇赠给被告的，其主张已赠给被告没有事实根据，不予采信。同时在庭审中，双方也认可并没有真实的房屋买卖关系，被告也不是买受取得该房屋，该房屋实际所有权人仍是原告与杜某通。原告起诉要求被告将诉争房屋过户至原告名下，予以支持。财产所有权返还并不适用诉讼时效，被告提出本案原告起诉已超过诉讼时效，不符合法律规定，不予支持。

河北省邢台市桥东区人民法院依照《中华人民共和国民法总则》第一百一十三条、第一百一十四条、第一百二十二条和《最高人民法院关于适用〈中华人民共和国物权法〉若干问题的解释（一）》第二条之规定，作出如下判决：

一、确认涉案房屋归陈某云及杜某通所有；

二、自本判决生效后十日内，杜某麒协助原告将涉案房屋变更登记至陈某云名下。

杜某麒不服一审判决，提起上诉。河北省邢台市中级人民法院经审理认为：陈某云起诉要求撤销的过户协议并不存在，一审以双方的争议既不是撤销权纠纷也不是确认合同效力纠纷，实质是房屋登记所有权人与房屋实际所有权人对房屋权属的争议，确定本案案由为所有权确认纠纷并无不妥。一审法院认定事实清楚，适用法律正确，程序合法。依照《中华人民共和国民事诉讼法》第一百七十条第一款第一项的规定，判决如下：

驳回上诉，维持原判。

【法官后语】

本案系房屋变更登记后的名义所有权人与实际所有权人对房屋权属的争议所引

起的确权类纠纷。根据物权法规定，不动产登记机构对房产进行登记属于权属行政确认，而非确权，在登记审查时，只对申请人提交的材料是否齐备进行形式审查。对符合规定的记载于登记簿，完成权属登记。通常情况下，登记的权利人被推定为房屋的真实权利人。但并非绝对，实践中存在登记的权利人与实际权利人不一致的情形。比如，在借名买房中，一般情况下出资方应是房产的真实所有权人，但登记的所有人则为出名一方。如双方产生权属争议，出资人可基于其出资、对房产的实际使用、对房产证及相关文件和票据的持有等事实，推翻不动产登记关于物权权属的确认。

本案中，涉案房产系陈某云与其丈夫杜某通拆迁置换所得的合法财产，并在房管部门进行了权属登记，后登记于杜某麒名下。物权变动必须具有相应的原因，现陈某云要求将该房屋过户至其名下，能否支持其主张，需要审查杜某麒是否具有取得涉案房屋所有权的依据，或者说涉案房屋过户至杜某麒名下时是否具有相应的引起产权转移的依据。据房管部门资料显示，陈某云与杜某麒进行房屋变更登记的依据是一份房屋买卖合同，但双方认可并没有真实的房屋买卖关系，杜某麒主张该房屋系其从陈某云和杜某通处受赠所得，但没有提供赠与合同，且陈某云不予认可。故杜某麒不能证明其通过一定的债权行为或其他原因从陈某云处取得涉案房屋所有权，即没有引起涉案房屋产权变动的原因，故杜某麒并未真正取得诉争房屋的所有权，该房产所有权并没有发生变更，陈某云仍为该房产的实际权利人。故应确认陈某云享有对诉争房产的所有权，其要求杜某麒将诉争房屋过户至其名下，应予以支持。

编写人：河北省邢台市桥东区人民法院　段群会　王志康

7

借名购房的裁判规则

——陈连某、杨井某诉刘亚某所有权确认案

【案件基本信息】

1. 裁判书字号

北京市第三中级人法院（2017）京 03 民终 12522 号民事判决书

2. 案由：所有权确认纠纷

3. 当事人

原告（被上诉人）：陈连某、杨井某

被告（上诉人）：刘亚某

【基本案情】

陈连某、杨井某系夫妻，陈某鹏为二人之子。2010 年 5 月 25 日，宋某莲以 255060 元的价格购得北京市平谷区峪口镇峪口新村（以下简称峪口村）西区 4 号楼 4 单元 × 号房（即本案诉争房屋）后，经人介绍又将该房以原价卖给原告。原告将购房款一次性支付给宋某莲，宋某莲将房屋交付给原告。2011 年 9 月，陈某鹏与被告相识并建立恋爱关系。因原告并非峪口村居民，2012 年 11 月 14 日，原告前往峪口村委会将购房款收据、房屋所有权证、购房协议由宋某莲变更登记为被告，原告又向峪口村委会缴纳车棚费、卫生费、维修基金、改装押金、天然气费用等共计 18513 元，随后开始装修。另，本案诉争房屋所使用的土地系峪口村集体土地，峪口村委会仅向峪口村居民出售房屋。2015 年 1 月 30 日，被告与陈某鹏登记结婚，随后共同与原告在涉诉房屋居住至今。2017 年年初，被告与陈某鹏夫妻感情产生危机，原、被告对上述涉诉房屋的权属发生争议。原告提起诉讼。

【案件焦点】

1. 原告是否已将涉诉房屋赠与被告；2. 借名购买小产权房的权属如何认定。

【法院裁判要旨】

北京市平谷区人民法院经审理认为：首先，房屋所有权证、购房协议及购房款收据始终由原告掌握，其未曾交付给被告，此与赠与的正常表现相矛盾；其次，被告所称原告以被告等待原告之子陈某鹏五年结婚为前提而将涉诉房屋赠与被告，其并无相应证据可证实原告曾有这种意思表示；最后，涉诉房屋变更登记在被告名下时其与原告之子尚未结婚，如果仅以变更登记在其名下即推定原告有赠与的意思表示，并不符合自然人处分大额财产的惯常行为。因此，鉴于涉诉房屋系小产权房，再基于2012年时原、被告之间的关系，原告所称其将涉诉房屋从先前购买人宋某莲名下变更到被告名下仅系借名，更符合情理和既有事实。但是，因原告并非峪口村集体经济组织成员，而涉案楼房系小产权房，故法院仅可确认该楼房归其使用；且应明确指出，法院对上述房屋使用的处理不代表对该小产权房合法性的认定，不作为权利人要求登记机关进行物权登记的依据，亦不能以此对抗行政处罚、不能作为产权归属证明或处理拆迁关系的依据。故依照《中华人民共和国民事诉讼法》第六十四条第一款、《最高人民法院关于适用〈中华人民共和国民事诉讼法〉的解释》第九十条第一款之规定，判决如下：

本案诉争房屋归陈连某、杨井某使用。

刘亚某不服，提起上诉。北京市第三中级人民法院经审理认为：首先，依查明事实，陈连某、杨井某系自宋某莲处购得涉案房屋，并将涉案房屋登记在刘亚某名下，相应房屋所有权证、购房协议及购房款收据始终由陈连某、杨井某掌握，未曾交付给刘亚某。刘亚某虽提供了派出所证明证实其曾报案称房本丢失，但仅凭该报案记录并不足以证实上述材料曾在刘亚某手中。其次，涉案房屋变更登记在刘亚某名下时其与陈某鹏尚未结婚，仅以涉案房屋变更登记在刘亚某名下无法推定陈连某、杨井某有赠与的意思表示。最后，刘亚某亦举证证实包括涉案房屋在内的峪口村村民住宅楼项目需峪口村本村村民申请并通过审核方允许购买，在此情形下，陈连某、杨井某所主张的其自先前购买人宋某莲处购买涉案房屋并变更到刘亚某名下仅系借名，符合情理，法院予以采信。刘亚某的上诉请求不能成立，应予驳回；一审判决认定事实清楚，适用法律正确，应予维持。依照《中华人民共和国民事诉讼法》第一百七十条第一款第一项之规定，判决如下：

驳回上诉，维持原判。

【法官后语】

1. 何为借名购房

近年来，许多购房者出于规避限贷和限购政策、简化手续、减少税费或者享受优惠等目的，借用他人名义购房和办理产权登记，在实践中形成了大量借名登记现象。借名登记又称借名购房，是指在房屋买卖过程中，实际出资人（又称借名人）因不能或不便以自己的名义购买房屋，经与他人（又称登记名义人或出名人）协商征得同意后借用他人名义购房并将房屋产权登记在他人名下，由实际出资人享有房屋权益，从而导致房屋的法律权属和事实权属分离的行为。借名登记行为造成房屋权属登记失实，导致房屋买卖过程中事实权利和法律权利的断裂，容易引发一系列社会问题，在借名当事人之间引发了大量房屋权属争议。

2. 借名购房的裁判基础现状

（1）以借名事实为裁判基础

基于出资、使用、房屋登记等事实推定当事人之间具有借名合意，确定房屋的真正权利人。

（2）以双方之间的法律关系为裁判基础

实践中主要存在实际出资人主张借名，登记名义人主张借贷关系、委托对方购房形成的委托合同关系、赠与关系（一般发生在亲属之间）等，此种情况一般先从事实审查，确定双方之间的法律关系，再确定房屋的真正权利人。本案中，基于当事人之间的亲属关系，登记名义人主张系实际出资人将涉诉房屋赠与登记名义人，故本案先进行事实审查，确定双方非赠与关系，而是借名购房。因涉案房屋系农村的小产权房，非农村集体经济组织成员出资购买的小产权房，仅可以对使用权做出处理，故在此基础上直接确认实际出资人对该房屋的权利性质，即实际出资人对该房屋享有居住使用权。

（3）以权利性质为裁判基础

实践中，实际出资人因政策限制不满足购房条件而借用登记名义人的购房资格，双方由此签订借名协议，实际出资人多基于出资、使用、借名协议等事实请求确认自己是房屋的实际所有权人或者请法院判令登记名义人将房屋过户到自己的名下。对此，法院的判决观点不一。有的直接确认实际出资人系房屋的真正权利人，最终确认房屋归原告所有，被告协助办理过户手续，即因购置房屋足以产生对抗登记不动产物权的正当权源。基于这种权源，赋予权利人提起确认之诉和给付之诉的权利，包括要求确认房屋权属和要求登记名义人协助办理过户手续等各项权利；有的基于物权效力理论，认定实际出资人只享有债权请求权而非物权请求权，实际出资人不能直接请求确认房屋归其所有，只有基于借名关系向对方提出协助办理过户手续或者搬出诉争房屋等请求。

3. 借名购房的裁判基础探讨

根据《物权法》第十五条的规定，物权变动必须是意思主义与登记主义相结合。就借名登记而言，应围绕物权变动的规则来确定裁判规则。我国物权变动有两个原则：一是区分原则，二是要因原则。区分原则是原因行为和物权变动要区分，登记只是物权变动的要件而不是原因行为的生效要件，但同时原因行为对物权变动的影响体现在要因原则上，即合法有效的物权变动需要有一个合法有效的原因行为。法院在确认存在借名事实后，可出于对相关因素的考量，对借名事实进行价值判断进而裁决讼争房屋的归属，如违反国家政策的借名行为无效或者效力待定。虽然当事人之间存在借名关系，法院对此也予以确认，但是如果借名行为与现行有效的经济政策特别是房地产政策相冲突——如存在规避限购政策或经适房政策嫌疑等——则法院可判决该行为无效或者效力待定，对实际出资人要求确认权属或者要求协助办理过户手续的诉讼请求不予支持。在实践中借名购房的核心问题在于确定房屋的权属，在前两个裁判基础中，通过确定借名事实和双方之间法律关系来认定房屋的真正权利人，实为《最高人民法院关于适用〈中华人民共和国物权法〉若干问题的解释（一）》第二条“当事人有证据证明不动产登记簿的记载与真实权利状态不符、其为该不动产物权的真实权利人，请求确认其享有物权的，应予支持”的规定在实践中的表现。但在第三个裁判基础中，借名人与出名人之间对房屋权属的约定并不能推翻登记的效力。对此要从两个层面进行思考，即物权层面和债权层面。在物权层面，出名人已经完成了房屋登记，出名人已经享有完整的物权保护，借名人不享有直接索要物权的权利。在债权层面，借名人可依据与出名人的协议行使其债权性质的权利，如可以提起合同之诉，返还其相关的权益。也就是说，借名人因实际出资而享有合同法上的权益，但其无法享有物权保护，出名人虽有物权但有合同上的负担，此为借名购房的风险，法院的判决应从实体效果的角度达到平衡当事人利益的目的。

编写人：北京市平谷区人民法院 李建伟 韩欣

8

借名买房案件中借名人购房资格的审查及调解策略

——翟某芹诉周某所有权确认案

【案件基本信息】

1. 调解书字号

上海市宝山区人民法院（2017）沪0113民初7257号民事调解书

2. 案由：所有权确认纠纷

3. 当事人

原告：翟某芹

被告：周某

【基本案情】

翟某芹系周某的母亲。2013年6月4日，周某经核准登记为系争房屋的房地产权利人。2013年6月19日，周某出具证明，内容为：母亲以我的名义用现金自己买的产权房，周某丈夫在证明上签字。

2016年11月19日，翟某芹（甲方）与周某（乙方）签订协议书，协议书上还载明丙方为周大、周中、周小，但丙方未签字。协议书主要内容为：第一条，为促进家庭和谐共处，保持家庭和谐防止家庭纠纷，本协议经三方共同协议，乙方提前返还甲方用于购买系争房屋的65万元现金（包含各种花费在内），将款项直接打至甲方银行卡内，该银行卡由甲方保管。甲方继续养老居住在系争房屋内。65万元现金作为养老基金专款使用。第二条，乙方为系争房屋的实际所有权人，与房地产登记等登记信息一致。甲方及丙方均不再对该房屋提出任何异议。房屋上涨价格与甲方、丙方无任何关系，今后无论该套房屋涨价还是跌价也不产生任何经济纠纷。第三条，本协议系各方真实意思表示，不存在胁迫、欺诈行为。

另，翟某芹非上海市户籍，在上海市无缴纳社保等情况。

【案件焦点】

能否支持翟某芹确认系争房屋归其所有并将房屋登记至其名下的请求。

【法院调解要旨】

一审法院经审理认为：系争房屋经核准登记为周某所有，翟某芹主张系“借名卖房”、房款由翟某芹出资、房屋应当归翟某芹所有；周某主张系共同购房，房屋归周某所有、翟某芹享有居住权，双方对相关事实各执一词，并对对方为证明己方主张所提供的证据持有异议。最为关键的是，无论翟某芹与周某之间对系争房屋形成何种内部分配关系，即使双方确属“借名买房”关系，鉴于翟某芹目前并不符合本市购买住宅的资格，翟某芹要求确认系争房屋归其所有并将房屋登记至其名下，存在法律及政策障碍，法院无法准许。

但考虑到本案系母女间的家庭纠纷，翟某芹已年迈，为彻底化解矛盾，维系家人间的亲情，维护老年人的权益，法院在向翟某芹释明了本案重大的诉讼风险后，决定将调解作为解决本案的主基调。从本案涉及的情、理、法等角度分别对母亲和女儿进行沟通，引导双方提出具有可操作性的调解方案。

经过多次努力，母女双方最终达成调解协议：房屋归周某所有，周某向翟某芹支付房屋折价款100万元。至此，这起母女纠纷终于得到解决，母女关系也得到了缓和。

【法官后语】

1. “借名买房”的法律属性界定

在借名买房纠纷中，借名人主张房屋确权最主要的理由之一就是房屋的真实权利状态与登记状态不一致，根据《最高人民法院关于适用〈中华人民共和国物权法〉若干问题的解释（一）》第二条要求确认其为真实权利人。对于借名购买的房屋，在是否存在房屋所有权的真实状态与登记状态不一致、借名人是否应为该房屋的真实权利人的问题上，实践中主要存在两种观点。

第一种观点为“物权说”，即如当事人能证明双方借名买房，则当事人间的真实意思系借名人购买房屋并取得所有权，被借名人虽被登记为权利人，但并非当事人的真实意思表示，不动产登记簿的权利推定力因有证据证明权属的真实状态而遭到否定，从而应回归到真实的权利状态。

第二种观点为“债权说”，即被借名人购房的买卖合同真实有效且完成了所有权登记，登记权利人是唯一合法所有权人。借名人与登记权利人之间关于房屋所有权归属的认定只能约束双方，不产生直接设立房屋所有权的法律效力。借名人不能根据借名买房协议的约定直接取得所有权，但可提起合同之诉、要求登记权利人为其办理房屋过户手续。

目前，《北京市高级人民法院关于审理房屋买卖合同纠纷案件若干疑难问题的会议纪要》采纳了“债权说”，上海市高级人民法院未对此问题予以明确。笔者认为应采取“债权说”为宜。

首先，《物权法》确立了物权法定原则以及债权形式主义为主的物权变动模式，借名买房行为并不能直接产生物权。

其次，当涉及借名人与登记权利人之外的第三人的对外关系时，“债权说”更有利于保护信赖物权公示效力的第三人、维护交易秩序的畅通与安全。

最后，当事人借名买房往往系出于规避法律政策（如规避房贷、税收、限购等政策）、借用他人资格享受某种购房优惠等目的，实际上是对相关政策的架空，在法律上具有一定的可非难性。如采取“物权说”，则以规避限购政策而借名买房的当事人可借此取得所有权，这将导致限购政策落空，违背了“民事活动必须遵守法律，法律没有规定的，应当遵守国家政策”的原则。

2. “借名买房”案件的审理要点

（1）对双方真实意思表示的审查

当原、被告对于房屋权利归属的陈述存在不一致时，法院应通过审理以下相关要素来查明双方原本的真实意思表示：第一，购房款（定金、首付款、贷教还款部分等）、税收、中介费等购房基本费用的出资情况及出资的法律性质，主张为实际权利人的借名人是否进行了出资，相关出资是否属于借款或赠与关系。第二，房屋的实际使用及管理情况，如房屋由谁占有使用或管理，房屋出租的租金由谁收取，房屋物业费、水电费等公共事业费用由谁支付，房屋装修由谁负责并出资，房屋维修由谁负责并出资等。第三，房屋相关凭证的留存情况，即购房合同、发票、收据、房产证等与房屋权属相关的重要文件由谁保管。第四，双方当事人之间就房屋归属是否存在其他口头或书面的约定，有无相关证人证言可予以佐证。

（2）对争议房屋是否符合转让交易条件的审查

对于借名人要求变更房屋权利登记的案件，法院应注重审查房屋是否符合转让交易的条件。第一，房屋是否属于经济适用房、动迁安置房等一定期限内不得上市交易的房屋。第二，房屋是否被司法查封或因有违章建筑而被限制交易。对于不符合转让交易条件的房屋，法院不可通过判决或调解使其过户。

（3）对要求变更权利登记的借名人的购房资格的审查

实践中，对于法院判决或调解过户的房屋，在后续执行过程中，不动产登记事务中心一般不对原告有无购房资格进行审查，而直接依据法院生效文书协助执行。由此，法院实际上承担了审查购房资格的职责。为了避免无购房资格的借名人通过法院调解或判决过户房屋、规避政策，案件审理中，法院应对借名人是否是上海市户籍、是否已婚、名下拥有住房情况、非本市户籍居民家庭缴纳个人所得税或社会保险情况等进行询问，并要求其提供户口簿、结婚证、缴税证明、家庭名下拥有住房情况等材料。

（4）对是否涉及案外人权利的审查

法院在对此类案件进行审理时，还需注意是否涉及案外人的权利，如有需要应追加为第三人，避免原被告对房屋权属的处理损害他人的合法权益。第一，房屋物权的取得是否在登记权利人婚姻存续期间，如属夫妻共同财产，应追加配偶为第三人参加诉讼。第二，如房屋存在抵押权人等他项权利人，应通知其参加诉讼。第三，如存在与登记权利人发生以该不动产物权转移为目的的交易的人，应通知其参加诉讼。该第三人以是否已经办理房屋所有权转移登记为标准，又可分为对借名登记房屋享有请求权的合同债权人和已经办理完登记而取得物权的人。

3.“借名买房”案件的调解策略

（1）对无法过户的房屋，应告知原告诉讼风险

经法院审理查明，如系争房屋不符合交易过户条件或借名人不具备购房资格等，致使房屋无法过户至借名人名下的，法院应向原告释明诉讼风险。如原告坚持

要求过户，法院应当判决对诉讼请求不予支持。本案中，翟某芹非上海市户籍，在上海市也没有缴纳过社保等，不符合当前上海市购买住房的相关政策，故对于原告的诉讼请求，法院不应准许。

（2）为化解矛盾，可寻求变更物权外的其他调解方法

如法院查明原、被告间确实存在借名买房的关系，但因不符合限购等政策致使房屋权属无法转移至借名人名下，考虑到借名人确实对房屋进行了出资，且借名人与登记权利人间关系恶化，登记权利人如今后擅自处置房屋可能使借名人权利无从实现的情况，法院可以为双方寻求变更物权之外的其他调解方法。

（3）对房价款分割进行调解的可行路径

在借名人无法获得物权的案件中，对房屋进行折价分割及变价分割是对房价款分割进行调解的可行方案。第一种为折价分割，房屋仍归登记权利人所有，登记权利人向借名人支付房屋折价款。在此类调解中，法院可引导双方当事人基于房屋出资情况、房价上涨情况等因素，对房屋折价款的分割进行调解。如房屋实际由借名人居住的，为避免今后出现其他矛盾，法院还应注意对房屋的占有情况进行处理。第二种为变价分割，由原、被告共同出售房屋后对房屋实际出售价格进行分割。

编写人：上海市宝山区人民法院　蒋梦娴

9

物权法定原则在家庭成员出资购房确权案件中的应用

——颜某辉诉贾某凤、颜某璧房屋确权案

【案件基本信息】

1. 裁判书字号

福建省三明市中级人民法院（2017）闽04民终856号民事判决书

2. 案由：房屋确权纠纷

3. 当事人

原告（上诉人）：颜某辉

被告（被上诉人）：贾某凤、颜某璧

【基本案情】

贾某凤与颜某兴于1984年4月3日登记结婚。双方均系再婚，再婚后未生育子女。颜某兴再婚前与前妻生育颜某辉、颜某璧。颜某兴于2015年6月6日在厦门去世。1999年6月，颜某兴向其所在单位福建纺织化纤集团有限公司申请购买房屋一套，永安市房产开发管理处于2000年6月17日颁发永房权证字第20003620号《房屋所有权证》，载明：房屋所有权人为颜某兴、贾某凤。2000年11月15日，永安市土地管理局颁发永国用（2000）字第024650号《国有土地使用证》，载明土地使用者为颜某兴。颜某辉因不服永安市房产管理局颁发的涉案房屋的产权证，于2016年2月2日提起行政诉讼。经明溪县人民法院和三明市中级人民法院一、二审行政判决，颜某辉的诉讼请求被驳回。颜某辉坚持认为其为涉案房屋的实际所有权人，提起诉讼，要求确认涉案房屋为颜某辉所有。贾某凤不同意颜某辉的诉讼请求，认为涉案房屋为其与颜某兴的共有财产。

【案件焦点】

1. 颜某辉对讼争房屋是否有出资；2. 如果有出资是否影响讼争房屋产权的确认。

【法院裁判要旨】

福建省永安市人民法院经审理认为：讼争房屋系颜某兴生前与贾某凤在婚姻关系存续期间购买的其单位福建纺织化纤集团有限公司的房改房，房屋所有权证载明的房屋所有权人为颜某兴、贾某凤，国有土地使用证载明的土地使用者为颜某兴。现颜某辉以颜某兴生前写给其的信件为依据，主张颜某兴生前与贾某凤同意涉案房屋由颜某辉购买，归颜某辉所有，且颜某辉支付全部购房款及装修款，已入住十几年，请求确认颜某辉为涉案房产的实际所有权人。颜某辉提交的书信内容为颜某兴提出要求颜某璧与颜某辉进行商量，本身并没有明确的处理意见。不论该信件本身是否真实，由于未经共有权人贾某凤同意，且现在贾某凤明确表示不认可，信件仅是颜某兴提出的处理涉案房屋的个人意向，本身并不具有处分涉案房产的法律效力。同时，根据法律规定，子女在父母购买房屋时的部分出资，只能按债权进行处理，不能据此主张房屋所有权。颜某辉要求确认房屋产权归自己所有的诉讼请求，于法无据，不予支持。贾某凤关于涉案房屋属颜某兴和贾某凤婚姻关系存续期间购买的共有财产，颜某兴和贾某凤是该房产的真实权利人的答辩意见，予以采纳。颜某璧答辩时称，如果法院要判决，要求法院将当年其支付的购房款及购房款增值损失判决归还给颜某璧，应作为债权另行主张和处理。

福建省永安市人民法院依据《中华人民共和国物权法》第九条第一款、《最高人民法院关于适用〈中华人民共和国婚姻法〉若干问题的解释（一）》第十七条第二款、《最高人民法院关于适用〈中华人民共和国婚姻法〉若干问题的解释（三）》第十二条规定，作出如下判决：

驳回颜某辉的诉讼请求。

颜某辉不服一审判决，提起上诉。福建省三明市中级人民法院经审理认为：现有证据不足以证明颜某辉与颜某兴、贾某凤之间就涉案房屋归房改出资人所有达成一致意见，应当结合涉案房屋为房改房的特殊性及根据物权法定原则、物权公示、公信原则、不动产登记的效力认定涉案房屋归颜某兴、贾某凤共同共有。一审法院对涉案房屋的权属认定并无不当。故颜某辉要求确认涉案房屋归其所有并要求贾某凤、颜某璧协助其办理房屋产权过户手续的上诉请求，于法无据。

福建省三明市中级人民法院依照《中华人民共和国民事诉讼法》第一百七十条第一款第一项的规定，作出如下判决：

驳回上诉，维持原判。

【法官后语】

处理涉及家庭成员出资购买政策性房改房的产权确认纠纷，在事实认定和适用法律时，应着重考虑和把握好以下几点：

1. 房改房的产权确认应充分考虑国家房改政策的规定。我国房改的优惠政策主要包括：（1）职工可以以成本价购买住房；（2）通常是根据职工职务、年龄、工资、家庭人口等多种因素综合考虑后在房屋价值计算上给予职工政策性优惠，如本案《福建省出售公有住房专用发票》显示，涉案房屋总价款为68672.82元，除应付31709.32元外，还有36963.50元就是补贴给该购房职工的；（3）每个家庭只能享受一次房改政策；(4) 房改房一般应登记于参加房改的职工名下。

2. 根据物权法定原则、物权公示、公信原则，确认不动产登记的效力。本案中，永安市房产管理局颁发的《房屋所有权证》上登记的所有权人为颜某兴和贾某凤，且颜某辉就该房产证上记载的所有权人与真实权利状态是否一致、颁证程序是否合法提起的行政诉讼，已被法院生效判决予以驳回，应当认定涉案房产为贾某凤、颜某兴共同共有。

3.《最高人民法院关于适用〈中华人民共和国婚姻法〉若干问题的解释(三)》第十二条明确规定："婚姻关系存续期间，双方用夫妻共同财产出资购买以一方父母名义参加房改的房屋，产权登记在一方父母名下，离婚时另一方主张按照夫妻共同财产对该房屋进行分割的，人民法院不予支持。购买该房屋时的出资，可以作为债权处理。"不论其他家庭成员是否有出资，均不影响以父母名义参加房改，产权登记在父母名下的房屋的产权性质。

编写人：福建省永安市人民法院　罗志龙

10

从物随主物转让的认定

——黄某梅诉陈某端物权保护案

【案件基本信息】

1. 裁判书字号

福建省厦门市思明区人民法院（2016）闽0203民初17976号民事判决书

2. 案由：物权保护纠纷

3. 当事人

原告：黄某梅

被告：陈某端

【基本案情】

2016年8月15日，陈某端与黄某梅签订一份《房屋买卖合同》，约定陈某端将本案讼争房屋出售给黄某梅，建筑面积为77.5平方米，成交价为245万元，该合同中未提及杂物间。同日，双方签订一份家电家具清单，亦未提及杂物间。后黄某梅向陈某端支付购房款，陈某端将讼争房屋交付给黄某梅，但未交付杂物间。2016年9月7日，黄丽将取得讼争房屋不动产权证书。该证书载明：讼争房屋建筑面积77.5平方米，专有建筑面积71.47平方米，分摊建筑面积6.03平方米。该证书所附房屋平面图未体现杂物间。

据公寓住宅面积测算明细表记载，讼争房屋标准层建筑面积69.43平方米，楼梯、过道公用分摊面积6.03平方米，杂物间建筑面积5.05平方米，阳台建筑面积2.04平方米。杂物间未单独办理不动产权证书。

另，陈某端于审理中提交一份其与黄某梅之间的通话录音，拟证明杂物间并未随同讼争房屋出售，黄其梅与陈某端协商愿意出钱购买该杂物间。黄某梅质证如下：真实性无异议，关联性有异议，该录音没有体现双方签订讼争《房屋买卖合同》时是否商量杂物间的归属问题，陈某端只是说价格便宜不包含杂物间，而非双方在签订讼争合同时就约定杂物间不出售。

黄某梅认为其已取得讼争房屋产权，而该房屋所在楼宇的杂物间系按住宅的户数分配，每户都拥有一个杂物间，现被陈某端侵占，故黄某梅诉请陈某端返还杂物间并支付占用费。陈某端认为杂物间不包含在讼争房屋产权内，其将讼争房屋出售给黄某梅的款项不包括杂物间。

【案件焦点】

讼争房屋与杂物间是否是主物与从物的关系、杂物间是否应随讼争房屋转让、对讼争房屋的处分是否及于杂物间。

【法院裁判要旨】

福建省厦门市思明区人民法院经审理认为：陈某端将讼争房屋出售给黄某梅，黄某梅已取得讼争房屋所有权，对讼争房屋依法享有占有、使用、收益和处分的权利。根据公寓住宅面积测算明细表的记载，讼争房屋与杂物间系主物与从物的关系。陈某端将主物讼争房屋转让给黄某梅，从物杂物间应随主物讼争房屋一并转让。陈某端主张双方另有约定讼争《房屋买卖合同》的买卖标的不包括杂物间，并提交通话录音为证。从通话录音的内容来看，双方并未提及讼争《房屋买卖合同》的买卖标的是否包括杂物间的问题，而只涉及讼争《房屋买卖合同》的成交价款是否包括杂物间的问题。故，对陈某端的上述主张，法院不予采纳。从物杂物间随主物讼争房屋一并转让给黄某梅后，黄某梅对杂物间享有所有权，黄某梅诉请陈某端返还杂物间，法院予以支持。鉴于讼争《房屋买卖合同》和家电家具清单中均未提及杂物间，讼争房屋产权面积亦不包括杂物间的面积，并且在通话录音中，对于陈某端所提及的双方就杂物间价格进行协商的过程，黄某梅并未表示异议，故法院认定讼争《房屋买卖合同》约定的成交价款并未包括杂物间。因黄某梅并未就杂物间支付对价，故黄某梅诉请陈某端支付杂物间占用费，法院不予支持。至于杂物间的对价问题，双方可另行解决。

福建省厦门市思明区人民法院依照《中华人民共和国物权法》第三十四条、第三十九条、第一百一十五条及《中华人民共和国民事诉讼法》第六十四条第一款的规定，作出如下判决：

一、陈某端于本判决生效之日起七日内将房屋所附杂物间返还给黄某梅；

二、驳回黄某梅的其他诉讼请求。

宣判后，双方当事人均未提起上诉，判决已发生法律效力。

【法官后语】

物依据不同的标准，可以有不同的分类。以物与物之间是否具有从属关系为标准，可以把物区分为主物和从物。凡两种以上的物互相配合、按一定经济目的组合在一起时，起主要作用的物为主物；配合主物的使用而起辅助作用的物为从物。尽管从物是独立的物，而非主物的构成成分，但它在客观上、经济上从属于其他物，补充其他物的效用。区分主物与从物的意义在于，当事人没有特别约定时，对主物的处分及于从物。我国《物权法》第一百一十五条规定，主物转让的，从物随主物转让，但当事人另有约定的除外。

就本案而言，讼争房屋与杂物间属于主物和从物的关系。首先，从规划设计和产权登记来看，讼争房屋和杂物间自规划设计之初就具有从属关系，杂物间附属于讼争房屋而存在，直至产权登记时，也仅有讼争房屋取得了独立产权，杂物间则没有独立产权。其次，讼争房屋与杂物间在空间上相互独立。杂物间不是讼争房屋的组成部分，二者之间并非整体与部分的关系。最后，讼争房屋与杂物间在使用功能上相互独立，二者配合使用，可以达到物尽其用的效果。讼争房屋的使用功能为住宅，杂物间的使用功能为储物，就人的居住需求而言，讼争房屋起主要作用，杂物间起辅助作用。没有杂物间，并不影响讼争房屋的居住功能，但若有杂物间，杂物间配合讼争房屋使用，则必然提升讼争房屋的居住体验。

本案中，被告将主物讼争房屋出售给原告，原告取得所有权，在买卖双方没有另行约定的情况下，从物杂物间应随主物讼争房屋一并转让，即原告对主物讼争房屋的处分及于从物杂物间。但是，应当注意到，杂物间作为从物，有其独立的空间和使用功能，更有其独立的价值。买卖双方在讼争房屋买卖合同及附属家电家具清单未提及杂物间，讼争房屋产权面积亦不包括杂物间的面积，结合双方后续的协商过程，法院认定讼争房屋买卖合同约定的成交价款并未包括杂物间，原告并未就杂物间支付对价，故不支持原告关于杂物间占用费的诉讼请求，指引双方另行解决杂物间的对价问题。

编写人：福建省厦门市思明区人民法院　朱晨

11

当事人请求确认遗产权利归属的案件属于物权纠纷，不适用诉讼时效的规定

——黄小丙等诉黄大一确权案

【案件基本信息】

1. 调解书字号

江苏省无锡市中级人民法院（2016）苏02民终3080号民事调解书

2. 案由：确权纠纷

3. 当事人

原告（被上诉人）：黄小丙、费某郎、费大雪、费小雪、黄大二（以下简称黄小丙等5人）

被告（上诉人）：黄大一

第三人（上诉人）：黄大春、黄大夏、黄大秋

【基本案情】

黄大一、黄大二系蒋某女与前夫所生子女。蒋某女在前夫去世后改嫁于黄某初。蒋某女、黄某初共生育黄小甲（1943年8月生）、黄小乙（1945年1月生）、黄小丙（1947年7月生）3个子女。黄大春、黄大夏、黄大秋系黄大一之子。1973年10月，黄某初去世。黄小甲未婚，于1984年去世。蒋某女于1985年7月去世。黄小乙于2003年1月去世。黄小乙与费某郎生育费大雪、费小雪子女二人。

20世纪50年代土地改革时，黄某初、蒋某女分得仓廪村后仓廪街东两间房屋，当时颁发的土地房产所有证上登记的户主为黄某初，人口5人，即黄某初、蒋某女、黄小甲、黄小乙、黄小丙。

1985年4月，蒋某女由村民胡某生（已故）代笔，立有遗嘱1份，载明“兹有本人身体有病，在人间时间有限，现立下遗嘱。我现有女儿俩人，大女儿黄小乙，小女儿黄小丙，在我年老多病期间，起居生活一切均是她俩照应，为此我决定，我走之后家中一切财产（包括房子）均由她姐妹二人继承，现我在外向别人所借的钱物也由她姐妹俩人给我向被借人还清，好让我心安理得。遗言委托人山观公社仓廪大队十一队胡某生”。该遗嘱有在场人顾某兴、胡某丰、张某芬签名。蒋某女未签名捺手印。顾某兴、胡某丰到庭作证，证明胡某生写好遗嘱后读给蒋某女听，蒋某女表示同意该遗嘱。

2004年9月，由江阴市澄江镇山源材村民委员会、新城东办事处建设管理科、国土资源所等部门向江阴市房管局出具证明1份，载明“兹有本村24组黄大一常住上海，家中祖产老房两间，现需前来办理房产证手续，该房屋属黄大一所有，请给予办理为感”。2004年9月28日，申请人黄大一在江阴市房屋权属初始登记申请书上签名，该申请书上载明“山源村24组砖木结构平房，建筑面积54.15平方米，建成年份1960年”。2004年9月29日，坐落于江阴市澄江镇山源村24组房屋（两间，计面积54.15平方米）产权登记在黄大一名下。

2010年9月，黄大一与有关部门签订房屋拆迁补偿安置协议书，约定：被拆迁房屋坐落于山源村24组，面积54.15平方米，补偿、补助、补贴款共计18495元，置换给黄大一的房屋坐落于东苑新村，面积50平方米单户1套。黄大一出具产权变更协议1份，载明“将东苑新村×幢501室的房屋产权由黄大春、黄大夏、黄大秋名义进行登记，领房产证”。同年，江阴市经济开发区动迁管理办公室（甲方）与黄大春、黄大夏、黄大秋（乙方）签订产权互换协议书，约定；乙方坐落于山源村24组54.15平方米的房屋产权于2010年9月1日起归甲方所有，甲方向乙方提供东苑新村×幢501室房屋1套及自行车车库1个。根据该协议，黄大春、黄大夏、黄大秋实际置换得东苑新村×幢501室房屋1套，面积55.08平方米，登记的产权所有人为黄大春，共有人为黄大夏、黄大秋。

审理中，城东街道山源村委会分别于2016年5月10日、6月7日出具说明一份，分别载明“原蟠龙村与仓廪村于2002年合并为山源村。原仓廪村8组现为山源村24组”“山源村24组登记在黄大一名下的房屋，并村前的坐落为仓廪村仓廪街东后。未有变化”。

法院于2016年6月7日向张某芬制作调查笔录，张某芬陈述她是原仓廪村九队的村民，也是仓廪村的妇女主任，黄某初和蒋某女在仓廪村只有仓廪街东后的两间房屋。蒋某女的遗嘱是胡某生写的，她在遗嘱上签名，因为时间太久，所以不记得有无将遗嘱内容读给蒋某女听，但蒋某女曾对她说要将两间房屋给黄小丙。现山源村24组的两间房屋在并村前坐落在仓廪街东后。

现黄小丙等5人请求确认坐落于江阴市城东街道东苑新村×幢501室归其所有。

【案件焦点】

原告黄小丙等5人的起诉是否超过诉讼时效。

【法院裁判要旨】

江苏省江阴市人民法院经审理认为：20世纪50年代初，黄某初、蒋某女夫妻分得当时坐落于仓廪村后仓廪街东两间房屋，根据江阴市城东街道山源村委出具的证明及村民张某芬的陈述及黄大一的自认，可以证实该两间房屋与坐落于江阴市城东街道（原属澄江镇）山源村24组的54.15平方米的房屋为同一坐落的房屋，黄大一称上述两间房屋于1960年推倒旧房，由其出资在原地重新建造了两间房屋，未提供证据证明，法院不予采信。原坐落于仓廪村后仓廪街东两间房屋，经黄某初、蒋某女修缮后，演变为坐落于江阴市城东街道山源村24组54.15平方米的房屋，认定为黄某初、蒋某女所有。黄某初、蒋某女去世后，该房屋作为其遗产，由其继承人依法继承。黄大一于2004年登记为山源村24组房屋的产权所有人，根据房产部门的登记档案，其取得房屋产权登记所有人是基于山源村委会等部门出具的证明，由于该村委会等部门的证明无法证实征得了黄某初、蒋某女继承人的一致认可，故黄大一取得山源村24组的房屋所有权缺乏法律依据，对黄大一辩称其为山源村24组的房屋产权所有人的意见，法院不予支持。

黄某初、蒋某女结婚后，无证据证明黄大一、黄大二与黄某初、蒋某女共同生活，即黄大一、黄大二未与黄某初之间形成有抚养关系的继父母子女关系，故黄大一、黄大二依法不享有对黄某初遗产的继承权。蒋某女于1985年4月由村民胡某生执笔代书立下遗嘱，由于该遗嘱于《中华人民共和国继承法》施行前订立，故不适用《中华人民共和国继承法》关于代书遗嘱的相关法律规定。庭审中，证人顾某兴与证人胡某丰到庭陈述，执笔人胡某生书写遗嘱后，读给蒋某女听后，蒋某女表示同意该遗嘱。村民张某芬陈述，蒋某女订立遗嘱前曾对张某芬讲述“房子今后给黄小丙”。综合本案案情，蒋某女所立的代书遗嘱，虽无蒋某女捺手印或签名，但遗嘱所立内容合法，系蒋某女真实意思表示，认定该遗嘱有效。

关于黄某初、蒋某女遗产的处理问题。山源村24组的房屋，在黄某初1973年去世后，该房屋之一半作为黄某初的遗产由其法定继承人蒋某女、黄小甲、黄小乙、黄小丙4人继承，黄小甲去世后，其继承父亲的遗产份额由其母亲蒋某女继承。因此，蒋某女去世后，根据其所立遗嘱属于蒋某女的遗产应由黄小乙、黄小丙继承。黄小乙去世后，其继承的上述遗产份额中，其中一半为黄小乙的遗产，另一半为其丈夫费某郎所有。黄小乙的遗产由其法定继承人费某郎、费大雪、费小雪继承。综上，涉案山源村24组的房屋，应由黄小丙、费某郎、费大雪、费小雪继承，归黄小丙、费某郎、费大雪、费小雪所有。

关于诉讼时效问题。《中华人民共和国继承法》第二十五条第一款规定：“继承开始后，继承人放弃继承的，应当在遗产处理前，作出放弃继承的表示。没有表示的，视为接受继承。”本案中，继承开始后，涉案继承人未表示放弃继承，遗产未分割的，即为继承人共有。本案属物权请求权纠纷，不适用诉讼时效的相关规定。故对黄大一、黄大春、黄大夏、黄大秋提出超过诉讼时效的意见，不予支持。

综上，山源村24组的房屋，因拆迁用产权置换方式取得的东苑新村×幢501室房屋，属黄某初、蒋某女的遗产，由上述继承人依法继承享有。黄大春、黄大夏、黄大秋支付的差价款7425.18元，由继承人支付给黄大春、黄大夏、黄大秋。

江苏省江阴市人民法院依照《中华人民共和国继承法》第五条、第十条第一款及第二款、第二十五条、第二十六条第一款、第二十九条第二款，《最高人民法院关于贯彻执行〈中华人民共和国继承法〉若干问题的意见》第三十五条之规定，作出如下判决：

一、坐落于江阴市城东街道东苑新村×幢501室房屋归黄小丙、费某郎、费大雪、费小雪所有；

二、黄小丙、费某郎、费大雪、费小雪向黄大春、黄大夏、黄大秋支付房屋差价款7425.18元，于本判决发生法律效力之日起十日内支付。

一审判决后，黄大一、黄大春、黄大夏、黄大秋不服，持原审意见提起上诉。二审中，黄大春、黄大夏、黄大秋、黄大一与黄小丙、费某郎、费大雪、费小雪于2017年7月19日达成如下和解协议，并申请法院按照和解协议的内容出具调解书。主要内容如下：

一、坐落于江阴市城东街道东苑新村×幢501室房屋归黄大春、黄大夏、黄大秋所有；

二、黄大春、黄大夏、黄大秋于2017年7月30日之前支付给黄小丙、费某郎、费大雪、费小雪66000元（已履行）；

三、上述款项履行完毕后，双方再无纠葛；

四、本协议经各方当事人或者二审委托诉讼代理人签字即生效。

【法官后语】

本案的争议焦点之一是原告的起诉是否超过二年的诉讼时效。黄大一认为，其于2004年9月29日取得江阴市澄江镇山源村24组房屋的产权证，原告应当自该日起二年内提起诉讼，而原告2016年提起本案诉讼已经超过二年的诉讼时效。判断原告的起诉是否超过了二年的诉讼时效，首先需要确定本案是一起继承权纠纷还是所有权确认纠纷。《继承法》第八条规定的“继承权纠纷”不能理解为与继承相关的所有纠纷，而应当限定在享有继承权的自然人身份有争议、是否存在继承人以外的可分得遗产的自然人等情形，如《继承法》第七条规定的丧失继承权的情形，第十四条规定的可以分给适当遗产的人，以独立的诉讼主体资格向法院提起的诉讼等。原告要求确认江阴市城东街道东苑新村×幢501室房屋归其所有，与继承权纠纷有实质区别。

《继承法》第二十五条第一款规定，继承开始后，继承人放弃继承的，应当在遗产处理前，作出放弃继承的表示。没有表示的，视为接受继承。由此可知，继承开始后，继承人未表示放弃遗产的，即为继承人共同共有。此时继承人对遗产主张的权属纠纷应当为确认物权归属纠纷，属于共有物确认纠纷，而非继承权纠纷。确认物权请求权属于我国《物权法》规定的物权保护请求权的一种，《民法通则》规定的诉讼时效仅适用于债权请求权，不适用于确认物权的纠纷，因此不适用诉讼时效的规定。本案中，黄小丙、费某郎、费大雪、费小雪在遗产继承开始后并未表示放弃继承，可视为均接受继承。其通过继承取得了遗产的所有权，被告在上述4人不知情的情况下将遗产先登记在自己名下，随后将遗产的转化物即东苑新村×幢501室登记至第三人名下，应当认定侵害了原告的共同所有权，导致东苑新村×幢501室的实际权利人与登记权利人不一致，上述4人以此主张东苑新村×幢501室属于其所有是确认物权的行为，不适用诉讼时效的规定。上述4人依据《最高人民法院关于适用〈中华人民共和国物权法〉若干问题的解释（一）》第二条的规定，请求确认遗产的转化物东苑新村×幢501室归其所有，于法有据，应当得到支持。

另外，第八次全国法院民事商事审判工作会议提到，被继承人死亡后遗产未分割，各继承人均未表示放弃继承，依据《继承法》第二十五条规定应当视为均已接受继承，遗产属各继承人共同共有；当事人诉请享有继承权、主张分割遗产的纠纷案件，应参照共有财产分割的原则，不适用有关诉讼时效的规定。本案的处理思路与上述规定的精神是一致的。

编写人：江苏省江阴市人民法院　钱宇穗　廖宏娟

12

经司法确认有效的人民调解协议可属于形成性法律文书

——黄乙、黄某丙诉黄甲所有权案

【案件基本信息】

1. 裁判书字号

重庆市第二中级人民法院（2017）渝02民终2786号民事裁定书

2. 案由：所有权纠纷

3. 当事人

原告（被上诉人）：黄乙、黄某丙

被告（上诉人）：黄甲

【基本案情】

黄某康与唐某泠是夫妻关系，共生养三个子女，即长子黄甲、次子黄乙、女儿黄某丙。黄某康于2003年3月去世（其父母均先于其去世），遗留有重庆市万州区太白路57号×幢2单元房屋一套（砖混结构，建筑面积68.493平方米）。该房屋属黄某康与唐某泠共有，各占50%的份额。2017年4月12日，唐某泠与黄甲、黄乙、黄某丙经重庆市万州区高笋塘街道人民调解委员会调解达成协议［（2017）渝万高民调字第25号］：“一、黄某康的遗产由黄甲、黄乙、黄某丙均等继承，唐某泠放弃继承权；二、唐满冷自愿将自己所有的50%份额赠与黄甲、黄乙、黄某丙均等继承；三、争议房屋归黄乙、黄某丙所有，各占50%的份额，黄甲继承和受赠的份额作价12万元，由黄乙、黄某丙在领取法院裁定书时一次性支付；四、此调解协议由双方当事人签字并捺印后，经人民法院确认后生效。”2017年4月18日，唐某泠、黄甲、黄乙、黄某丙共同申请重庆市万州区人民法院确认，该院审查后，裁定确认双方达成的《人民调解协议》有效。因之前房屋由黄甲及其家人居住使用，2017年4月19日，黄乙、黄某丙支付黄甲12万元，双方对房屋进行交接，但黄甲拒绝协助办理房屋产权转移登记，黄乙、黄某丙诉至法院，请求判令黄甲履行协助办理房屋产权过户手续的义务。

【案件焦点】

形成性法律文书已确定房屋权属后，黄乙、黄某丙以诉的方式请求黄甲协助办理产权过户手续是否符合民事案件起诉条件。

【法院裁判要旨】

重庆市万州区人民法院经审理认为：唐某泠与黄甲、黄乙、黄某丙在2017年4月12日经重庆市万州区高笋塘街道人民调解委员会主持调解达成了《人民调解协议》，当事人共同申请司法确认，经人民法院审查后，裁定确认《人民调解协议》有效，当事人应依协议履行各自的义务。黄乙、黄某丙已按协议付款，双方已对房屋进行交接，黄甲有义务协助办理房屋产权转移登记。黄乙、黄某丙的诉讼请求符合法律规定，应予以支持。

重庆市万州区人民法院依照《中华人民共和国民法总则》第七条、第一百七十六条，《中华人民共和国合同法》第六十条、第一百零七条之规定，作出如下判决：

由黄甲于判决生效后十日内协助黄乙、黄某丙办理重庆市万州区太白路57号×幢2单元房屋的产权转移登记。

黄甲不服一审判决，提起上诉。重庆市第二中级人民法院经审理认为：本案争议房屋原系黄某康与唐某泠的夫妻共同财产，在黄某康去世后，根据《中华人民共和国继承法》的相关规定，法定继承开始，其法定继承人对于遗产形成共有的法律关系。在继承开始时，争议房屋所有权的一半份额属于黄某康的遗产，另一半份额属于唐某泠所有，唐某泠本身享有的份额加上继承的份额总计应为62.5%，黄甲、黄乙、黄某丙因继承享有的份额分别各为12.5%。之后，包括本案双方当事人在内的相关权利人通过人民调解委员会达成了协议，对共有房屋进行再次分割，最终确定争议房屋由黄乙、黄某丙二人共有，各占50%的份额，实质改变了原先的共有法律关系。根据《中华人民共和国物权法》第二十八条的规定，因人民法院的法律文书，导致物权设立、变更、转让或消灭的，自法律文书生效时发生效力。本案中的《人民调解协议》经人民法院司法确认合法有效，与人民法院的调解书具有同等效力，从其内容、性质上分析，属于直接变动物权的法律文书，具有形成力。因此，黄乙、黄某丙再次提起民事诉讼，要求黄甲履行协助办理产权过户手续，不符合民事诉讼的受理条件。

重庆市第二中级人民法院依照《最高人民法院关于适用〈中华人民共和国民事诉讼法〉的解释》第三百三十条之规定，作出如下裁定：

一、撤销重庆市万州区人民法院（2017）渝0101民初7307号民事判决；

二、驳回黄乙、黄某丙的起诉。

【法官后语】

本案处理重点主要在于对形成性法律文书的理解。我国《物权法》第二十八条规定，因人民法院、仲裁委员会的法律文书或者人民政府的征收决定等，导致物权设立、变更、转让或消灭的，自法律文书或者人民政府的征收决定等生效时发生效力。

具体到本案，一、二审法院审理思路出现分歧，其主要原因即在于对上述规定的不同理解。一审法院认为，既然《人民调解协议》约定黄甲在获取一定对价的情况下放弃其继续的房屋权属份额，明确房屋归黄乙、黄某丙所有，那么黄甲就负有协助办理房屋产权过户手续的义务。但二审法院认为，黄乙、黄某丙、黄甲以及唐某冷在法定继承开始后，经人民调解委员会主持达成《人民调解协议》，改变了原先对房屋的共有关系，具有在当事人之间变动物权的效果。同时，经人民法院司法确认有效的人民调解协议，在法律效力上与人民法院的调解书等同。因此，结合文书内容和形式，前述文书系形成性法律文书，在确定之时就自动发生法律关系变动的效果。就当事人的实体权利义务而言，黄甲也明显有别于房屋出卖人，并无约定和法定义务协助办理产权过户手续。

值得注意的是，此案反映出的问题具有一定的代表性。在之前的司法实践中，常有家庭成员就分家析产、法定继承等已经达成内部协议，为了取得有效的法律文书，直接向人民法院起诉，其目的就是取得人民法院的调解书。因双方并无实质性的诉辩对抗，且当事人早已拟订好调解方案，故在不涉及虚假诉讼的情况下，人民法院乐于以调解方式结案。当事人持人民法院生效调解书到房屋、车辆等登记管理部门，可以实现物权的变更登记，无需申请强制执行，也无需通过再次提起给付之诉后申请人民法院强制执行。最为常见的是在涉及存款的遗产分割中，当事人持人民法院生效调解书或者经司法确认有效的《人民调解协议》，可以直接从金融机构提取继承人名下存款。

从解决问题的角度来看，黄乙、黄某丙已是形成性法律文书确定的房屋所有权人，可直接到房屋登记管理部门申请办理产权登记，若房屋登记管理部门不予办理，可提起行政诉讼。如按一审法院观点，支持黄乙、黄某丙再次提起民事诉讼请求行为给付，则有违人民调解以及司法确认制度的设计初衷。

编写人：重庆市第二中级人民法院　杜抗洪

13

对执行标的物请求确认所有权的，如何进行程序选择

——林甲诉林乙所有权确认案

【案件基本信息】

1. 裁判书字号

新疆维吾尔自治区乌鲁木齐市中级人民法院（2017）新01民再56号民事裁定书

2. 案由：所有权确认纠纷

3. 当事人

原告（上诉人）：林甲

被告（被上诉人）：林乙

【基本案情】

2015年1月6日，林乙向案外人李某华借款260万元，次日，林乙将位于乌鲁木齐市新市区镇江五巷124号的某房屋1至2层抵押给李某华，并办理了抵押登记。借款到期后林乙未归还，2015年7月15日，李某华依据有执行效力的公证文书向法院申请强制执行。该执行证书载明：债务人林乙，借款本金260万元，违约金52万元，合计312万元。法院作出（2015）新执字第1508号协助执行通知书，

于2015年8月14日查封、冻结了林乙名下的上述房产。2015年8月27日，法院向林乙的父亲林甲告知新市区镇江五巷124号房屋已被抵押的情况，并要求林甲尽快通知林乙到法院处理与李某华的借款案件，否则将对抵押的房屋进行评估、拍卖。2016年5月9日，法院决定委托拍卖涉案房屋。2016年7月12日，林甲提起诉讼，要求确认涉案房屋归其所有。庭审中林甲及林乙均陈述该房屋无抵押及转让等情形，法院作出（2016）新0104民初4143号民事判决书，确认位于乌鲁木齐市新市区镇江五巷124号房屋为林甲所有。

林甲认为法院已判决涉案房屋归其所有，不应当再对房屋采取执行措施，且经释明拒绝提出执行异议，致使执行工作处于停滞状态。经乌鲁木齐市新市区人民法院审判委员会讨论，作出（2016）新0104民监5号民事裁定，再审本案。再审过程中，林甲认为其为涉案房屋实际所有权人，不应当进行拍卖，并自述已提出执行异议申请。

【案件焦点】

所有权确认之诉与执行异议同时存在时应当如何处理。

【法院裁判要旨】

新疆维吾尔自治区乌鲁木齐市新市区人民法院经审理认为：《中华人民共和国民事诉讼法》第二百二十七条规定，执行过程中，案外人对执行标的提出书面异议的，人民法院应当自收到书面异议之日起十五日内审查，理由成立的，裁定中止对该标的的执行；理由不成立的，裁定驳回。案外人、当事人对裁定不服，认为原判决、裁定错误的，依照审判监督程序办理；与原判决、裁定无关的，可以自裁定送达之日起十五日内向人民法院提起诉讼。《最高人民法院关于适用〈中华人民共和国民事诉讼法〉的解释》第三百零七条规定，案外人提起执行异议之诉的，以申请执行人为被告。被执行人反对案外人异议的，被执行人为共同被告；被执行人不反对案外人异议的，可以列被执行人为第三人。第三百一十二条规定，对案外人提起的执行异议之诉，人民法院经审理，按照下列情形分别处理：（1）案外人就执行标的享有足以排除强制执行的民事权益的，判决不得执行该执行标的；（2）案外人就执行标的不享有足以排除强制执行的民事权益的，判决驳回诉讼请求。案外人同时提出确认其权利的诉讼请求的，人民法院可以在判决中一并作出裁判。

本案中，林甲于2015年8月27日即已知晓涉案房屋被抵押及案件正在执行中的事实，且该房屋在2015年8月14日即已被法院查封。因此，林甲在2016年7月径行向法院对该房屋提起确权之诉，不符合法定程序，应当予以驳回。

新疆维吾尔自治区乌鲁木齐市新市区人民法院依照《中华人民共和国民事诉讼法》第一百五十四条第一款第三项、第二款及第二百二十七条，《最高人民法院关于适用〈中华人民共和国民事诉讼法〉的解释》第三百零七条、第三百一十二条之规定，裁定如下：

一、撤销（2016）新0104民初4143号民事判决；

二、驳回林甲的起诉。

林甲不服一审裁定，提起上诉。在新疆维吾尔自治区乌鲁木齐市中级人民法院审理过程中，林甲申请撤回上诉。新疆维吾尔自治区乌鲁木齐市中级人民法院经审查认为：林甲提出撤回上诉的申请，系其真实意思表示，符合法律规定，予以准许。依照《中华人民共和国民事诉讼法》第一百七十三条之规定，裁定如下：

准许林甲撤回上诉。

【法官后语】

本案当事人进行所有权确认诉讼的目的，是阻却标的物在另案中的执行。《最高人民法院关于适用〈中华人民共和国民事诉讼法〉的解释》第三百一十二条第二款规定："案外人同时提出确认其权利的诉讼请求的，人民法院可以在判决中一并作出裁判。"《中华人民共和国物权法》第三十三条规定："因物权的归属、内容发生争议的，利害关系人可以请求确认权利。"上述规定使执行异议之诉与所有权确认之诉存在竞合，案外人在确权之诉与执行异议之诉之间是否享有选择权，我们认为根据案件的具体情况应当区别对待。

在对本案的处理上，不应当给予案外人选择所有权确认之诉的权利，一是即使进行了确权之诉，也起不到阻却执行的效果；二是在所有权确认诉讼中，不能全面审查案件的情况，被执行人财产的减损将直接导致申请执行人权益的丧失，不给申请执行人抗辩的权利客观可能造成逃避执行的后果；三是如果案外人确实存在法律规定的可以排除执行的情形，但选择确权之诉，反而因法律明确规定而使其权益不能得到保护。本案在进入执行阶段后，林乙及林甲隐瞒标的正在执行中的事实，想通过确权之诉来达到阻止执行的目的，因此法院在撤销原判后驳回了林甲的起诉，引导其走执行异议的程序，进而进入执行之诉，引入三方的对抗。通过此种途径作出的判决，能清晰反映本案当事人双方及执行案件的申请执行人之间的诉请及抗辩，在处理当事人申诉的过程中，更具有说服力。因此，作出如上裁定。

编写人：新疆维吾尔自治区乌鲁木齐市新市区人民法院　窦常娟

14

进行现场勘验和细节化询问是遏制确权类虚假诉讼的有效手段

——李某林诉曹某苹等所有权确认案

【案件基本信息】

1. 裁判书字号

北京市第三中级人民法院（2017）京03民终11463号民事判决书

2. 案由：所有权确认纠纷

3. 当事人

原告（上诉人）：李某林

被告（被上诉人）：曹某苹、李甲、李乙

【基本案情】

李某一与张某玉系夫妻关系；李某一为李某中、李某国、李某纲三兄弟之生父；张某玉为李某纲之生母，为李某中、李某国之继母。李某一、张某玉、李某国、李某纲先后去世；李某中现年75岁，已经在西安市工作、定居多年。李某国与郑某英系夫妻关系，李某林系二人之独生子。李某纲与曹某苹系夫妻关系，李甲、李乙系二人之女。

1984年1月18日，李某一主持给李某中、李某国、李某纲三兄弟分家并形成分家单，根据分家单记载，李某中未通过此次分家分得财产；李某国分得的宅院坐落于顺义区×村×大街25号（以下简称涉诉宅院）；李某纲分得的宅院坐落于顺义区×村×大街三条3号（以下简称×大街三条3号）。双方一致确认在此次分家时，李某中对前述分家方案并未提出异议。

李某国在分得涉诉宅院之后，于1984年7月1日获准翻建房屋，对宅院内的房屋进行了翻建，后形成北正房六间、西厢房三间的建筑格局。1993年9月，涉诉宅院的《集体土地建设用地使用证》登记在李某国名下，该《集体土地建设用地使用证》现由李某林持有。郑某英于1996年4月17日在涉诉宅院内因刑事案件遇害身亡。后李某国作为赠与人、李某纲作为受赠人，并在村干部的见证下，签署赠与协议，载明：李某国现在×村有宅基地一所，北房六间，西厢房三间，李某国愿将此房赠与李某纲使用，同时移交宅基地使用证。

在李某国、李某纲签订前述赠与协议之后，涉诉宅院实际交付给李某纲、曹某苹、李甲、李乙家庭居住使用，但未交付涉诉宅院的《集体土地建设用地使用证》原件。李某一、张某玉一同搬入涉诉宅院内居住直至先后去世。李某纲、曹某苹在涉诉宅院内增建了部分房屋，另于1996年12月15日将分家所得的×大街三条3号宅院卖与他人。

就前述赠与协议的形成过程、原因及其履行情况，曹某苹、李甲、李乙解释称：因郑某英在涉诉宅院内遇害身亡，李某国不愿意继续在涉诉宅院内居住生活，欲将涉诉宅院出售，后经李某国、李某纲之父李某一做主，李某国将涉诉宅院出售给李某纲，但因双方系兄弟关系同时为了避税，所以将双方之间就涉诉宅院达成的交易以赠与的形式来表述，并在×村委会干部的见证下签署前述赠与协议，曹某苹、李甲、李乙现已无法就买卖涉诉宅院的细节提交相应证据予以证实，但主张即使按照前述书面协议所记载的赠与来认定，涉诉宅院已经在1996年实际交付给李某纲、曹某苹家庭居住使用多年。李某纲、曹某苹家庭已经在涉诉宅院内增建了大量建筑，李某国生前从未对此提出异议，李某林在李某国去世之后要求确认涉诉宅院归其所有没有事实依据。此外，涉诉宅院的《集体土地建设用地使用证》原件在当年未实际交付的原因是李某国称原件在其搬家时丢失，因而李某一、李某纲均未向李某国追讨。

李某林主张己方至今持有涉诉宅院的《集体土地建设用地使用证》原件，并明确否认己方对李某国、李某纲就涉诉宅院签署赠与协议一事知情，进而主张：即使前述赠与协议真实，因涉诉宅院系李某国、郑某英的夫妻共同财产，并且涉诉宅院内存在由李某林出资翻建的西厢房三间，在郑某英身亡后，涉诉宅院中属于郑某英的遗产份额，李某林作为郑某英之独生子依法享有继承权，据此，李某国在未经李某林知情并同意的情况下将涉诉宅院赠与给李某纲的行为应属无效。

另一，坐落于北京市顺义区×村×大街一条2号（以下简称×大街一条2号）的宅院实际由×村村民尉某居住使用，其户籍地址登记在该宅院。李某国及李某林与其没有亲属关系，但李某国及李某林的户籍登记地址均为×大街一条2号。曹某苹的户籍登记地址则为×大街25号。

另二，经向村委会干部调查核实，并经关联案件检索后调取李某国生前与其西侧邻居发生的相邻关系案件卷宗，北京市顺义区人民法院查明并认定涉诉宅院实际处置给曹某苹、李某纲夫妇并由其家庭成员长期居住的事实。

另三，2017年6月27日，李某林曾以法定继承为案由将李某中作为被告诉至法院，该案案号为（2017）京0113民初11286号。在该案民事起诉状中，李某林未提及涉诉宅院由曹某苹、李乙等人实际控制的事实，此外，李某林将其要求继承的宅院门牌号码表述为其与李某国户籍登记的地址即×大街一条2号。在办理该案过程中，法院原定于2017年7月5日对涉诉宅院进行现场勘验，因李某林不持有涉诉宅院的钥匙，无法进入涉诉宅院，当天的现场勘验未能进行。后经李某林联系曹某苹及李乙，法院在2017年7月7日对涉诉宅院进行了现场勘验，并询问了曹某苹的意见。曹某苹对李某林将李某中作为被告诉至北京市顺义区人民法院要求确认涉诉宅院归李某林所有提出异议，主张其家庭已经实际购置涉诉宅院并长期占有使用，在涉诉宅院内增建了大量房屋。

2017年7月11日，根据前述核实的情况，法院向李某林释明：李某林仅仅将居住在陕西省西安市且未实际控制涉诉宅院的李某中列为本案被告要求确认涉诉宅院的所有权，如果绕开明确对涉诉宅院提出权利主张的曹某苹及其亲属，明显属于被告主体不适格。后李某林申请撤回起诉。于同日再次提起诉讼，将曹某苹、李乙作为被告诉至法院，即为本案。为了确保被继承人李某纲之第一顺序法定继承人的权益，避免遗漏当事人，法院于2017年7月14日依职权追加李某纲之次女李甲作为本案被告参加诉讼。

在（2017）京0113民初11286号李某林诉李某中法定继承纠纷一案中，李某林起诉的理由表述为：要求对该宅基地房屋进行法定继承确权。同时，李某中也要求对该房屋确权，由此产生纠纷。在本案庭审中针对法官的询问答复：李某国去世以后，李某中曾经提出涉诉宅院有其财产份额，但在了解到涉诉宅院由李某国翻建后，李某中又表示放弃分割请求。李某林就其陈述未能提交相应的证据予以证实。

【案件焦点】

1. 李某林能否基于其为李某国、郑某英的唯一法定继承人的身份，依据其持有涉诉宅院的《集体土地建设用地使用证》主张继承涉诉宅院；2. 李某林能否基于其所述曾经对涉诉宅院内西厢房翻建出资一节主张李某国与李某纲签订的赠与协议无效。

【法院裁判要旨】

北京市顺义区人民法院经审理认为：根据1984年1月18日李某一主持给李某中、李某国、李某纲三兄弟分家达成的分家单，李某一之长子李某中并未通过此次分家分得财产，并且在该分家单签订之前，李某中已经离开原籍长期在陕西省西安市工作并定居。通过此次分家，李某国分得的宅院坐落于涉诉宅院，李某纲分得的宅院坐落于×大街三条3号。分家之后，李某中仍然长年在陕西省西安市生活。其对前述分家方案并未提出异议。没有任何证据证明李某中曾经对涉诉宅院提出过确认权属、分割财产等诉求。应当指出，李某中出生于1942年12月11日，其在1984年已认可父亲李某一主持分家的结果，根据基本生活常识，在离开原籍几十年、兄弟分家三十多年、况且其弟李某纲、李某国先后去世之后，断无其在古稀之年回原籍索要涉诉宅院之可能。然而，李某林却于2017年6月27日将长期定居于陕西省西安市且不实际控制涉诉宅院的李某中一人作为被告诉至法院，李某林在该案民事起诉状中对涉诉宅院由曹某苹、李乙等人实际控制的事实只字未提，但在该案审理过程中，从李某林能够与曹某苹、李乙等人取得联系上来看，李某林对涉诉宅院由曹某苹等人实际控制一节显然明知。然而，李某林却刻意隐瞒涉诉宅院的实际控制情况，故意绕开实际控制涉诉宅院的曹某苹及其亲属，恶意编造李某中对涉诉宅院提出确权分割请求的谎言，如果仅仅依据李某林持有的前述分家单、《集体土地建设用地使用证》等证据材料进行形式审查而不对涉诉宅院进行现场勘验和走访调查就直接调解或者判决，必定造成冤假错案。若非本院法官坚持要求进入涉诉宅院进行现场勘验并当面询问涉诉宅院实际控制人的意见，李某林隐瞒实情、假装糊涂、玩弄规则、骗取裁判的不当诉讼目的一旦意外得逞，必将严重损害司法公信力和司法权威。李某林通过编造故事情节制造的虚假诉讼，虽然在遇到障碍后以其自行申请撤诉的方式结案，但是应指出，李某林的前述行为不仅有违诚实信用原则，而且有悖于其所从事职业的职业道德与操守，已经突破为人处世底线，法院应予以严厉谴责。

本案的争议焦点问题之一为李某林能否基于其为李某国、郑某英的唯一法定继承人的身份，依据其持有涉诉宅院的《集体土地建设用地使用证》原件等证据材料主张继承涉诉宅院。

根据《最高人民法院关于适用〈中华人民共和国民事诉讼法〉的解释》第一百零五条的规定，人民法院应当按照法定程序，全面、客观地审核证据，依照法律规定，运用逻辑推理和日常生活经验法则，对证据有无证明力和证明力大小进行判断，并公开判断的理由和结果。根据《中华人民共和国继承法》第二条的规定，继承从被继承人死亡时开始。本案中，李某林之母郑某英于1996年4月17日亡故，在此后长达二十年的时间内，李某林从未基于郑某英的法定继承人身份提出要求继承分割郑某英对涉诉宅院享有的遗产份额，亦未以郑某英法定继承人的身份对李某国与李某纲就涉诉宅院签订赠与协议提出异议，更未以郑某英法定继承人的身份对李某纲、曹某苹家庭长期控制涉诉宅院并在涉诉宅院内增建大量房屋提出异议，根据《最高人民法院关于贯彻执行〈中华人民共和国继承法〉若干问题的意见》第十八条的规定，自继承开始之日起的第十八年至第二十年期间内，继承人才知道自己的权利被侵犯的，其提起诉讼的权利，应当在继承开始之日起的二十年之内行使，超过二十年的，不得再行提起诉讼。综上所述，李某林基于其为郑某英之法定继承人身份提出的相关权利主张，依法均不应得到支持。

根据本案已查明的事实情节和历史背景足以认定，李某国在其妻子郑某英于涉诉宅院内遇害身亡后将涉诉宅院产权处置给李某纲、曹某苹家庭的意思表示真实、有效。应当指出，李某国、李某纲兄弟二人就涉诉宅院到底是“赠与”关系还是“买卖”关系，因直接当事人均已去世，时过境迁，故实际法律关系已经难以查证。但是，在涉诉宅院自1996年签订赠与协议以来一直由李某纲、曹某苹家庭实际控制并增建大量房屋的历史背景之下，前述实际法律关系查证困难的情节显然已经不能改变、不能否定涉诉宅院产权已经归李某纲、曹某苹家庭所有的事实。

应当指出，当事人行使权利、履行义务应当遵循诚实信用原则。依法成立的合同，对当事人具有法律约束力。当事人应当按照约定履行自己的义务，不得擅自变更或者解除合同。依法成立的合同，受法律保护。当事人应当按照约定全面履行自己的义务。当事人应当遵循诚实信用原则，根据合同的性质、目的和交易习惯履行通知、协助、保密等义务。本案中，按照李某国、李某纲就涉诉宅院签订的赠与协议约定，交付涉诉宅院的《集体土地建设用地使用证》原件本应为李某国应当全面履行的合同义务之一，其未能及时履行交付涉诉宅院的《集体土地建设用地使用证》原件的行为有违诚实信用原则，李某林持有前述《集体土地建设用地使用证》原件显然是李某国生前违背诚实信用原则未能兑现承诺的行为结果，“任何人都不能因为不当行为而获益”是法律适用的基本原则，也是众所周知的基本生活常识。因此，李某林依据己方持有的涉诉宅院《集体土地建设用地使用证》原件主张涉诉宅院应确权归自己所有，于情于理，都不应当得到鼓励和支持。

据此，李某林基于其为李某国、郑某英唯一法定继承人的身份，依据其持有涉诉宅院的《集体土地建设用地使用证》原件等证据材料主张继承涉诉宅院，于法无据，于理不合，不予支持。

本案的争议焦点问题之二为李某林能否基于其所述曾经对涉诉宅院内西厢房翻建出资一节主张李某国与李某纲签订的赠与协议无效。

一审庭审中，李某林改变其在民事起诉状中就涉诉宅院房屋的财产性质所述内容，主张涉诉宅院内的西厢房三间系由其出资翻建，但其并未就此提交相应证据予以证实。现已查明，李某国、李某纲兄弟二人在1996年就涉诉宅院签订赠与协议后，李某一、张某玉随李某纲、曹某苹夫妇一同搬入涉诉宅院居住直至先后去世。况且，李某纲、曹某苹夫妇在入住涉诉宅院后所增建的大量房屋给涉诉宅院建筑格局带来了明显改变。此外，李某林系李某国之独生子，双方长期共同生活，李某林辩称己方对李某国、李某纲签订赠与协议一节不知情明显违背基本生活常识，实难采纳。

根据《中华人民共和国民法通则》第一百三十七条的规定，诉讼时效期间从知道或者应当知道权利被侵害时起计算。但是，从权利被侵害之日起超过二十年的，人民法院不予保护。

综上所述，无论是从没有充分证据证实其前述诉讼主张的角度，还是从即使能够证实而其提出前述诉讼主张也已经明显超过法定最长诉讼时效的角度，李某林基于其单方陈述曾经对涉诉宅院西厢房翻建出资提出的诉讼主张都不能成立。

北京市顺义区人民法院依照《中华人民共和国民法通则》第一百三十七条，《中华人民共和国继承法》第二条，《最高人民法院关于贯彻执行〈中华人民共和国继承法〉若干问题的意见》第十八条，《中华人民共和国民事诉讼法》第十三条、第六十四条，《最高人民法院关于民事诉讼证据的若干规定》第二条，《最高人民法院关于适用〈中华人民共和国民事诉讼法〉的解释》第九十条、第一百零五条之规定，作出如下判决：

驳回李某林的诉讼请求。

李某林不服一审判决，提起上诉。北京市第三中级人民法院认为，本案的争议焦点为涉诉宅院应否归李某林所有。

首先，李某国系将涉诉房屋处分给了李某纲。第一，根据上述赠与协议所载内容，协议处分的并非一般价值较小的财产，而是关乎双方家庭生产生活的极其重要的财产，协议内容并未约定借用期限、归还条件、借用注意事项等内容，在形式要件上与常理相悖；第二，李某国在将涉诉宅院交给李某纲使用的同时，双方在该协议中同时约定李某国应同时移交宅基地使用证，该行为亦无法体现出李某国将涉诉宅院借给李某纲使用，反之可印证李某国确有将涉诉宅院处分给李某纲的真实意思表示；第三，李某国生前从未向李某纲家庭主张过归还涉诉宅院，即使在李某纲去世后近三年的时间内亦从未向李某纲的家人主张过归还涉诉宅院。据此，李某林主张李某国将涉诉宅院借给李某纲使用，明显与事实相悖，缺乏事实与法律依据，难以采信。

其次，李某国有权对其在涉诉宅院的份额予以处分。李某国于 1996 年在村干部的见证下与李某纲签订赠与协议，李某纲家庭自 1996 年至今一直控制并使用涉诉宅院，并在涉诉宅院内新建大量房屋，李某林系李某国独子，且双方长期共同生活直至李某国去世，李某国与李某林搬离涉诉宅院二十余年的时间里，李某林从未就李某国将涉诉宅院处置给李某纲家庭一事向李某国及李某纲、曹某苹家庭提出过任何异议。虽然李某林辩解其对签订赠与协议一节不知情，但是该辩解明显与生活常理不符，上述情形足以认定李某林对李某国将涉诉宅院的产权处置给李某纲、曹某苹家庭一事予以认可。现李某林否认上述事实，主张涉诉宅院的所有权，违反诚实信用原则，于法无据，不予支持。

最后，李某林以涉诉宅院西厢房三间系其出资建造为由，主张其应享有三间西厢房的所有权，但并未提供充分证据予以证明，不予采纳。

综上所述，李某林的上诉请求不能成立，应予驳回；一审判决认定事实清楚，适用法律正确，应予维持。依照《中华人民共和国民事诉讼法》第一百七十条第一款第一项的规定，判决如下：

驳回上诉，维持原判。

【法官后语】

法庭不应当成为诉讼技巧的竞技场。民事诉讼应当遵循诚实信用原则。在本案判决之前，因法官坚持要求进入涉诉宅院进行现场勘验并当面询问涉诉宅院实际控制人的意见，李某林编造的虚假诉讼以撤诉方式结案，法官在裁判文书中就认定李某林之前编造虚假诉讼的行为进行了充分分析论证并予以严厉谴责，有利于倡导诚实守信的社会风尚，也为本案进一步论理、论证奠定道义基础。

虚假诉讼的表现形式多种多样，对虚假诉讼的事后惩戒和纠错难以完全弥补对司法公信力和司法权威造成的伤害。本案中被拆穿的虚假诉讼就是难以仅仅依靠坐堂问案、当事人相互举证质证的方式进行甄别和防范的类型。“大前提（法律规定）＋小前提（具体案件事实）＝具体案件结论”这一“三段论”式的法律逻辑推理，是法律思维的基本模型，提起虚假诉讼谋取不当利益的当事人，为了获得其想要的“具体案件结论”，完全虚构“具体案件事实”，其实只是虚假诉讼的手段之一，比较难以防范的虚假诉讼往往是当事人并未完全虚构“具体案件事实”，而是采用掩盖部分客观事实，刻意圈定特定范围的客观历史事实作为其提出权利主张依据的“具体案件事实”，妄图误导司法裁判。本案中，李某林圈定李某中、李某国、李某纲三兄弟分家并由其父亲李某国分得涉诉宅院的历史事实作为其主张继承权利的“具体案件事实”，刻意掩盖、隐瞒涉诉宅院的实际控制情况，故意绕开实际控制涉诉宅院的曹某苹及其亲属，恶意编造李某中对涉诉宅院提出确权分割请求的谎言，如果简单以形式审查将李某林提供的分家单等书面材料作为依据，仅仅询问离开涉诉宅院多年长期定居于西安市对分家后相关事实不知情的李某中，显然难以发现全部客观事实。占有和使用是物权的重要权能，是权利主体行使物权权利的主要方式，也是确认权利主体的一种证据，在确权类案件中，对标的物的实际控制人以及相关基层组织进行询问、对权利真实状态进行核实，能够有效防范此类虚假诉讼。

细节化询问对于法官主导庭审节奏、查明案件事实具有重要意义，法官应当用细节化询问努力恢复真相，用事实真相有效平息矛盾冲突，将服判息诉工作做到判决之前、庭审之上、程序之中，充分发挥细节化询问在查明案件事实、揭穿与震慑谎言、倡导诚实守信的社会风尚等方面的重要作用。通过询问当事人查明案件事实是法官庭审驾驭能力的集中体现。

在审判系统中进行关联案件检索，并依职权调取关联案件卷宗有利于尽最大可能恢复历史真相，为公正裁判奠定基础。本案办理过程中，充分使用了审判系统的关联案件检索功能，为充分论理打下良好的事实基础。

精彩的判决书是不是只能出自大案、难案、要案？面对常规化的普通案件，我们是否也应当具备“工匠精神”，追求精益求精，坚持高标准严要求，通过把一份份精彩的判决书作为法官的名片发向社会来树立司法权威和司法公信力？就此，本案判决书树立了一个榜样。本案不是标的额巨大的“大案”，不是社会关注度高的“要案”，不是涉及重大法律适用争议与创新的“难案”。但是，上述情况并不妨碍法官将本案裁判文书撰写得既说理透彻又通俗易懂、既释法析理又人情练达，貌似简单又普通的民事案件，反而彰显了法官在细节化询问、公开裁判理由、洞察生活常识、善于逻辑推理等方面突出的庭审驾驭能力和裁判文书撰写能力，也充分显示了法官在办案过程中既有深入实地调查研究的务实精神，又有充分运用关联案件检索这一信息化辅助办案手段从而尽可能恢复客观真实的新技能。

编写人：北京市顺义区人民法院　涂长江

（二）返还原物纠纷

15

房屋产权登记内容与实际出资情况不符的物权保护

——杨某诉容某娟返还原物案

【案件基本信息】

1. 裁判书字号

陕西省宝鸡市金台区人民法院（2017）陕0303民初2779号民事判决书

2. 案由：返还原物纠纷

3. 当事人

原告：杨某

被告：容某娟

【基本案情】

2008年1月，原告取得位于宝鸡市金台区太平堡西路70号院×号楼×单元×号保障性住房购买资格。2008年2月19日，原告经人介绍将涉案房屋购买资格让与被告，双方签订《房屋转让协议书》一份。2008年2月5日至6月21日，被告以原告名义缴纳70%房款67958元，并支付基础设施入网费及维修基金8368元，共计76326元。6月21日当天被告还支付原告购房资格转让款5000元。被告交付房款后一直居住于该房至今。

2015年9月10日，甲方即宝鸡市保障性住房管理中心与乙方即原告签订保障性住房共有产权合同一份，合同载明：乙方经申请等程序购买位于金台区太平堡西路70号院的涉案房屋70%产权，建筑面积70.35平方米。现按有关规定，乙方再购买20%产权，持有该房屋产权份额的比例占到90%，甲方持有该房屋产权份额的比例为10%。乙方购买70%产权已缴房款67958元，现购20%产权应缴房款为17728元，达到90%产权总房款为85686元。该房屋购买满五年后，90%产权可以上市交易，收益归乙方。此后原告缴纳剩余20%房款。2017年8月11日，原告办理不动产权证书，记载权利人为原告，共有情况为按份共有，权利性质为保障性住房，共有份额为原告90%，宝鸡市保障性住房管理中心为10%，房屋使用满五年后可转进（交易），政府优先回购。

2012年1月13日，被告经申请等程序也获得廉租房购买资格，购得金台区龙丰苑小区建筑面积为56.41平方米的住房一套。此后原、被告约定将该房屋置换给原告，2012年2月该房屋交付后原告一直居住至今。

【案件焦点】

1. 不动产权证记载与实际出资情况明显不符是否可以确认房屋产权；2. 仅凭不动产权证书是否可以要求实际占有房屋的出资人返还房屋。

【法院裁判要旨】

陕西省宝鸡市金台区人民法院经审理认为：对于当事人有证据证明不动产登记记载与真实权利状态明显不符的，不应仅凭产权证书直接确认房屋的所有权。《中华人民共和国物权法》第三十三条规定，因物权的归属、内容发生争议的，利害关系人可以请求确认权利。《最高人民法院关于适用〈中华人民共和国物权法〉若干问题的解释（一）》第二条规定，当事人有证据证明不动产登记簿的记载与真实权利状态不符，其为该不动产物权的真实权利人，请求确认其享有物权的，应予支持。涉案房产在不动产登记证书中记载原告为90%产权的权利人，故原告认为被告为无权占有不动产，请求判令返还原物。但原告当庭认可曾与被告签订协议将涉案房屋购买资格让与被告，被告实际交付房屋70%房款并一直居住至今，而原告自己仅交付20%房款。此后被告基于双方签订的《房屋转让协议书》在2008年缴纳房款后一直居住在涉案房屋已近十年，而原告一直没有主张过房屋权利，双方之间又不存在租赁等其他权利义务关系。据此，有证据证明不动产登记记载情况与真实状况不符，仅凭登记记载主张不动产权利的不符合法律规定。原告亦不能证实被告居住涉案房屋系无权占有，故原告请求返还原物没有事实和法律依据，不应予以支持。

综上，陕西省宝鸡市金台区人民法院依据《中华人民共和国民法通则》第四条，《中华人民共和国物权法》第三十三条、第三十四条，《最高人民法院关于适用〈中华人民共和国物权法〉若干问题的解释（一）》第二条之规定，作出如下判决：

驳回杨某的诉讼请求。

【法官后语】

本案涉及借名买房后房屋产权登记与实际出资购买情况不符，对房屋所有权的认定问题，实践中争议较大，并具有一定普遍性。我国物权法确立的基本原则为公示原则，人民法院在审理物权保护类案件中，认定物权的裁判标准原则上是依据不动产权登记证书。但《最高人民法院关于适用〈中华人民共和国物权法〉若干问题的解释（一）》第二条规定，当事人有证据证明不动产登记簿的记载与真实权利状态不符、其为该不动产物权的真实权利人，请求确认其享有物权的，应予支持。此条司法解释就是对物权公示原则的例外规定，亦是物权法中平等保护原则的体现。物权主体的法律地位平等，在物权发生冲突的情况下，针对各个主体都应当适用平等原则解决纠纷。双方当事人都有权请求法院明晰产权确认归属。物权受到侵害后，各个物权主体都应当受到平等的保护。据此，实际权利人的权益应当得到相应的保护，在有证据证明的情况下可以抗衡不动产权证记载的权利。

在实践中，不动产权证记载与真实权利状态不符的情况大致包含六种情形：第一，夫妻共同所有不动产登记在一方名下的；第二，借名购买不动产，将不动产登记在被借名人名下的；第三，作为遗产的不动产权登记在继承人、受遗赠人以外的人名下的；第四，不动产共有人未按约定分割并登记不动产份额的；第五，法院生效裁判文书确认的不动产物权权利人与登记簿记载的权利人不一致的；第六，仲裁委员会仲裁书确认的不动产物权权利人与不动产登记簿记载的权利人不一致的。

本案属于第二类情况，即借名买房中比较特殊的保障性住房记载权利与真实权利不符情形。保障性住房是与商品性住房相对应的一类房屋，是指政府为中低收入住房困难家庭所提供的限定标准、限定价格或租金的住房，一般由廉租住房、经济适用住房、安置房和政策性租赁住房构成。保障性住房的买卖问题应当符合相关政策规定，如保障房上市交易的范围，必须在具有保障房购买资格的人员内部交易流动，保障房居住满一定年限方可上市交易等。本案诉争房屋的不动产登记中记载该保障房屋使用满五年可以上市交易，该涉案保障房属可以出让范围。杨某和容某娟双方均具有购买保障性住房的资格。双方签订转让购房资格协议时房屋使用满五年的条件尚未成就，但本案审理时交易条件已经成就，维持现有的占有状态比较适当。而且容某娟实际占有使用诉争房屋已长达近十年，如今杨某主张返还房屋是撕毁协议违背诚信的做法。容某娟支付大部分房款并实际占有使用房屋，是基于双方协议形成的占有，其权利应当予以保护。本案的判决维护了真实权利人的合法权益，有利于引领社会的良好风尚，树立社会诚实信用的价值观，也有利于实现利益的衡平。

编写人：陕西省宝鸡市金台区人民法院　杨乐

16

小客车指标调控政策下可采用车辆与车牌号相分离的方式保护物权

——刘某前诉伍某燕占有物返还案

【案件基本信息】

1. 裁判书字号

北京市第二中级人民法院（2017）京02民终7419号民事判决书

2. 案由：占有物返还纠纷

3. 当事人

原告（上诉人）：刘某前

被告（上诉人）：伍某燕

【基本案情】

刘某前于2013年5月拟向案外人刘某玲购买其名下本田飞度小汽车，当时刘某前尚未取得北京市小客车指标。伍某燕取得小客车指标后无购车需求，与刘某前协商后确定由刘某前使用伍某燕已经取得的小客车指标。刘某前于2013年5月28日与刘某玲签订《二手车买卖合同》，以50000元的价格购买了涉诉车辆，涉诉车辆登记在伍某燕名下，后一直由刘某前使用，车辆的机动车登记证书、行驶证亦由刘某前持有。后刘某前取得小客车指标又购买了车辆登记在本人名下。2016年12月，伍某燕欲要回小客车指标自行使用，但刘某前表示可待其家人另行摇号取得小客车指标后方可归还伍某燕名下的小客车指标，伍某燕表示拒绝。2017年1月18日，伍某燕将其名下的由刘某前使用的涉诉小客车拖走并控制。现刘某前诉至法院要求伍某燕返还该汽车。

【案件焦点】

为了保护真实权利人，车辆与车牌号能否分离。

【法院裁判要旨】

北京市丰台区人民法院经审理认为：伍某燕在取得北京市小客车指标后与刘某前约定该小客车指标由刘某前使用，刘某前出资购买本田飞度小汽车后登记在伍某燕名下，后该车一直由刘某前占有使用，现伍某燕欲自行使用本人名下的小客车指标，在未与刘某前协商一致的情况下，自行将本田飞度小汽车拖走。现刘某前要求伍某燕返还涉诉本田飞度小汽车，不违反法律规定，法院予以支持。刘某前要求伍某燕支付北京中汽京田汽车贸易有限公司的会员卡中尚未使用的余额、停车费、保险费、汽车使用费，于法无据，法院难以支持。

综上所述，依据《中华人民共和国民法通则》第五条之规定，判决如下：

一、伍某燕于本判决生效之日起七日内返还刘某前涉案车辆；

二、驳回刘某前的其他诉讼请求。

刘某前、伍某燕不服一审判决，提起上诉。北京市第二中级人民法院经审理认为：无权占有不动产或者动产的，权利人可以返还原物。涉案本田飞度小轿车虽然登记在伍某燕名下，但实际出资购买人为刘某前，刘某前借用伍某燕的名义进行了车辆登记，车辆的实际物权人应为刘某前。双方“借名”购车的行为违反了机动车行政管理法规，也扰乱了车辆的管理秩序，但违反行政规定与物权保护是不同的权益。伍某燕将刘某前的车辆强行拖走，并占为己有，侵害了刘某前作为物权人的合法权益。刘某前要求返还车辆的请求合法，应予支持。伍某燕上诉主张一审判决返还裸车，没有车牌照，无法办理过户手续。刘某前表示其只要求返还车辆，至于过户登记问题，其以后自行解决。由于双方合意违反机动车管理的行政规定，必然带来相应的后果，双方理应承担由此产生的后果。伍某燕因返还裸车带来相应的行政手续问题不属本案审理范围，本案不予处理。

对于刘某前上诉要求伍某燕赔偿侵占车辆造成的损失一节，因造成本案纠纷的原因是刘某前与伍某燕合意违反机动车管理的行政规定，对此双方均有过错，刘某前因违法造成的损失不应得到法律的保护。其上诉请求法院不予支持。二审法院遂判决如下：

驳回上诉，维持原判。

【法官后语】

为了实现小客车数量合理、有序增长，有效缓解交通拥堵状况，降低能源消耗和减少环境污染，北京市人民政府于2010年12月23日出台了《北京市小客车数量调控暂行规定》，规定小客车配置指标按照公开、公平、公正的原则，以摇号方式无偿分配；指标有效期为六个月，不得转让。刘某前将其购买的车辆登记在伍某燕名下的目的是获取北京市小客车指标进行使用，该行为扰乱了北京市对于小客车配置指标调控管理的公共秩序，违反了《合同法》第七条关于当事人订立、履行合同，不得扰乱社会经济秩序的规定。依据《合同法》第五十二条第五项关于违反法律、行政法规的强制性规定的合同无效的规定，应属无效。但违反行政规定、扰乱公共管理秩序不影响对物权应有的保护。

在物权确认和保护方面，双方对涉诉车辆系由刘某前出资购买并无异议。刘某前对涉诉车辆应享有物权人的合法权益。伍某燕将涉诉车辆强行拖走并占为己有，侵害了刘某前作为物权人的合法权益。现刘某前要求返还车辆的请求合法，应予支持。审判实务中有观点认为，车辆与车牌号不能分离，应对涉诉车辆评估后判归取得小客车指标一方所有，车辆的实际物权人取得经评估确定的对价。本案中，案件承办人在审理过程中亦试图通过调解的方式采取上述方式解决，以实现车辆与车牌号相统一，但经历数次调解后双方仍然坚持各自的意见，在均衡考虑法的谦抑性及探讨车号分离的行政手续的可行性之后，以物权的支配性和排他性为考虑基点，形成本判决。

编写人：北京市丰台区人民法院　冯大伟

17

借名买车中返还原物的主张能否支持

——朱某飞诉宁某返还原物案

【案件基本信息】

1. 裁判书字号

北京市石景山区人民法院（2017）京0107民初6017号民事判决书

2. 案由：返还原物纠纷

3. 当事人

原告：朱某飞

被告：宁某

【基本案情】

2009年10月初，宁某与朱某飞口头协商，因宁某贷款困难，故借用朱某飞的名义购车，如果出现交通事故由宁某自行负责。2009年10月28日，宁某以145800元的价格购买轩逸牌小型轿车。2009年11月2日，该车以朱某飞的名义注册登记。除首付73800元外，宁某以朱某飞的名义贷款72000元，并于2012年11月19日结清贷款。宁某提交其持有的购车发票、完税证明、机动车注册登记证、机动车行驶证、贷款合同、分期付款明细表、还款明细、贷款结清证明等予以佐证。朱某飞认为贷款抵押合同没有填写，也没有公章，抵押人没有签字，不予认可，对其他证据的真实性均无异议。

现轩逸牌小轿车及车辆行驶证、购车发票、机动车登记证书、购置税完税凭证等一直由宁某占有、使用和保管。朱某飞以车辆可能会有交通事故等风险，请求将车辆归还给自己。

【案件焦点】

宁某借朱某飞之名买车后，朱某飞能否主张返还原物。

【法院裁判要旨】

北京市石景山区人民法院经审理认为：朱某飞与宁某约定宁某借用朱某飞的名义买车，本质上属于借名买车。该车虽然登记在朱某飞名下，但是车辆注册登记非设权登记，不能仅以登记信息认定所有权人，而应依据实际出资等情况具体考察。该车系宁某实际出资购买，其实际出资人为宁某，且一直占有使用，故宁某系车辆实际所有权人。朱某飞要求返还车辆无事实及法律依据，法院不予支持。根据《中华人民共和国道路交通安全法实施条例》第一百零三条“以欺骗、贿赂等不正当手段取得机动车登记或者驾驶许可的，收缴机动车登记证书、号牌、行驶证或者机动车驾驶证，撤销机动车登记或者机动车驾驶许可；申请人在3年内不得申请机动车登记或者机动车驾驶许可”的规定，朱某飞与宁某之间“借名买车”的行为应当由相关行政部门依照法律法规予以处理。

北京市石景山区人民法院依照《中华人民共和国物权法》第二十三条、第三十四条，《最高人民法院关于适用〈中华人民共和国民事诉讼法〉的解释》第九十条之规定，作出如下判决：

驳回朱某飞的诉讼请求。

【法官后语】

返还原物纠纷是指权利人请求无权占有不动产或者动产的人返还该物的纠纷。案件审理中应当查明：原告是否系标的物的所有权人；被告是否无权占有该标的物。

首先，就本案车辆的所有权，宁某虽借用朱某飞的名义购买，车辆登记在朱某飞名下，但车辆注册登记非设权登记，不能仅以登记信息认定所有权人，而应依据实际出资等情况具体考察。现双方均认可宁某支付购车款，取得购车发票、购置税完税证明、机动车注册登记证、机动车行驶证，并实际清偿贷款，且一直持续占有使用车辆，故综合车辆购买的过程及实际情况，可以认定宁某系车辆的实际所有权人，对涉案车辆享有所有权。

其次，就朱某飞是否无权占有本案车辆，朱某飞系基于其与宁某的借名买车的约定以及实际付款购车的行为取得车辆所有权并实际占有，宁某认可借名买车约定及车辆实际由宁某出资购买，未能举证证明朱某飞对车辆的占有使用自始没有法律依据，或者占有之始存在法律依据，后该依据消失。其仅以朱某飞占用其车辆指标为由要求返还车辆本身，系将车辆指标及车辆二者混为一谈。我们认为，虽然从现实来看，车辆与指标密不可分，但是本案中朱某飞的诉求仅为返还车辆，故本案应从车辆的所有权归属角度进行审查，即车辆购买的过程、款项支付的票据、占有使用情况等，而非考虑车辆指标的归属问题，亦非认定借名买车协议是否因违法而认定为无效的问题。

《物权法》第三十四条规定，无权占有不动产或者动产的，权利人可以请求返还原物。本案中，宁某未能举证证明其系涉案车辆的所有权人，且朱某飞系无权占有涉案车辆，故对其返还原物的诉讼请求不应予以支持。

值得注意的是，为了警示借名或借用车辆指标的违法行为，本案在判决书主文中明确，存在《道路交通安全法实施条例》第一百零三条规定的行为的，应当由相关行政部门依照法律法规予以处理。

编写人：北京市石景山区人民法院　杨小花

18

擅自借用他人购车指标购买车辆的应将车辆返还登记人

——周甲飞诉周乙、北京千万里旧机动车经纪有限公司返还原物案

【案件基本信息】

1. 裁判书字号

北京市第二中级人民法院（2017）京02民终8098号民事判决书

2. 案由：返还原物纠纷

3. 当事人

原告（被上诉人）：周甲飞

被告（上诉人）：周乙

被告（被上诉人）：北京千万里旧机动车经纪有限公司（以下简称千万里公司）

【基本案情】

2011年4月2日，甲方周甲飞与乙方千万里公司签订协议书，约定周甲飞将一辆黑色汽车卖给乙方，总价格为132500元。甲方需向乙方提供车辆所有真实有效的手续及票证，并保证此车无任何经济纠纷及法律责任和交通违章。甲方要积极协助乙方进行车辆的过户。成交之日前，此车如有任何交通违章及法律责任均由甲方负责。自成交之日起，车辆所发生的一切交通违章及法律责任与甲方无关。双方不得以任何借口对车辆的售出及购买作出单方的反悔。此协议在乙方对车况、外观、内饰及手续认可、甲方已收车款，并双方签字的情况下生效。备注：此身份证在我公司使用三个月。同日，出具凭证载明：周甲飞售车，身份证在我公司处，用期三个月，收身份证人为千万里公司代理人李某，并盖有千万里公司章。

2013年9月13日，机动车销售统一发票显示：价税合计160300元，增值税税额23291.45元，销货单位名称是北京捷亚泰汽贸有限公司。税收通用完税证显示：填发日期2013年9月16日，纳税人沈某，税种车辆购置税，实缴金额13700元。2013年9月13日，周乙名下银行卡消费金额177500元，备注北京捷亚泰汽贸有限公司；同日，消费金额7036.53元，备注中国太平洋财产保险股份有限公司北京分公司。2013年9月13日，保险业务专用发票显示：付款人周乙，承保险种机动车辆综合险条款，保险费金额5969.86元。2014年9月15日，保险业务专用发票显示：付款人周乙，承保险种交强险，保险费金额871.92元、代收车船费350元，合计1221.92元；同日，保险业专用发票显示，付款人周乙，承保险种机动车辆综合险条款，保险费金额3416.17元。

【案件焦点】

1. 机动车所有权的确认依据购车款的支付还是登记；2. 在车牌与车辆无法分离的情况下，车辆应归购买人继续使用还是返还登记人；3. 车辆登记人取得车辆后应否依据车辆现值支付款项。

【法院裁判要旨】

一审法院经审理认为：无权占有不动产或者动产的，权利人可以请求返还原物。2010年北京市人民政府公布并实施了《北京市小客车数量调控暂行规定》。依据该规定，在本市购买小客车必须具有相应购车资格。根据《〈北京市小客车数量调控暂行规定〉实施细则》等规定，小客车指标确认通知书仅限指标所有人使用。对于买卖、变相买卖、出租或者出借小客车指标确认通知书的，由指标管理机构收回已取得的配置指标或者更新指标、三年内不受理该申请人提出的指标申请。

本案中，周乙主张其持有涉案车辆的购车发票、完税凭证及后续支付车辆保险费用的原始凭证，并有其名下银行卡刷卡支付购车款和保险费的银行交易明细，主张其系涉案车辆的实际购买人，应对车辆享有完全的所有权。但周乙系在《北京市小客车数量调控暂行规定》公布实施之后，明知自己未取得北京市小客车配置指标的情况下，利用周甲飞的身份证件将车辆登记在原告名下，由周乙自己占有、使用车辆。周乙的上述行为显属规避或变相规避限购政策，将车辆登记在原告名下，原告并不明知、更未许可，全为车辆实际购买人一人行为，自应承担因此带来的不利后果。车牌号码关联于特定主体，无法与车辆本身进行分离，特别是北京市采取小客车数量调控政策以来，小客车配置指标有严格的主体要求，已经取得北京市小客车牌照者不得再行参加配置指标的摇选；但小客车通过市场购买，供给并不唯一，车辆的现价值亦可通过鉴定等途径核定为现金价值。故原告起诉要求周乙返还该车辆的诉讼请求于法有据，法院予以支持。鉴于涉案车辆并非周甲飞出资购买，在返还车辆后，车辆的实际出资购买人可以向原告另行主张涉案车辆的现价值。综上，一审法院判决：

周乙将案涉车辆返还给周甲飞，驳回周甲飞的其他诉讼请求。

周乙不服该一审判决，提起上诉，后在二审期间，周乙申请撤回上诉，二审法院裁定：

准许上诉人周乙撤回上诉。一审判决自二审裁定书送达之日起发生法律效力。

【法官后语】

为了有效缓解交通拥堵状况，实现小客车数量有序增长，很多城市实施小客车数量调控措施，通过摇号方式配给购车指标。个人出售、报废名下登记的小客车的，可以直接取得更新指标。由此，很多有购车需求，又未能通过摇号取得购车指标的个人往往通过各种方式借用他人的购车指标购买车辆。但由于使用名下指标已经购买了车辆的人无法再行申请摇号，仅能通过报废名下车辆或出售名下车辆取得更新指标。与此同时，车辆的报废需要提供车辆现场核验、出售车辆更需要以其他购车指标来接收。由此，购车指标权利人与实际购车人的分离导致的谁是车辆的所有权人、谁来行使对车辆的占有、使用、收益、处分的权能的争议颇多。

本案中，周甲飞在二手车市场出售车辆，为便于过户将身份证件交与车辆中介，车辆出售后，取得更新指标。此时，周乙需要购买车辆，但没有购车指标，通过朋友帮忙，借用了周甲飞的身份证及购车指标购买了案涉车辆，原本考虑能够很快通过摇号取得购车指标，将案涉车辆转移登记到自己名下。但经过很长时间，周乙自身仍未取得购车指标，无法将车辆转移登记，审理过程中又不愿意通过出售车辆的方式将周甲飞的购车指标更新出来。被告周乙系在《北京市小客车数量调控暂行规定》公布实施之后，明知自己未取得北京市小客车配置指标的情况下，利用获得的原告身份证件将车辆登记在原告名下，由被告周乙自己占有、使用车辆。被告周乙的上述行为明显属于规避或变相规避车辆限购政策，不应受到法律保护。与此同时，周甲飞也需要使用自己的指标购买车辆，由此引发权利的冲突。对此，承办人认为，购车指标关联于特定身份主体，无法与车辆本身进行分离，特别是北京市采取小客车数量调控政策以来，小客车配置指标有严格的主体要求，已经取得北京市小客车牌照者不得再行参加配置指标的摇选。周乙继续占有、使用登记在原告周甲飞名下的车辆，明显损害周甲飞的权益。与此相反，小客车通过市场购买，同一种类车辆的市场供给并不唯一，车辆的现价值亦可通过鉴定等途径核定为现金价值。而且，将车辆登记在原告名下，原告并不明知、更未许可，全为车辆实际购买人周乙一人行为，周乙自应承担因此带来的不利后果。在周乙拒绝将车辆以出售等方式转移登记的情况下，案涉车辆及购车指标无法分离，考虑购车指标的人身特定性、车辆市场供给的广泛性以及车辆价值的可确定性，现涉案车辆不应再由被告周乙继续占有、使用，而应将车辆归于原告周甲飞所有并将车辆及时交与周甲飞管控，周甲飞在获得车辆后应依据车辆现价值向购车人予以补偿。

编写人：北京市西城区人民法院　袁佳

19

非国家机关无权强制扣押他人的合法财产

——何某华诉苏州达泓非融资性担保有限公司返还原物案

【案件基本信息】

1. 裁判书字号

江苏省句容市人民法院（2017）苏1183民初386号民事判决书

2. 案由：返还原物纠纷

3. 当事人

原告：何某华

被告：苏州达泓非融资性担保有限公司（以下简称达泓公司）

【基本案情】

2016年11月28日，何某华与达泓公司签订借款协议一份，约定何某华向达泓公司借款35000元，借款期限自2016年11月28日起至12月25日止，具体借款起始日期以何某华实际收到借款资金为准。如收款日期晚于本条款约定的借款起始日期，还款日期相应顺延。同日，双方签订抵押合同一份，约定由何某华将其所有的苏×××号陆风牌轿车就主合同担保借款债权向达泓公司提供反担保。同日，何某华还出具保证书一份，其中第3条载明："本人未能在规定的还款时间内进行足额还款，或逾期拒不还款，出借方有权上门扣押车辆。"2016年12月2日，达泓公司通过银行转账给付何某华35000元。2016年12月31日，达泓公司工作人员以何某华未按时还款为由将苏×××号陆风牌轿车开走并拒不返还。何某华的驾驶证、何某华的妻子王某英苏×××号车辆的行驶证、王某英的身份证均在该车辆中。何某华起诉，请求法院判令达泓公司返还何某华苏×××号轿车一辆及何某华的驾驶证、王某英的身份证、行驶证。

【案件焦点】

1. 何某华借款期限的起始日期是何日，其有无逾期还款；2. 如何某华逾期还款，达泓公司是否有权扣押何某华的车辆。

【法院裁判要旨】

江苏省句容市人民法院经审理认为：公民的合法财产受法律保护。原、被告签订的借款协议中载明，具体借款起始日期以原告实际收到借款资金为准。如收款日期晚于本条款约定借款起始日期的，还款日期同时做相应顺延。原告于2016年12月2日收到达泓公司转账支付的款项，故借款期限应为2016年12月2日至29日，对被告辩称借款期限为2016年11月28日至12月25日的意见不予采纳。被告还辩称因原告逾期还款，根据保证书的约定，被告有权扣押车辆，虽然原告出具的保证书载明“本人未能在规定的还款时间内进行足额还款，或逾期拒不还款，出借方有权上门扣押车辆”，但是扣押车辆的行为属强制措施，应由相应的国家机关行使，达泓公司不属于有强制执行力的国家机关，该项约定违反法律法规强制性规定，应属无效条款，故对被告该辩称意见不予采纳。达泓公司未经何某华准许，擅自扣押原告所有的车辆及驾驶证、王某英的身份证、行驶证，拒不返还，其侵占的行为侵犯了原告合法的财产权益，故法院对原告的诉讼请求予以支持。

江苏省句容市人民法院依照《中华人民共和国民法通则》第七十五条第二款，《中华人民共和国物权法》第四条、第七条、第三十二条、第三十四条，《中华人民共和国合同法》第五十二条，《中华人民共和国民事诉讼法》第一百四十二条之规定，作出如下判决：

达泓公司于本判决书生效之日起十日内将苏×××号车辆、该车辆的行驶证、何某华的驾驶证、王某英的身份证、行驶证返还何某华。

【法官后语】

随着经济的发展，民间的借贷行为越来越多，一些银行的贷款条件较为严苛，有的当事人急于需要资金又无法满足银行的贷款条件，无法从正规银行进行贷款。在这种情况下，一些小额借贷公司、担保公司应运而生，这些公司发放贷款的条件较低，借款人通常提供一些担保物就可以发放款项，最为常见的即为用车辆进行担保，使很多无法从正规银行进行贷款而又急需资金的借款人获得贷款。但发放贷款时这些公司通常会与借款人签订合同进行约定或由借款人出具保证书进行承诺：如无法正常还款，贷款方有权直接将担保物进行扣押，当借款人无法正常还款时，这些公司通常会直接将担保物违法扣押、变卖，更有甚者，即使借款人偿还全部借款及利息也不会将担保物返还给借款人，严重侵害了借款人的权益。

本案中，何某华作为借款人出具的保证书载明："本人未能在规定的还款时间内进行足额还款，或逾期拒不还款，出借方有权上门扣押车辆。"达泓公司以此为据认为在何某华未按时还款的情况下其直接扣押何某华车辆的行为合法，这亦是本案审理的重点。扣押他人财物的行为是对他人合法财产权益的限制，属强制性措施，可实施此种强制性措施的主体应由法律、法规进行明确规定，否则便是非法私自扣押。《刑事诉讼法》第一百四十一条第一款规定，在侦查活动中发现的可用以证明犯罪嫌疑人有罪或者无罪的各种财物、文件，应当查封、扣押。《民事诉讼法》第二百四十二条规定，人民法院有权根据不同情形扣押、冻结、划拨、变价被执行人的财产。《行政强制法》第九条规定，行政强制措施的种类包括扣押财物；第十七条规定，行政强制措施由法律、法规规定的行政机关在法定职权范围内实施。故只有公安机关、检察院、法院以及应法院要求协助扣押财物的单位、部分行政机关在法律规定的范围内依照法定程序才可施行扣押财物的强制性措施。达泓公司显然不在此主体范围内，何某华的保证书关于达泓公司可扣押其财物的约定违反了法律法规强制性规定，应属无效，故达泓公司关于根据保证书的约定有权扣押该车辆的意见不成立，其扣押何某华车辆的行为属于非法扣押，应将该车返还何某华。

编写人：江苏省句容市人民法院　房婷

20

“五保户”名下的自留山应由谁继承

——怀集县永固镇苍岭村傍伟经济合作社诉梁某荣占有物返还案

【案件基本信息】

1. 裁判书字号

广东省肇庆市中级人民法院（2017）粤12民终1383号民事判决书

2. 案由：占有物返还纠纷

3. 当事人

原告（被上诉人）：怀集县永固镇苍岭村傍伟经济合作社（以下简称傍伟经济社）

被告（上诉人）：梁某荣

【基本案情】

梁某英、梁某群、梁某添为同胞兄弟姐妹关系（梁某英先于梁某群、梁某添去世）。梁某荣与梁某群、梁某添为堂兄弟关系。傍伟经济社于1983年以户为单位将地名为“厂地山”的自留山分给其成员梁某群户，面积约15亩，并经怀集县人民政府确权发给梁某群户《自留山证》，该山地一直由梁某群户使用和经营。2006年，梁某群、梁某添先后因病去世。梁某群户消亡后，梁某荣以对梁某群、梁某添尽了生养死葬义务，其二人遗产包括“厂地山”应归其所有为由，对“厂地山”进行了经营管理并植树。傍伟经济社认为梁某群户已经消亡，梁某群、梁某添两人生前并无生育子女且未立下遗嘱或遗赠协议，“厂地山”的林地使用权应由傍伟经济社收回，遂于2016年4月21日作出收回“厂地山”使用权的决议书。后因双方对该山场权属协商不成，傍伟经济社提起诉讼，要求梁某荣腾退所占用梁某群户的山地。

另查明，梁某添、梁某群为五保户，两人在世期间的日常生活等由梁某荣照料较多。梁某添去世后，原、被告就梁某群、梁某添遗留的林木、自留山归属事宜产生争执，后由怀集县永固镇法律服务所于2009年10月20日出具《关于苍岭村委会傍伟村小组梁某群、梁某添遗产纠纷的调解意见书》：梁某荣妻子尽到了照顾梁某添的责任，并在梁某添死亡时支付了处理后事的所有费用，梁某添的财产（包括“厂地山”的自留山及其他责任山）应由梁某荣夫妻继承。原告认为该调解意见书不合法、无效力，自留山不属于遗产，不存在继承问题。

又查明，原、被告曾因被告在涉案山场所种植的桉树遭砍伐破坏等问题诉至法院，法院判令原告方村民赔偿梁某荣损失23707.6元。

【案件焦点】

五保户梁某群、梁某添的自留山能否作为遗产进行继承。

【法院裁判要旨】

广东省肇庆市怀集县人民法院经审理认为：20世纪80年代初，林业“三定”划定了农户自留山和责任山。自留山，是指农业集体化后分给社员使用和经营的小块山林。1983年，傍伟经济社以户为单位将地名为“厂地山”的自留山分给其社员梁某群户，并为其办理自留山证，讼争“厂地山”山场是属于梁某群户生前的自留山。另根据《最高人民法院关于审理民事案件适用诉讼时效制度若干问题的规定》第一条“当事人可以对债权请求权提出诉讼时效抗辩……”的规定，本案中，傍伟经济社请求返还原物，系基于所有权产生的物权请求权，故梁某荣辩称傍伟经济社的请求超过诉讼时效的理由不能成立。本案争议的焦点在于梁某荣主张其对涉案“厂地山”山场享有继承权的抗辩理由是否成立。

首先，根据《中华人民共和国继承法》第十条“遗产按照下列顺序继承：第一顺序：配偶、子女、父母。第二顺序：兄弟姐妹、祖父母、外祖父母……本法所说的子女，包括婚生子女、非婚生子女、养子女和有扶养关系的继子女……”的规定，梁某荣为梁某添的堂兄弟，并非梁某群、梁某添遗产的法定继承人，不能依照法定继承的方式继承讼争山场。

其次，梁某群户最后一名成员梁某添生前为五保户，享受五保户相关待遇，从《最高人民法院关于贯彻执行〈中华人民共和国继承法〉若干问题的意见》第五十五条“集体组织对‘五保户’实行‘五保’时，双方有扶养协议的，按协议处理；没有扶养协议，死者有遗嘱继承人或法定继承人要求继承的，按遗嘱继承或法定继承处理，但集体组织有权要求扣回‘五保’费用”的规定可知，梁某荣尽管对梁某添进行了较多的照料，但梁某添生前并没有与梁某荣立下遗嘱或签订书面遗赠扶养协议，因而梁某荣并不能通过遗嘱或遗赠取得讼争山场的使用权。

最后，根据《中华人民共和国土地管理法》第八条“……宅基地和自留地、自留山，属于农民集体所有”的规定，从土地的性质来看，梁某群户只享有土地使用权，土地所有权仍属集体即傍伟经济社所有。梁某荣并不属于梁某群户的家庭成员，自留山是农业集体化后分给社员使用和经营的小块山林，它只确定到户，不确定到人，在梁某群户最后一人去世后，梁某群户享有的自留地使用权自然消灭，因而讼争“厂地山”山场应当按照相关法律、法规和国家政策由傍伟经济社收回。

综上，对于梁某荣提出“厂地山”的林地使用权应归其所有的主张，法院不予采纳。根据《中华人民共和国物权法》第三十四条“无权占有不动产或者动产的，权利人可以请求返还原物”的规定，傍伟经济社作为“厂地山”的所有权人，有权要求无权占有人即梁某荣返还原物，因而对于傍伟经济社要求梁某荣腾退占用梁某群户的山地的请求，法院予以支持。

广东省肇庆市怀集县人民法院依照《中华人民共和国继承法》第十条、第三十一条，《中华人民共和国土地管理法》第八条，《中华人民共和国物权法》第三十四条，《最高人民法院关于审理民事案件适用诉讼时效制度若干问题的规定》第一条，《中华人民共和国民事诉讼法》第一百四十二条的规定，判决如下：

限梁某荣在二十日内腾退所占用梁某群户名为“厂地山”的自留山并交回给傍伟经济社。

梁某荣不服一审判决，提起上诉。广东省肇庆市中级人民法院认为：《中华人民共和国土地管理法》第十四条第二款规定，在土地承包经营期限内，对个别承包经营者之间承包的土地进行适当调整的，必须经村民会议三分之二以上成员或者三分之二以上村民代表的同意，并报乡（镇）人民政府和县级人民政府农业行政主管部门批准。傍伟经济社是主张对集体所有的自留山实施收回行为，并不是对承包经营者的土地进行调整，且傍伟经济社收回该集体自留山使用权已经大多数村民代表签名同意，故梁某荣主张傍伟经济社未履行法定程序的依据不足，不予采纳。

《中华人民共和国土地管理法》第八条第二款规定，宅基地和自留地、自留山，属于农民集体所有。怀林自证字第4933号《自留山证》记载：自留山的山权属集体所有，农户只有使用权。涉案“厂地山”山场属梁某群户生前的自留山，该自留山土地所有权属傍伟经济社所有，梁某群户仅享有自留山的使用权，梁某添、梁某群死亡后，该自留山的林木可予继承，但自留山土地使用权应由傍伟经济社收回。《中华人民共和国继承法》第十条规定：“遗产按照下列顺序继承：第一顺序：配偶、子女、父母。第二顺序：兄弟姐妹、祖父母、外祖父母……”梁某荣与梁某添属堂兄弟关系，梁某荣不符合法定继承人的主体资格，梁某荣虽对梁某添生前尽了较多的照顾义务，但梁某添生前无立下遗嘱或遗赠扶养协议，故梁某荣无法通过遗嘱或遗赠协议依法取得涉案山场的使用权。梁某荣主张对涉案自留山的权属享有继承权的依据不足，不予采纳。

综上所述，一审判决认定事实清楚，适用法律正确，程序合法，实体处理恰当，依法予以维持。梁某荣的上诉请求理据不足，依法予以驳回。依照《中华人民共和国民事诉讼法》第一百七十条第一款第一项之规定，判决如下：

驳回上诉，维持原判。

【法官后语】

本案涉及《继承法》《土地管理法》《农村土地承包法》等多部相关法律的理解及适用，同时也要求办案法官在遵循现代法律制度与传统的农村风俗习惯之间求取平衡，最终使其裁决取得良好的社会效果并形成良善的价值导向。本案在处理过程中有以下两种意见：第一种意见认为，梁某荣确实对五保户尽了一定赡养义务，支持其对五保户的遗产享有继承的权利，更有利于农村五保户老人养老的实际需要；第二种意见认为，在我国现行的土地法律法规尚未有相关规定的情况下，五保户户内人口均亡故的，其自留山的使用权不应作为遗产进行继承。

办案法官赞成第二种意见，理由如下：

傍伟经济社在梁某群、梁某添没有法定扶养义务人的情况下，为使梁某群、梁某添老有所养，给梁某群、梁某添办理了“五保”手续，并给予梁某群、梁某添以生活照顾和物质帮助等五保待遇，其行为是积极的，应当得到法律的肯定和保护。根据我国关于自留山的相关法律法规规定，自留山的林地所有权属集体，林地使用权属农户，家庭是自留山使用的基本单位，家庭成员死亡时，自留山的使用权不属继承范围，其经营的自留山林木，可以作为遗产由继承人依法继承。本案中，在梁某群户最后一人口去世后，梁某群户享有的自留地使用权自然消灭，因而讼争山场应当由傍伟经济社收回。但梁某荣确实对五保户梁某群、梁某添尽了一定赡养义务，其作为对五保户生前有过一定扶助的人，可以考虑在梁某群、梁某添的其他遗产分配中给予适当的照顾。

我国关于农村自留地法律性质的规定，散见于中华人民共和国成立后全国人大、党中央、国务院、农业经济管理部门的规范性文件，相关的政策法规延续至今，已经明显不能适应中国目前农村的实际情况，国家应对农村自留山的继承范围和方式予以明确规定，以免造成法律适用上的困惑。

编写人：广东省肇庆市怀集县人民法院　李加拿

21

物权请求权与占有请求权竞合时应尊重当事人的选择

——任中龙等诉任大石、王某英占有物返还案

【案件基本信息】

1. 裁判书字号

北京市大兴区人民法院（2017）京0115民初12206号民事判决书

2. 案由：占有物返还纠纷

3. 当事人

原告：任中龙、任小潼、任小巍

被告：任大石、王某英

【基本案情】

任大石、王某英系夫妻关系，任中龙系其儿子，任小潼、任小巍系任中龙之女。任大石、王某英、任中龙及前妻龚某华（2000年4月去世）、任小潼、任小巍曾长期在北京市大兴区某9号院（以下简称9号院）内居住生活。1984年，该家庭成员即已在该院建造西厢房3间。1990年春，任中龙与任大石、王某英夫妇在该

院翻建北房5间、东厢房3间、门楼1座、厕所1间。2005年，任大石、王某英、任小巍、任小潼作为原告，将任中龙诉至法院，要求对上述房产进行分割。经法院组织调解，双方达成调解协议，确认9号院内北房5间中西边3间、西厢房3间、门楼1座、厕所1间归任大石、王某英、任小潼、任小巍共有，北房5间中东边2间、东厢房3间归任中龙所有。2007年，任小潼将9号院中厕所、门楼以及东厢房南数第1间拆除，建南房6间。2009年，任小潼又先后在6间南房南边加盖4间房和1座门楼、1间厕所，在南房与北房之间的空地上建房6间左右，在院内房屋上加盖了2层彩钢结构房。

2010年7月，任中龙、任小潼通过分户，分别与拆迁公司签订拆迁安置补偿协议，9号院内房屋被拆迁。根据任中龙与拆迁公司所签协议，任中龙获得拆迁补偿款，并以自己名义购买5套回迁房：301室、501室、1503室、1601室、201室。根据任小潼与拆迁公司所签协议，任小潼获得拆迁补偿款，并以自己名义购买回迁房2套：1703室、1201室。上述回迁房屋均已交付使用，其中301室、201室由任大石、王某英占有使用，其他房屋由任中龙、任小潼、任小巍占有使用。抵扣购房后，拆迁款余款合计134余万元，经分割，任大石、王某英分得合计50万元。

2014年，任大石、王某英以分家析产纠纷的案由将任中龙、任小潼、任小巍诉至法院，要求确认301室归任大石所有，201室归王某英所有。法院于2015年8月20日作出（2014）大民初字第1073号民事判决书，根据公平原则，并考虑到该家庭成员的生活方便，确定由任大石、王某英实际占用的301室归任大石、王某英共同所有，其他房屋由任中龙、任小潼、任小巍共同所有。任大石、王某英不服判决，提起上诉。北京市第二中级人民法院作出（2015）二中民终字第11273号民事判决书，判决驳回上诉，维持原判。

之后，任中龙、任小潼、任小巍以占有物返还纠纷的案由将王某英、任大石诉至法院，即本案，要求任大石、王某英腾退所占用的产权属于任中龙、任小潼、任小巍的201室，并赔偿因占用201室给任中龙、任小潼、任小巍造成的经济损失（按市场房屋租赁价格计算，每月3300元，自2015年12月15日起计算至任大石、王某英实际腾退房屋之日止）。

【案件焦点】

1. 当案件涉及不同的请求权基础，如物权请求权（返还原物请求权）、占有请求权（占有物返还请求权），应依据何种请求权进行审理；2. 法院是否应对当事人的请求权选择作出干涉。

【法院裁判要旨】

北京市大兴区人民法院经审理认为：已为人民法院发生法律效力的裁判所确认的事实，当事人无须举证证明。生效法律文书的既判力应当受到尊重。根据法院作出的生效裁判文书，301 室归任大石、王某英共有，包含诉争 201 室在内的其他房屋归任中龙、任小巍、任小潼 3 人所有，即 3 名原告基于所有权对 201 室享有占有、使用、收益、处分的权利。但是，根据诉审合一的诉讼法原则，在可能存在多种法律关系或请求权竞合时，法院将依据当事人所主张的法律关系进行审理，并确定所适用的法律。本案中，3 名原告按“占有物返还纠纷”的案由提起诉讼，而占有物返还纠纷是指占有物被非法侵占，占有人请求返还的纠纷；占有物被他人非法侵占的，占有之事实状态将受到破坏，因此法律赋予占有人以保护其占有为目的的返还占有物的请求权，即占有物返还请求权。

根据《中华人民共和国物权法》第二百四十五条“占有的不动产或者动产被侵占的，占有人有权请求返还原物；对妨害占有的行为，占有人有权请求排除妨害或者消除危险；因侵占或者妨害造成损害的，占有人有权请求损害赔偿。占有人返还原物的请求权，自侵占发生之日起一年内未行使的，该请求权消灭”的规定，无论是从 201 室被任大石、王某英实际占用之日起算，还是从认定 201 室等房屋归 3 名原告所有的民事判决生效之日起算，至 3 名原告提起本案诉讼时，均已超过上述一年除斥期间，对 3 名原告要求任大石、王某英腾退所占用 201 室的诉讼请求，因占有物返还请求权业已消灭，故法院不予支持。考虑到 3 名原告要求任大石、王某英赔偿因占用 201 室所造成经济损失系当事人行使占有损害赔偿请求权，不同于占有物返还请求权，不应在“占有物返还纠纷”案件中进行审理（其有独立的第 4 级案由），同时考虑到在本案中对于 3 名原告要求返还占有物的请求亦未支持，故对其赔偿经济损失的诉讼请求，法院不予支持。对于因 201 室产生的纠纷，当事人可在选择适宜的法律关系后另行解决。

北京市大兴区人民法院依照《中华人民共和国物权法》第二百四十五条之规

定，作出如下判决：

驳回任中龙、任小巍、任小潼的全部诉讼请求。

判决作出后，原、被告均未提起上诉。判决现已生效。

【法官后语】

随着经济社会的发展、法制的健全，法治观念深入人心，越来越多的民事主体选择运用诉讼手段处理家庭矛盾，理顺家庭关系。在进行民事诉讼活动时，当事人会根据自己对案件事实的理解、对法律知识的了解，通过律师等法律从业人员的指导，根据不同的请求权基础，选择起诉的案由，即确定诉争法律关系，再由此明确相应的诉讼请求。针对基本相同的案件事实，法官会面对当事人以不同案由，即不同请求权基础，主张权利的案件。此时如何正确处理案件，既是当事人所关注的焦点，也是法官所不能回避的问题。

具体至本案，生效法律文书确定201室归任中龙、任小巍、任小潼所有，即3名原告享有201室的所有权，其有权基于物权请求权要求任大石、王某英返还201室，且该请求权不受诉讼时效等制度规制。同时，为对抗无权占有201室的任大石、王某英，3名原告当然有权基于占有请求权要求任大石、王某英返还201室，但占有物返还请求权受一年除斥期间的限制，自侵占发生之日起一年内未行使的，该请求权消灭。本案双方当事人均聘请了律师，具有相当的法律知识，在涉及请求权选择时，即案由确定时，法院未进行干涉，而是按照原告方起诉的案由进行审理。虽然《最高人民法院关于印发修改后的〈民事案件案由规定〉的通知》第三部分第五条规定“当事人起诉的法律关系与实际诉争的法律关系不一致的，人民法院结案时应当根据法庭查明的当事人之间实际存在的法律关系的性质，相应变更案件的案由”，但是本案当事人享有不同的请求权基础，不存在当事人起诉的法律关系与实际诉争的法律关系不一致的问题，法院不应径行变更有利于原告方的案由。

诉审合一原则虽不是民事诉讼法的基本原则，但能够掌握并准确运用该原则对法院审理民事案件至关重要。从诉讼中立角度出发，在可能存在多种法律关系或请求权竞合时，法院应依据当事人所主张的法律关系及请求权基础进行审理，不应作出过多干涉。法院应审慎行使释明权，在当事人双方法律知识相当，可以作出理智选择或已作出相关选择时，不应从可能的胜诉裁判结果出发，要求当事人选择对其更有利的法律关系及请求权基础。本案双方当事人系亲属，虽然任中龙等人败诉，但是未提起上诉，任大石、王某英也得以继续居住在201室内。这说明案件的审理结果起到了化解家庭矛盾的作用。

编写人：北京市大兴区人民法院　王振

22

原占有人行使返还原物请求权不以占有人合法占有原物为前提

——天津市河东整流器厂诉天津市河东区荣昌二商实业公司返还原物案

【案件基本信息】

1. 裁判书字号

天津市第二中级人民法院（2017）津02民终2656号民事判决书

2. 案由：返还原物纠纷

3. 当事人

原告（被上诉人）：天津市河东整流器厂（以下简称整流器厂）

被告（上诉人）：天津市河东区荣昌工商实业公司（以下简称荣昌公司）

第三人：沈某臣

【基本案情】

涉诉建筑物并无相应的权属登记，其所坐落的地块属于由天津市人民政府划拨的用于建设某居住区后剩余地块，土地使用权人为天津市房地产发展（集团）股份有限公司（以下简称天房公司）。该公司曾委托天津市河东区东新街道办事处指定的荣昌公司作为涉诉地块的管理人。2015年7月9日，天房公司与荣昌公司解除了相应的委托管理关系。

整流器厂系由案外人李某民个人投资设立的个人独资企业，其与荣昌公司曾系挂靠关系，双方于2003年11月解除挂靠关系，并签订有《解除挂靠关系协议》，协议中约定经资产界定确认，企业用房产权即使用权归荣昌公司所有，其余经营资产归整流器厂实际投资人李某民所有。在双方解除挂靠关系后另行签订关于涉诉建筑物的租赁协议，约定由整流器厂继续使用涉诉建筑物。2013年，双方因该租赁纠纷成诉，经法院生效民事判决书判决，李某民向荣昌公司返还涉诉建筑物并支付欠付的租金。后双方于2013年12月31日另行签订了涉诉建筑物的租赁协议书，约定由整流器厂租赁使用涉诉建筑物，租期为2014年1月1日至2014年12月31日，年租金为100000元，其后该协议展期至2015年12月31日。到期后，整流器厂继续占有涉诉建筑物至2016年5月17日，其后针对是否搬出涉诉建筑物的问题，整流器厂、荣昌公司及沈某臣间发生争执，为此整流器厂曾于2016年5月17日、29日报警未果，因此成诉。2016年5月16日，沈某臣与荣昌公司签订涉诉建筑物租赁合同，目前涉诉建筑物由沈某臣实际使用。案件审理期间，沈某臣自述对涉诉建筑物进行了一定程度的装修和改建，并要求在对本案作出裁决时考虑其合法权益。

另，整流器厂入驻涉诉建筑物所在地点时，利华工艺品厂正在建设部分涉诉建筑物，整流器厂入驻后继续进行建设并承担了利华工艺品厂欠付的建设施工费用及银行贷款等费用。荣昌公司曾向整流器厂出具证明，载明：整流器厂自建临时房屋258.7平方米原值94553元临时建筑无产权证明。

【案件焦点】

是否应当恢复整流器厂对涉诉建筑物的占有。

【法院裁判要旨】

天津市河东区人民法院经审理认为：占有的不动产或者动产被侵占的，占有人有权请求返还原物。原告在2013年与被告签订的租房协议书，是双方真实意思的表示，在签订该协议后，原告实际取得了对涉诉建筑物占有、使用的权利，也就是说原告在此时成立对于涉诉房屋的占有。该占有一旦成立，就应当受到相应的保护，任何人不能以私力改变占有的现状。通过原告提供的证据可以证明，其在迁出涉诉建筑物时是非自愿的，那么此时原告要求恢复其对涉诉建筑物的占有，于法有据。

结合案件的实际情况，被告在2015年7月9日后丧失了原有的对涉诉房屋坐落土地的管理权限，那么此时，无论原告是否有权占有涉诉建筑物，向原告主张权利的主体都应当是涉诉建筑物坐落土地的使用权人即天房公司，被告既非使用权人亦非管理人，此时以私力形式改变占有现状，缺乏事实及法律依据，形成的相应结果不应得到法律的确认，被告虽在庭审中提交了《天津市国有房产使用证》及《天津市使用公房保管自修责任书》，但经本院审查，涉诉房屋没有任何权属登记，则上述证据无法形成充分的证明力以证明被告的主张，则被告所抗辩的其已取得涉诉建筑物合法使用权的主张，法院不予支持。即便对于涉诉建筑物坐落土地的管理问题产生了争议，也应当是使用权人与管理人之间的纠纷，不应成为阻止原告恢复占有的事由。

应当强调的是，设立占有制度的目的之一，是维护物的事实秩序，即维护现有物的占有状态，禁止他人以私力加以破坏，从而维护社会的安宁与和平，占有一旦存在就应当受到保护，任何人不得以私力改变占有现状，这也就是占有保护的功能。本案中原告的占有是否恰当、是否应当腾出涉诉房屋，无论是使用权人还是被告，都应当通过法律途径加以界定与衡量，私自改变占有现状，是不能获得法律承认的。尤为重要的是，被告在案件审理期间与第三人签订租赁合同，客观上加深了原、被告的矛盾与争议，这对于纠纷的解决是没有任何帮助的。

关于目前涉诉房屋已经由第三人实际使用一节，第三人使用涉诉建筑物基于与被告之间的合同，当无法确认被告对涉诉建筑物有处分权利时，同时结合本案的其他实际情况，第三人实际使用的事实不能成为阻却原告行使权利的障碍。第三人与被告所签订的合同是否有效、是否构成相应的违约赔偿的问题，第三人应当通过另案予以处理，本案中不予涉及，但不影响第三人作为实际使用人向原告返还占有物的义务。

天津市河东区人民法院依照《中华人民共和国物权法》第二百四十五条之规定，作出如下判决：

本判决生效后三十日内，荣昌公司及沈某巨将涉诉建筑物返还整流器厂。

荣昌公司不服一审判决，提起上诉。天津市第二中级人民法院经审理认为：本案因涉诉建筑物占有问题而成讼。首先，根据《中华人民共和国物权法》第二百四十五条的规定，占有的不动产被侵占的，占有人有权请求返还原物。该规定中占有保护请求权的基础是占有事实。整流器厂从 1990 年开始至 2016 年 5 月，基于与荣昌公司之间形成的挂靠关系、租赁关系，在长达 26 年的时间内一直使用涉诉建筑物进行生产经营，形成了对涉诉建筑物的占有事实状态。本案中三方当事人因搬离涉诉建筑物问题产生争执、整流器厂报警请求警方保护未果的事实可以表明，荣昌公司和第三人以私力迫使整流器厂放弃了对涉诉建筑物的占有，违反了有关法律对于占有保护的规定。

其次，荣昌公司所主张的涉诉建筑物权属状况不能核实，且与其曾向整流器厂出具证明认可部分涉诉建筑物为整流器厂自建的临时建筑无产权存在矛盾；荣昌公司和整流器厂均认可天房公司为涉案地块的土地使用权人，天房公司已于 2015 年 7 月 9 日解除了荣昌公司对该地块的管理权，并声明其从未向任何单位核拨过涉案地块的国有土地使用权，保留对涉案地块上的涉诉建筑物行使权利。上述情况表明荣昌公司认为自己有权要求整流器厂腾退房屋的主张没有充分的事实依据。

再次，整流器厂作为涉诉建筑物的长期占有使用人，还曾投入资金完成了部分涉诉建筑物的施工建设，现其诉诸法律，请求恢复对涉诉建筑物的占有，具有事实和法律依据，天房公司作为土地使用权人提出维持涉诉建筑物现状的意见，表明其认可整流器厂使用涉诉建筑物，一审法院支持整流器厂的诉讼请求并无不妥。

最后，关于第三人实际使用涉诉建筑物的问题，第三人在明知荣昌公司与整流器厂就涉诉建筑物使用问题存在争议的情况下，仍然与荣昌公司签订租赁合同，应承担相应后果。一审法院认为关于第三人与荣昌公司所签订的租赁合同的效力和违约赔偿问题，第三人可以通过另案解决，但不影响其作为实际使用人向整流器厂返还占有物的义务，该处理意见符合本案实际情况，已考虑到了第三人的权益。

天津市第二中级人民法院依照《中华人民共和国民事诉讼法》第一百七十条第一款第一项之规定，作出如下判决：

驳回上诉，维持原判。

【法官后语】

占有是法律上的一种事实状态，民事主体对物的现实占有状态应当受到保护，其他民事主体不能以私力改变这一现实状态。即便这一实然状态与法律所期待的应然状态相去甚远，也不允许民事主体以私力擅自改变；即便是正当的权利人，也无权任意否定这一现实状态，以避免和平稳定的社会秩序遭到破坏。之所以如此，是因为与合同法上要求维护变动流转的交易安全相反，保护占有的目的在于维护和平稳定的社会秩序，这也正是物权法对占有进行单独保护的制度设计初衷。关于本案的争议焦点，即是否应当恢复整流器厂对涉诉建筑物的占有，可以根据主体分析法，从请求权人、被请求人和第三人三个维度进行分析：

首先，请求权人整流器厂所享有的返还原物请求权，不以其合法占有原物为前提，因为不动产占有人返还原物请求权的核心是被请求权人以被禁止之私力侵夺占有。《物权法》第二百四十五条第一款规定，占有的不动产或者动产被侵占的，占有人有权请求返还原物；对妨害占有的行为，占有人有权请求排除妨害或者消除危险；因侵占或者妨害造成损害的，占有人有权请求损害赔偿。根据这一规定，占有是一种事实状态，而非权利，所以在占有保护纠纷中法院无需查明占有人是否为有权占有。具体而言，在占有人的占有状态受到侵害时，占有人是有权占有还是无权占有，无权占有中是善意占有还是恶意占有，法院对此均无需审查，只要查明客观上存在占有事实，就可以对该占有事实予以保护。本案中，根据涉诉地块的合法使用权人天房公司提交的材料，澄清了涉案地块已不存在任何合法建筑的事实，天房公司从未向任何单位和个人转让过该地块的国有土地使用权，也从未向荣昌公司提供该地块的用地审批手续，因此请求权人整流器厂并不具备合法占有原物的前提。但是，整流器厂在2013年与荣昌公司签订租房协议后，即实际取得了对涉诉建筑物占有、使用的权利，成立了对于涉诉房屋的占有并且持续至纠纷发生时。荣昌公司在与第三人就涉诉建筑物签订租赁协议后，迫使整流器厂非自愿地从涉诉建筑物迁出，构成了以被禁止之私力侵夺占有，因此应当返还涉诉建筑物给整流器厂。

其次，被请求人不能证明其为不动产所有权人或使用权人，且在不动产所在土地使用权人不反对不动产占有人可以继续占有的情况下，如不动产占有人确系因被侵夺失去对不动产的占有，即使为无权占有，也应支持其返还原物请求权。本案中，涉诉房屋没有任何权属登记，且荣昌公司在2015年7月9日后就丧失了原有的对涉诉房屋坐落土地的管理权限，因此纠纷发生时，无论整流器厂是否有权占有涉诉建筑物，向整流器厂主张权利的主体都应当是涉诉建筑物坐落土地的使用权人即案外人天房公司，荣昌公司既非使用权人亦非管理人，此时以私力形式改变占有现状，缺乏事实及法律依据，形成的相应结果不应得到法律的确认。更何况土地使用权人天房公司并不反对不动产占有人可以继续占有涉案房屋，因此判决返还具备合理性。

最后，第三人在明知不动产存在占有物返还纠纷的情况下租赁该不动产，不构成善意占有，不能对抗原占有人行使返还原物请求权。善意占有制度的本质特征是赋予占有人在无权占有的情形下仍可取得权利的一项授益性制度，而原物权人却因此丧失了恢复其物权的权利。由此可见，善意占有是由“善意”和“占有”两层意思表示行为结合而构成的一项物权取得制度。设立善意占有制度的目的，在于对原物权人的权利进行合法限制。本案中，沈某臣在明知荣昌公司与整流器厂就涉诉建筑物使用问题存在争议的情况下，仍然与荣昌公司签订租赁合同，不构成善意占有，不能阻却原占有人整流器厂行使返还原物请求权，应承担相应的法律后果。但占有纠纷毕竟是以恢复原状为目的的应急措施，只能使物的现实占有人继续保持其原有的占有状态，并不从根本上解决当事人之间实体权益的归属。所以，占有人的占有得到保护后，如另一方认为其对争议物拥有实体权益，可基于本权另行起诉。因此，法院又指出，沈某臣与荣昌公司所签租赁合同的效力和违约赔偿问题，可以通过另案解决，以尽可能实现各方利益的平衡。

编写人：天津市第二中级人民法院　马凤岗　王飞凡

23

合同权利义务未解决前物权人不能依据物权主张返还原物

——王某超诉张某耀、魏某剑返还原物案

【案件基本信息】

1. 裁判书字号

北京市石景山区人民法院（2017）京0107民初12759号民事判决书

2. 案由：返还原物纠纷

3. 当事人

原告：王某超

被告：张某耀、魏某剑

【基本案情】

车牌号为京H××××7的小型汽车登记的所有人为王某超。2007年9月22日，张某耀（甲方）与王某超（乙方）经魏某剑介绍相识，并就换车一事签订协议。王某超提供的协议载明："今有张某耀将自用广标505京AG××××1与王某超更换夏利京H××××7车，张某耀另付现金12000元，协助王某超验京AG××××1车，王某超负责验车费、违章、即日前违章，协助张某耀过户、验车、2007年税费补齐务。自即日双方立此协议成交后，不得以任何借口对车辆更换与添加款项有异议和单方反悔。双方签字后生效。甲方车更换即日后违章由乙方负责。备注：甲方：广标只有行驶本……未验车……乙方：夏利车付甲方行驶本、养路费2007年11月、2007年税费齐备（差大票、车辆登记证、购置税本）。"张某耀与王某超在该协议上签字。

张某耀亦持有一份协议，其中内容与王某超提供的协议内容基本一致，并约定：乙方车更换即日后违章由甲方负责，乙方负责此车手续过户。甲方先付乙方现金5000元，待明日与乙方同去缴纳夏利分期余额，再付乙方余款7000元，并过户。张某耀与王某超在该协议上签字。

签订协议当日，张某耀出具欠条，载明：今付王某超车款现金5000元，差7000元。

双方认可已交换了上述车辆。张某耀称京AG××××1车的所有人登记为白某霞，系其朋友，可以配合过户，王某超称因发现车辆登记所有人并非张某耀，故拒绝配合继续履行协议。张某耀称发现京H××××7车系分期购买，且相关税费尚未结清，现京H××××7车已经被张某耀出卖给他人。

另外，经法庭充分依法释明，王某超表示坚持基于物权以返还原物为由，而不依据协议进行主张，且坚持即使车辆已经被张某耀出卖给他人，仍然坚持张某耀返还车辆。

【案件焦点】

双方签订的合同在未处理权利义务关系的前提下，物权权利人一方能否依据物权直接主张权利，从而主张对方返还原物。

【法院裁判要旨】

北京市石景山区人民法院经审理认为：王某超与张某耀签订了协议，对于诉争车辆的使用、权属等问题进行了处理。现王某超在未处理协议权利义务的前提下，径行依据物权主张返还原物，没有事实及法律依据，法院难以支持。王某超可就与张某耀之间的协议产生的合同纠纷另行主张其相应权利。“铲除”违章实质上是接受相应行政处罚的行为。王某超请求张某耀“铲除”诉争车辆的违章，并不属于民事案件审理范围，且在协议存在的前提下，王某超该项诉求亦难以在本案中得到实体支持，故对于王某超的该项诉求，法院不予处理，王某超可采用其他方式妥善处理。北京市石景山区人民法院依照《中华人民共和国民法通则》第七十一条、第一百三十四条第一款第四项，《中华人民共和国物权法》第三十二条、第三十四条之规定，判决：

驳回王某超的诉讼请求。

【法官后语】

1. 返还原物请求权的性质

返还原物请求权是所有权的一种最重要的保护方式，其旨在所有权人在对物的占有被侵犯时，得以救济所有权在法律和事实上出现的分离状态。返还原物请求权与其他物权请求权一样，取决于物权本身存在与否。① 返还原物请求权是所有权的体现形式，没有独立性，不能脱离所有权或以占有为内容的其他未经我国物权法确认的“非法定物权”（如物的占有使用权利等）而被转让，其仅能在所有权受让人身上重新产生。②

对于返还原物请求权的性质与效力，《物权法》第三十四条规定，无权占有不

① 滕佳一：《返还原物请求权体系解释论》，载《比较法研究》2017年第6期，第49页。

② 北京市第三中级人民法院课题组：《关于返还原物纠纷审判实务问题的调研——以房屋腾退类案件为研究样本》，载《法律适用》2017年第19期，第101页。

动产或者动产的，权利人可以请求返还原物。通说认为返还原物请求权的构成要件是：王某超有所有权，被告无权占有。而占有人主观上是否有过错不妨碍其权利行使。当然，也有学说认为对于物的支配力存在回复，该“支配力回复”并非侵权而仅为物的权利的回复，也可以形成返还原物请求权，且被告构成有权占有。

2. 可对抗返还原物请求权的情形举例

可对抗物权的权利如农村土地承包经营权、宅基地使用权、建设用地使用权、质权等。这类限制物权的占有权利具有绝对对抗效力，在所有权变动的情况下及于所有权人及其承继人。再如，连环交易情形下的占有权利，如连环买卖最后一手买受人对标的物的占有，学说上称之为连锁占有，我国《物权法》对此未作规定，①实践中一般认定可以对抗。

3. 本案处理方式得出的一般处理模式

针对本案争议的焦点问题，结论是：基于与所有权人之约定产生的债权性质的占有权利可以对抗返还原物请求权。本案中被告即具备此种对抗权利。

返还原物纠纷案件审理的争议焦点通常在于：第一，标的物的权属与基础法律关系争议：原告要求被告返还原物，被告以原告并非标的物所有权人或原、被告之间存在合同约定或其他基础法律关系对抗原告的返还请求，标的物的权属及基础法律关系争议的解决是返还原物请求权是否成立的前提。第二，有权占有抗辩的认定：占有通常是基于一定的权利，既可以是他物权也可以是债权性质的权利，在王某超享有所有权的前提下，被告是否享有占有权利是返还原物之诉的主要争议。

本案即属于上述第一种情形，原、被告间存在合同关系，权利义务尚未厘清，故不具备返还原物的事实和法律依据，原告的返还原物请求权暂时得不到支持。当然，合同的真实性、合同是否成立以及效力如何、合同履行过程是否和返还原物请求权冲突，都是要核查的因素，不能仅因存在合同而机械驳回。还有一种情形，即原合同双方仍处于债之关系之中，有学者称其为清算关系，也有学者称其为既存民事法律关系。在此期间，占有人在一定条件下也可以行使抗辩权对抗权利人的返还原物请求权。

编写人：北京市石景山区人民法院 梁爽

---

① 北京市第三中级人民法院课题组：《关于返还原物纠纷审判实务问题的调研——以房屋腾退类案件为研究样本》，载《法律适用》2017年第19期，第101页。

24

历史遗留的落实房产政策问题不属于民事诉讼受案范围

——吴某玲诉屏南县代溪镇北乾村村民委员会返还原物案

【案件基本信息】

1. 裁判书字号

福建省宁德市中级人民法院（2017）闽 09 民终 700 号民事裁定书

2. 案由：返还原物纠纷

3. 当事人

原告（上诉人）：吴某玲

被告（被上诉人）：屏南县代溪镇北乾村村民委员会（以下简称村委会）

【基本案情】

吴某玲系吴某父之独女，吴某父系吴某爷之独子。吴某爷在福建省屏南县代溪镇北乾村拥有自建房屋一座（即案涉房屋）。1953 年吴某爷被定为地主成分，案涉房屋被村委会没收，至今仍由村委会管理使用。现吴某玲以其祖父吴某爷的地主成分已于 1956 年被平反为由，起诉主张村委会返还案涉房屋。

【案件焦点】

原告是否有权要求被告归还涉案房屋，其事实和法律依据是什么。

【法院裁判要旨】

一审法院经审理认为：涉案房屋原系吴某爷所有，土地改革时期，吴某爷被定为地主成分，其所有的房屋（除偏房外）被没收。虽然其于 1956 年经屏南县人民委员会发函予以平反恢复选举权，但是没有证据证明被没收房屋也应得到返还。涉案房屋土改时被没收，一直以来由村委会使用管理，现原告诉请要求返还涉案房屋，本案属于历史遗留的落实政策性质的房地产纠纷，根据《最高人民法院关于房地产案件受理问题的通知》第三条“凡不符合民事诉讼法、行政诉讼法有关起诉条件的属于历史遗留的落实政策性质的房地产纠纷，因行政指令而调整划拨、机构撤并分合等引起的房地产纠纷，因单位内部建房、分房等而引起的占房、腾房等房地产纠纷，均不属于人民法院主管工作的范围，当事人为此而提起的诉讼，人民法院应依法不予受理或驳回起诉，可告知其找有关部门申请解决”的规定，原告的起诉不属于人民法院受理民事诉讼案件的范围。法院依法裁定：

驳回原告吴某玲的起诉。

二审法院同意一审法院裁判意见。

【法官后语】

房屋所有权及土地使用权属于物权，所以本案不存在诉讼时效的问题。吴某玲没有证据证明政府已经将该房产归还，严格来说，吴某玲之所以无法取回房产，其根源在于政府的有关行政行为未被撤销或者撤回。加之《最高人民法院关于房地产案件受理问题的通知》第三条对此有明确规定，因此其请求村委会返还讼争房产属于土改历史遗留的落实政策问题，不属于人民法院受理的平等主体间的民事纠纷案件范围，吴某玲应向当地政府相关部门要求解决。

从另一个法理的角度来看，也可以对此作出解释，那就是物权法定。无论是自始被定为地主成分而被剥夺对房屋的所有权，还是之后想要取回房屋的所有权，都必须经过法定的程序，而行政机关的行政行为也属于可以导致物权变更、消灭的一种形式。吴某玲仅能证明其祖父的地主成分因被平反而取消，但是不能当然地认为房屋也随之返还。吴某玲没有任何证据证明政府已经归还该房屋，至于其或者其家人是否有及时向政府有关部门主张权利，不属于平等主体之间的民事争议。

请求返还房屋所有权及土地使用权属于物权请求权范畴，所以本案不存在诉讼时效的问题。然而，民事案件管辖的基本规则是处理平等主体之间的人身、财产关系，涉案房产当年被村委会没收系依据当时的政策，是历史原因形成的，并非村委会基于平等民事主体地位所为的民事行为的结果，吴某玲能否取得涉案房产的物权，亦应由政府根据解决历史遗留问题的政策作出处理，吴某玲现请求涉案房产的实际使用人村委会归还涉案房产，符合《最高人民法院关于房地产案件受理问题的通知》第三条规定的不属于人民法院主管的情形，即本案属于“不符合民事诉讼法、行政诉讼法有关起诉条件的属于历史遗留的落实政策性质的房地产纠纷”。据此明确规定，吴某玲请求村委会返还讼争房产属于土改历史遗留的落实政策问题，不属于人民法院受理的平等主体间的民事纠纷案件范围，吴某玲应向当地政府相关部门要求解决。

本案的处理提示我们，对于表现形式为平等民事主体之间的财产纠纷，也应通过进一步审查纠纷产生的原因，以判断纠纷的本质是否属于平等主体间的财产或者人身关系争议，明确司法裁判职能的边界，正确处理司法和行政的主管界限。

编写人：福建省宁德市屏南县人民法院　陈臻强

（三）排除妨害纠纷

25

当事人起诉拆除违法建筑物法院如何处理

——范大某等诉范某一等排除妨害案

【案件基本信息】

1. 裁判书字号

广东省云浮市中级人民法院（2017）粤53民终782号民事裁定书

2. 案由：排除妨害纠纷

3. 当事人

原告（上诉人）：范大某、范小甲、范小乙、范小丙

被告（被上诉人）：范某一、范某二、范某三、范某四

【基本案情】

范大某、范小甲、范小乙、范小丙（范大某是范小甲、范小乙、范小丙的父

亲，以下称范大某等四人）与范某一、范某二、范某三、范某四（胞兄弟关系，以下称范某一等四人）均是郁南县河口镇会龙村委留塘村人。范大某等四人要求拆除的三道围墙位于留塘村14号房屋前，范某一等四人陈述留塘村14号房屋为其祖屋。该房屋及前面部分月地于1987年11月27日由范某一等四人申领了土地使用证（用地总面积为641平方米）。位于留塘村14号房屋坐向前右侧几十年前建有泥砖墙，后毁坏，范某一等四人于2004年5月将原倒塌围墙进行重建，并建一个行门（约1.2米宽），即第一道围墙；另外范某一等四人于2004年在留塘村14号房屋坐向前左侧建了一道围墙，在围墙里预留了约1.2米宽的通道，即第二道围墙；在留塘村14号房屋坐向左侧另有一间房屋，在该房屋的坐向左侧范某一等四人在2004年建了一道围墙，在围墙里预留了约1.2米宽的通道，即第三道围墙。范某一等四人认为三道围墙均在其所持土地使用证记载的土地范围内，并提交了土地使用证予以证实。

范大某的房屋位于留塘村14号房屋左侧几十米处，范大某等四人除在留塘村14号房屋前面通过外，另外在其房屋的左侧可通行。范大某等四人认为范某一等四人所修建的三道围墙和行门妨碍交通要道，限制了4米宽的历史通行道路，且第一道围墙不在范某一等四人的土地使用权范围内，属违建并占用集体土地。双方因此产生纠纷，经河口镇政府及河口会龙村委调处未果。范大某等四人向法院起诉，请求判令范某一等四人拆除位于留塘村14号房屋前违法新建的三道围墙，并恢复该地块3米宽的道路保证通行，排除妨碍。

【案件焦点】

范大某等四人以范某一等四人修建的围墙属违法建筑为由主张拆除，法院是否可直接受理并作出实体判决。

【法院裁判要旨】

广东省云浮市郁南县人民法院经审理认为：范某一等四人对范大某等四人提出涉案土地的使用权归其，并提交了土地使用证予以证实，另外村委出具的情况说明也反映了旧屋（即留塘村14号房屋）前的围墙在范某一等四人的土地使用证记载的土地范围内。范大某等四人要求拆除该部分围墙，实质涉及土地使用权问题。根据《中华人民共和国土地管理法》第十六条“土地所有权和使用权争议，由当事人协商解决；协商不成的，由人民政府处理……”的规定，双方当事人对于土地使用权的争议可先行通过协商的方式解决，如协商不成，由人民政府处理。

另外，对于范大某等四人要求拆除另一道围墙，范某一等四人在建围墙时已预留通道，能保障行人的正常通行，且范大某等四人回家另外有道路可以通行，其又未能提交围墙所占土地的权属情况。范大某等四人要求拆除围墙留3米通行道路，理据不足，不予采纳。

广东省云浮市郁南县人民法院依照《中华人民共和国土地管理法》第十六条，《中华人民共和国民事诉讼法》第六十四条第一款、第一百四十二条，《最高人民法院关于适用〈中华人民共和国民事诉讼法〉的解释》第九十条的规定，作出如下判决：

驳回范大某等四人的诉讼请求。

范大某等四人持原审起诉意见提起上诉。广东省云浮市中级人民法院经审理认为：范大某等四人请求范某一等四人拆除并恢复3米宽的道路涉及的围墙共有三道。范大某等四人认为第一道围墙侵占了集体土地，属于违建，而范某一等四人提交了土地使用证，认为第一道围墙内的土地在其土地使用证记载的土地范围内，且该土地使用证对第一道围墙的位置处也没有标明有通巷或行人道等内容。可见，范大某等四人要求拆除的第一道围墙，实质涉及土地使用权问题。根据《中华人民共和国土地管理法》第十六条以及《中华人民共和国民事诉讼法》第一百二十四条“人民法院对下列起诉，分别情形，予以处理……（三）依照法律规定，应当由其他机关处理的争议，告知原告向有关机关申请解决……”的规定，范大某等四人与范某一等四人对于土地使用权的争议应先申请人民政府处理，法院在人民政府未有处理结果前，对范大某等四人主张拆除第一道围墙，依法应不予受理。因第一道围墙在本案未能处理，即使在本案中处理第二道、第三道围墙，也并不能实现排除妨害的目的，故应待第一道围墙使用的土地权属争议解决后，再行一并处理。对范大某等四人的起诉，在一审法院已经受理的情况下，二审法院依法予以驳回。

广东省云浮市中级人民法院依照《中华人民共和国民事诉讼法》第一百二十四条、第一百七十条第一款第二项，《最高人民法院关于适用〈中华人民共和国民事诉讼法〉的解释》第二百零八条第三款的规定，作出如下裁定：

一、撤销广东省云浮市郁南县人民法院（2016）粤5322民初921号民事判决；

二、驳回范大某等四人的起诉。

【法官后语】

法院受理的排除妨碍纠纷案件中，很大一部分是因土地使用权属存在争议引起。本案涉及两个方面的问题：一是范大某等四人对第一道围墙所在土地的权属提出异议，认为围墙占用了村集体的土地，而范某一等四人则认为围墙是在其土地使用权范围内，其争议的实质属土地权属的争议；二是范大某等四人认为第一道围墙属于侵占村集体土地的违法建筑，请求法院对该违法建筑进行拆除，这就涉及非土地权属人向法院直接诉请拆除违法建筑物的主管问题。

1. 关于土地权属争议的处理

土地所有权和使用权争议一般是指与土地所有权和使用权相关的争议，如土地权属争议、侵犯土地所有权和使用权的争议、相邻关系争议等。关于土地所有权和使用权，从法律上来讲应当非常明确，但是由于地界不清、土地权属紊乱和因政策、体制变更造成的历史遗留问题，便产生权属争议。对此，《土地管理法》第十六条规定了三种解决办法：一是争议发生后先由当事人之间进行协商解决。所谓协商，就是指土地所有者或者使用者在权属发生争议后，在自愿互谅的基础上直接进行磋商，自行解决。二是当事人协商不成由人民政府处理，单位之间争议由县级以上人民政府处理，个人之间、个人与单位之间发生争议由乡级人民政府或者县级人民政府处理。人民政府收到争议案件后，一般先进行调解，调解不成进行行政裁决。三是当事人对有关人民政府处理决定不服，可以自接到处理决定通知之日起三十日内向人民法院起诉。其中，如果有关当事人的土地所有权或者使用权的归属需要先由有关人民政府确认的，人民政府的处理是提起有关诉讼的前置程序，否则，法院不予受理。本案中，从范某一等四人的土地使用证看，第一道围墙不一定在其土地使用权范围内，但未经国土部门确认，也不能否定在其土地使用权范围外。因为土地使用证对于此处画有虚线，既不能确定是否与第一道围墙完成重合，又没有写明是围墙，所以应由政府就该土地使用权确认权属，之后法院才能就双方的争议作出实体处理。

2. 关于违法建筑的处理

《土地管理法》第七十六条规定：“……非法占用土地的，由县级以上人民政府土地行政主管部门责令退还非法占用的土地，对违反土地利用总体规划擅自将农用地改为建设用地的，限期拆除在非法占用的土地上新建的建筑物和其他设施，恢复土地原状……”本条规定的违法行为，主要表现为未经批准或者采取欺骗手段骗取批准而占用土地，包括个人未经用地审批或者采取欺骗手段骗取批准而占用土地等情况。范大某等四人并没有对第一道围墙所在的土地获得土地使用权证，即其不是土地权属人，其以他人建造的构筑物是违法建筑为由进行维权，依据上述规定应先向县级以上人民政府土地行政主管部门申请拆除，其直接向法院申请拆除主体并不适格，法院没有职权对该围墙是否是违法建筑物进行认定并予以强制拆除。

编写人：广东省云浮市中级人民法院　陈容

26

民事诉讼中民间风俗习惯作为裁判依据的适用

——吴立春等诉吴立夏排除妨害案

【案件基本信息】

1. 裁判书字号

湖南省湘西土家族苗族自治州中级人民法院（2016）湘31民终1195号民事判决书

2. 案由：排除妨害纠纷

3. 当事人

原告（上诉人）：吴立春、吴雨水、吴惊蛰、吴春分、吴清明（以下简称吴立春等五人）

被告（被上诉人）：吴立夏

【基本案情】

吴立春等五人系堂兄弟姐妹关系，吴立夏系其堂叔。吴立夏与吴夏至是同胞兄妹关系，原籍在吉首市社塘坡乡三岔坪村（以下简称三岔坪村）五组。吴夏至从外地退休后回三岔坪村五组居住。2015 年 7 月吴夏至病逝后，吴立夏将其骨灰安葬在 2013 年政府出资购买的三岔坪“公墓山”内。由于该墓地与吴立春等五人祖父的墓地间距较近，双方发生纠纷。吴立春等五人认为，其祖坟很早就安置在“公墓山”内，吴立夏在为吴夏至选墓地时，不顾当地民风民俗和传统习惯，将吴夏至墓地选在其祖坟左后方，没有保持距离，加上吴夏至的整个坟墓都被水泥覆盖，新坟与旧坟部分重叠，下雨时坟墓地表水直接冲刷到其祖坟上，同时还影响了后人对其祖坟的管理和保护。吴立春等五人于 2016 年 4 月将吴立夏诉至法院，请求排除妨害，恢复原状。双方当事人对以下事实予以认可：1. 吴夏至的墓地与吴立春等五人祖父的墓地所处位置为“公墓山”地，双方当事人均非此处土地的权利人。2. 吴立夏在安葬吴夏至时，吴立春在墓地现场。3. 当地对墓地的间距没有明确的规定或民风民俗。4. 吴夏至墓地在吴立春等五人祖坟的左后方。

【案件焦点】

原告的祖坟与吴夏至墓地均在政府出资购买的“公墓山”内。原告起诉的理由主要是被告在安葬其妹时，不顾当地民风民俗和传统习惯，原告这一没有明确法律法规依据的诉讼请求能否得到法院的支持。

【法院裁判要旨】

湖南省吉首市人民法院经审理认为：原告诉请被告排除妨害恢复原状无法律依据。1. 涉案两墓地均在“公墓山”内，原告不享有此地的法律权利。原告无被告侵权的事实依据。2. 涉案两墓地的间距虽然很近，最近的墓线距离约一米，但是下葬吴夏至时吴立春就在现场，其并未明确提出质疑。吴立春对两墓地间距过近是明知的。3. 原告要求圈围祖坟的意愿并无不当，但吴夏至已葬在此处，原告圈坟应以不妨碍他人坟墓为前提。原、被告双方均为同一家族的成员，具有亲戚关系，双方应当尽可能地平息、化解矛盾。4. 原告诉讼的法律依据为《中华人民共和国民法通则》《中华人民共和国侵权责任法》的相关规定，而适用以上规定的基础是权利义务关系明确的法律事实，故原告适用法律不当，无法律依据。5. 从民风民俗来看，本地对两座墓地的间距并无明确的风俗，因而不能确定被告侵权。6. 原告诉讼涉及的其他陈述，因涉及迷信，法院不予采信。

湖南省吉首市人民法院依照《中华人民共和国民事诉讼法》第六十四条，《中华人民共和国侵权责任法》第二条及第十五条第一款第二项、第五项之规定，作出如下判决：

驳回吴立春等五人的诉讼请求。

原告不服，持原诉讼理由提起上诉。湖南省湘西土家族苗族自治州中级人民法院经审理认为：坟地是后辈祭祀先祖、寄托哀思的重要场所。保护自己家族的坟墓和尊重他人的祖坟是民间善良风俗的基本要求。吴立夏将吴夏至安葬在“公墓山”内，吴夏至的坟墓虽与吴立春等五人家祖坟距离较近，但吴立春明知而未提出异议。因吴立夏已将吴夏至下葬，且上诉人也未向法庭提供有力的证据证明吴夏至坟墓与其祖坟重叠，现上诉人要求吴立夏将吴夏至坟墓迁出、恢复原状的诉讼请求，同样有悖民间死者“入土为安”的善良风俗。

湖南省湘西土家族苗族自治州中级人民法院根据《中华人民共和国民事诉讼法》第一百七十条第一款第一项之规定，作出如下判决：

驳回上诉，维持原判。

【法官后语】

原告提出诉讼请求，表面上的依据为《民法通则》《侵权责任法》的相关规定，实质上的依据是本地民风民俗和传统习惯。

对于当地善良的民风民俗和传统习惯，一、二审法官均予以适用，认可其在本案裁判中的影响力，一审法官以“从民风民俗来看，本地对两座墓地的间距并无明确界定”为由，确认“不能确定被告侵权”。二审法官表述裁判理由更具特色。一是表述“坟地是后辈祭祀先祖、寄托哀思的重要场所。保护自己家族的坟墓和尊重他人的祖坟是民间善良风俗的基本要求”这一双方当事人都认可的民间善良风俗。这是将之作为裁判说理的首要前提和出发点，非常关键。二是表述在吴立夏安葬其妹时，吴立春当时在场，并没有提出异议，实为默认的事实。意在说明吴立春后来的起诉行为，本身有违诚实信用原则之要求。三是表述上诉人没有向法庭提供有力的证据证明吴夏至坟墓与其祖坟重叠。意在说明上诉人应该对其主张的关键事实承担举证不能的法律后果。四是表述上诉人的诉讼请求有悖民间死者“入土为安”的善良风俗。意在说明上诉人应该依法承担举证不能法律后果前提下，其诉讼请求本身有悖善良风俗。这既是对裁判说理阐述的出发点的呼应，也是对民间善良风俗的再次重申。二审的裁判说理，可以说做到了事实与法律、风俗习惯与法律规定、情与理的有机、紧密结合，做到了说理全面、透彻，表述恰当。二审虽是维持原判，但其裁判说理的说服力更强，裁判结果更易获得社会大众的认同。

《民法总则》第十条规定："处理民事纠纷，应当依照法律；法律没有规定的，可以适用习惯，但是不得违背公序良俗。"该条规定首次在我国基本法律的总则部分正式确立了习惯的法源地位。本案二审时，《民法总则》尚未颁布实施，自然不能直接将民间风俗习惯作为裁判依据。但是，本案二审对于我们如何适用民间习惯来裁判案件及如何恰当表述裁判理由都进行了有益探索，值得借鉴。

编写人；湖南省湘西土家族苗族自治州中级人民法院　胡基厚

27

双方对土地使用权存在争议，排除妨害纠纷如何处理

——赵某成诉吕某营排除妨害案

【案件基本信息】

1. 裁判书字号

山东省淄博市中级人民法院（2017）鲁 03 民终 462 号民事裁定书

2. 案由：排除妨害纠纷

3. 当事人

原告（上诉人）：赵某成

被告（被上诉人）：吕某营

【基本案情】

赵某成、吕某营同属淄博市淄川区寨里镇南佛村村民。该村将土地分包给赵某成后，经淄博市淄川区人民政府颁发的土地承包经营权证确认，赵某成享有的承包

土地中一级地与吕某营父亲的承包土地东西相邻。2004年，吕某营在其父承包土地上建住宅楼一栋，改变了承包土地的农业用途。2004年4月22日，赵某成、吕某营达成协议，约定吕某营在公路南建住宅楼一栋，其基础部分东南角地下部分占赵某成土地面积约半平方米，赵某成同意吕某营永久占用；双方建楼房都不留滴水檐，今后互不追究，互不影响；将来赵某成建楼房挖基础时，可靠近吕某营楼的基础开挖，吕某营不得阻拦。因吕某营在其楼房东墙以东靠近东北角的墙根处倾倒煤灰、垃圾，赵某成以吕某营倾倒的煤灰、垃圾侵犯其土地承包经营权为由诉至法院要求排除妨害。经赵某成申请，法院对涉案承包土地进行现场勘查。经查证，因吕某营已在其父的承包地上建住宅楼一栋，而诉争承包土地的北至已经搭起路崖，淄博市淄川区寨里镇南饰村村民委员会工作人员及赵某成虽到场，但均未明确指出争议土地分界点的确切位置和固定标志。

【案件焦点】

原告提起排除妨害之诉是否正确，对其起诉应如何处理。

【法院裁判要旨】

山东省淄博市淄川区人民法院经审理认为：本案的争议焦点为吕某营在其住宅楼东墙以东靠近东北角的墙根处倾倒煤灰、垃圾是否构成侵权。如吕某营倾倒煤灰、垃圾的行为妨害了赵某成的土地承包经营权，赵某成可以请求排除妨害，但前提是赵某成对涉案争议土地享有明晰、无争议的权利。故对赵某成诉争土地的边界进行确认是处理本案侵权纠纷的基础和前提。赵某成、吕某营在庭审中对争议土地的权属各执一词，赵某成主张吕某营住宅楼东墙以东的土地系其承包地范围，故吕某营是在赵某成的承包地上倾倒煤灰、垃圾，吕某营辩称其系在自家承包地上倾倒煤灰、垃圾。而赵某成提供的土地承包经营权证记载的承包土地的西至界点，现无法确定；赵某成、吕某营签订的协议仅是双方对住宅楼地下基础部分占地情况的约定，而未对吕某营住宅楼地上部分占地情况进行明确说明，故赵某成以此协议主张吕某营住宅楼东墙以东土地为赵某成的承包土地，证据不足，不予采信。综上，赵某成提供的证据不能证实其对吕某营倾倒煤灰、垃圾处的土地享有权利，无充分证据证明吕某营侵权，故赵某成要求判令吕某营停止向赵某成责任田倾倒煤灰、垃圾和清除已倾倒的煤灰、垃圾，证据不充分，依法不予支持。据此一审判决：

驳回赵某成的诉讼请求。

赵某成持原审起诉意见提起上诉。山东省淄博市中级人民法院经审理认为：如果吕某营倾倒煤灰、垃圾的行为妨害了赵某成的土地承包经营权，赵某成可以请求排除妨害，但前提是赵某成对涉案争议土地享有明晰、无争议的权利。故对本案诉争土地的边界进行确认是正确处理本案纠纷的前提和基础。而赵某成提供的土地承包经营权证记载的承包土地的西至界点目前无法确定。赵某成主张吕某营住宅楼东墙以东的土地系其承包地范围，故吕某营是在赵某成的承包地上倾倒煤灰、垃圾，而吕某营则主张其系在自家承包地上倾倒煤灰、垃圾。因此，赵某成和吕某营双方实际对涉案土地使用权的权属存有争议。本案作为排除妨害纠纷系物权保护纠纷，对其正确处理须以涉案承包土地的使用权权属明确为前提。根据相关法律规定，对土地使用权发生争议的，依法先由双方当事人协商解决，协商不成的由人民政府处理并解决；当事人对人民政府的处理决定不服的，可以向人民法院起诉。故在双方当事人对涉案土地使用权存在争议的情形下，应首先依照相关法律规定的程序解决土地使用权争议从而确定涉案土地使用权的权属，之后才能对相关权利纠纷在实体上进行正确处理。在双方当事人未经法定程序对涉案土地使用权权属予以明确的情况下，人民法院不应对相关权利纠纷作出实体处理。据此，应当驳回起诉。双方当事人可在依法对涉案土地使用权权属予以明确后，再行就相关权利纠纷提起诉讼。据此二审裁定：

撤销一审民事判决并驳回赵某成的起诉。

【法官后语】

本案涉及的主要问题在于，在双方对土地使用权存在争议情形下，一方提起排除妨害之诉应如何处理。

赵某成以吕某营的倾倒物侵犯其土地承包经营权为由诉至法院要求排除妨害。一审法院认定赵某成提供的证据不能证明吕某营侵权，故认为赵某成的诉讼请求不成立而判决驳回其诉讼请求。但二审则认为，涉案土地使用权权属存在争议，在双方当事人未经法定程序对涉案土地使用权权属予以明确的情况下，人民法院不应对相关权利纠纷作出实体处理，故而撤销一审判决并驳回原告的起诉。就因土地引发的排除妨害纠纷而言，要确定原告的诉讼请求能否得到支持，其前提显然应当是看赵某成对其主张的土地是否享有土地使用权。如果原告对其主张的土地享有土地使用权，被告实施妨害土地使用权行使的行为，显然属于侵权，原告据此有权要求排除妨害并恢复原状。如果该土地的土地使用权属于被告或者他人享有，那么被告在该土地上实施妨害土地使用权行使的行为，并不属于侵权或者不属于对原告的侵权。因此，对于此类纠纷，作出实体处理的前提应当是涉案土地使用权能够明确而不存在争议。但本案所涉土地的使用权不具备这个前提。

本案的问题在于双方对土地使用权存在争议，而土地使用权权属的确认并非法院的职权范围，而属于政府的职权范围，其确认应当经过相应的法定程序。只有在经过法定程序对涉案土地使用权权属予以确认后，法院才能对相关的排除妨害纠纷加以正确认定和处理。对于像本案这样的因土地引发的排除妨害纠纷，因双方对涉案土地使用权权属存在争议，故应当先依照相关法律规定的程序解决土地使用权争议从而确定涉案土地使用权的权属，之后才能对相关权利纠纷在实体上进行正确处理。在双方当事人未经法定程序对涉案土地使用权权属予以明确的情况下，法院不应对相关权利纠纷作出实体处理；一旦法院对相关权利纠纷作出实体处理，就是对当事人的实体权利进行了处理，不仅程序违法，而且一旦处理结果与实际权属状态不符，将来即使涉案土地使用权权属经法定程序予以明确，根据民事诉讼“一事不再理”原则，原告也无法再次起诉。二审法院对本案裁定驳回起诉，保留了原告对于排除妨害的诉权，使其在将来对涉案土地使用权权属确认后能够再次起诉。

编写人：山东省淄博市中级人民法院　荣明潇

山东省淄博市张店区人民法院　刘晓辉

28

土地所有权与经营权适度分离产生的土地权属争议应由政府先行处理

——淮安新区建设开发有限公司诉王某静排除妨害案

【案件基本信息】

1. 裁判书字号

江苏省淮安市中级人民法院（2017）苏08民终322号民事裁定书

2. 案由：排除妨害纠纷

3. 当事人

原告（被上诉人）：淮安新区建设开发有限公司（以下简称淮安新开公司）

被告（上诉人）：王某静

【基本案情】

2011年3月19日，江苏省人民政府办公厅作出《关于白马湖退圩（围）还湖规划》，基本同意白马湖水域退圩还湖方案及规划。2011年8月31日，淮安市人民政府市长办公会发布《关于协调白马湖退圩（围）还湖清淤积土工程有关问题的会议纪要》，载明白马湖退圩（围）还湖清淤积土工程由淮安经济技术开发区经济发展总公司、市白马湖保护与开发有限公司等三家公司对外招标。2011年10月8日，淮安经济技术开发区经济发展总公司委托其子公司淮安新开公司实施白马湖退圩还湖项目，权利包括且不限于白马湖退圩还湖项目工程勘察、设计、施工、湖区及弃土区全区域管理、利用等。2013年1月10日，淮安新开公司与江苏淮阴水利建设有限公司签订《淮安市白马湖退圩还湖及清淤工程积土土地管理协议书》，委托江苏淮阴水利建设有限公司对清淤积土填筑土地进行管理。后陈向村村民翟某飞等人对白马湖退圩还湖清淤工程积土土地的权属性质进行信访，原洪泽县仁和镇人民政府、洪泽县人民政府、淮安市农业委员会、淮安市国土局、淮安市人民政府答复白马湖属国有水域，陈向村范围鱼塘不属集体或个人，在退圩还湖前由村集体名义组织对外分包，退圩还湖后的鱼塘管理与使用属淮安市人民政府，鱼塘的有关补偿费归村集体，补偿费已由仁和镇补偿至陈向村集体，村集体与鱼塘承包户解除相关协议，并予以补偿。2015年6月17日，江苏淮阴水利建设有限公司分别与陈向村村民王某静等人签订《土地租赁合同》，将位予退圩还湖弃土区5号地块租赁给王某静等人使用，王某静种植面积为123.5亩，租期为2015年6月20日至2015年11月20日，后延至2016年11月20日。2016年9月15日，淮安市白马湖保护与开发工程指挥部通知收回白马湖退圩还湖及清淤工程二标段（5号地块范围内），进行综合开发利用。2016年9月28日，淮安新开公司向王某静等种植户发送告知书，告知收回5号地块，不得再种植农作物。

争议地块是和尚圩插花地的一部分，1965年1月21日，江苏省人民委员会出具苏民字第49号文件，同意洪泽县与金湖县在白马湖地区插花地等纠纷问题的协议，协议约定国营宝应湖农场在洪泽县仁和、岔河人民公社陆上的插花地及和尚圩已经多年没有经营，为便利于生产，现交给洪泽县有关社队经营。洪泽县仁和、岔河人民公社在宝应湖农场四百丈的柴滩，也交给宝应湖农场经营。后和尚圩插花地改为七一圩，陈向村通过加固形成鱼塘，分包给陈向村村民进行经营。

【案件焦点】

1. 淮安新开公司是否享有排除妨害的权利；2. 涉案土地为国家所有还是村集体经济组织所有。

【法院裁判要旨】

江苏省淮安市洪泽区人民法院经审理认为：《中华人民共和国物权法》第四十六条规定，矿藏、水流、海域属于国家所有；第四十八条规定，森林、山岭、草原、荒地、滩涂等自然资源，属于国家所有，但法律规定属于集体所有的除外。涉案土地即白马湖退圩还湖项目的5号地块土地属于白马湖水域，系国家所有，并且江苏省人民委员会49号文件载明原插花地及和尚圩是国家所有，曾经交由社队经营，陈向村集体并不享有所有权。对于王某静主张陈向村集体对涉案土地享有所有权的辩论意见，法院不予采纳。

国有财产由国务院代表国家行使所有权，涉案土地经由江苏省人民政府办公厅批准同意，淮安市人民政府启动白马湖退圩还湖项目，经法定程序并经淮安经济技术开发区经济发展总公司授权由原告实施。故原告有权收回土地进行开发使用。合法的物权受法律保护，妨害物权或者可能妨害物权的，权利人可以请求排除妨害或者消除危险。王某静等人在租赁期限届满后，原告通知其不得再行种植仍然进行种植，并阻碍原告施工，妨害了原告对涉案土地的使用。原告可以对被告妨害物权的行为请求排除妨害。原告要求排除妨害的诉讼请求，有事实和法律依据，应予以支持。江苏省淮安市洪泽区人民法院依照《中华人民共和国民法通则》第七十三条，《中华人民共和国物权法》第三十五条、第四十五条、第四十六条、第四十八条的规定，作出如下判决：

王某静于判决生效之日起三日内清除农作物，并不得妨碍淮安新开公司白马湖退圩还湖项目的5号地块。

王某静持原审答辩意见提起上诉。江苏省淮安市中级人民法院经审理认为：淮安新开公司主张诉争地块为国有，而王某静则认为属于村集体所有，但双方提供的证据均不能证明各自的主张。根据《中华人民共和国土地管理法》第十六条的规定，双方争议的权属问题应由当地人民政府先行处理，当事人对处理结果不服的，可向人民法院提起行政诉讼。本案不属于人民法院民事受理案件范围，淮安新开公司的起诉应予驳回。

江苏省淮安市中级人民法院依照《最高人民法院关于适用〈中华人民共和国民事诉讼法〉的解释》第三百三十条的规定，裁定如下：

一、撤销淮安市洪泽区人民法院（2016）苏0829民初2574号民事判决；

二、驳回淮安新开公司的起诉。

【法官后语】

本案争议涉及对白马湖水域退圩还湖的重点环保工程项目，在退圩还湖拆迁中，出现涉案土地权属争议，一方认为涉争地块为国有土地，另一方则认为是集体所有土地，对该案的处理，主要涉及土地所有权与经营权适度分离后土地权属争议法律关系性质的判断及解决争议的程序选择。

1. 涉案土地权属争议的源起

本案中涉及的土地最早是1965年1月21日经江苏省人民委员会协调并确认，将原属国营宝应湖农场交给原洪泽县有关社队也即现在的岔河镇陈向村经营的土地，关键是对“经营”的理解。这里的“经营”属于物权法上的占用、使用等用益物权，其所有权并不因设立用益物权而改变。因此，根据宝应湖农场的国有性质，其附属的土地等应当属于国有。

2. 淮安新开公司关于涉案土地系国有土地的主张

淮安新开公司依据《物权法》请求排除妨害，法理是其拥有合法物权，那么其将对此事实和权利进行举证证明。从一审、二审对事实和证据的认定情况来看，其提供了原洪泽县仁和镇人民政府、洪泽县人民政府、淮安市农业委员会、淮安市国土局等信访答复意见书，淮安市人民政府答复白马湖属国有水域，在该区域堆填的积土所形成的地块属于国有土地性质，加之白马湖水域在淮安市辖区内，按照属地管辖原则，淮安市人民政府有权对其管理，且白马湖水域退圩还湖项目经过江苏省人民政府批准，对白马湖水域的治理正是淮安市人民政府代表国务院行使所有权的积极作为。淮安市人民政府经招投标，选任淮安经济技术开发区经济发展总公司对涉争地块施工，授权淮安新开公司具体实施。其已经完成了举证责任。

3. 王某静关于涉案土地系集体所有土地的抗辩

王某静是涉案争议土地发包方岔河镇陈向村集体经济组织成员，其在一审中提供了相关证据，其中一份是1965年1月21日江苏省人民委员会确认，将原属宝应湖农场的土地交给原洪泽县有关社队也即现在岔河镇陈向村经营，根据民事诉讼的证据盖然性原则，涉争土地为国有土地性质明显优于集体土地性质，据此一审法院判决王某静败诉。在二审中，王某静提供了新证据，其中两份便是1984年4月王某贵、翟某李的土地使用证和2015年6月15日吴某年、孙某宝的土地承包经营权证书，淮安新开公司对此证据真实性无异议。从这两份新证据来看，相关机关对与诉争地块性质相同的土地确权为集体土地并发包给集体经济组织的村民承包，那么据此可以认定涉争土地为集体土地性质。

4. 处理结果评析

关于涉争土地性质出现了两种截然相反的证据，使得案件事实查明存在不确定性，且《土地管理法》第十六条第一款明确规定，土地所有权和使用权争议，由当事人协商解决；协商不成的，由人民政府处理。据此，二审法院以双方存有争议的土地权属问题应由当地政府先行处理，不属于法院民事受理案件范围为由，驳回淮安新开公司的起诉。

编写人：江苏省淮安市洪泽区人民法院　鲁海军

（四）财产损害赔偿纠纷

29

宠物因交通事故受伤的赔偿适用过错责任原则

——柴某诉北京市燕春贸易实业公司财产损害赔偿案

【案件基本信息】

1. 裁判书字号

北京市丰台区人民法院（2017）京0106民初3654号民事判决书

2. 案由：财产损害赔偿纠纷

3. 当事人

原告：柴某

被告：北京市燕春贸易实业公司

【基本案情】

2015年6月28日，柴某自北京金鑫硕峰商贸有限公司唛兜时光宠物店以5000元的价格购买了一只宠物狗。2015年9月15日早晨，北京市燕春贸易实业公司职工刘某萍驾驶汽车驶入丰台区正阳小区，与柴某饲养的宠物狗发生碰撞。该机动车所有人系北京市燕春贸易实业公司，该公司表示刘某萍当日驾车进入丰台区正阳小区系职务行为。

碰撞发生后，宠物狗即被送至中国人民解放军军事医学科学院实验动物中心（东大动物医院）进行救治，柴某支付治疗费、住院费950元。柴某称因该医院无法进行手术，故其于2015年9月18日又前往中国农业大学动物医院，宠物狗被诊断为右胫骨骨折，行骨折内固定术，使用了骨板和骨螺钉。2015年9月26日，宠物狗出院，柴某支付住院费、护理费、药费、化验费、X光费等共计12966.6元。2015年10月4日，柴某带宠物狗复查，支付挂号费20元。2015年11月10日，柴某带宠物狗前往中国农业大学动物医院行骨折骨螺钉、骨板取出术，支付住院费、护理费、药费、化验费、X光费、挂号费等共计4254.5元。柴某提交若干出租车票据，证明其带宠物狗看病治疗、复查所支出的交通费共计1352元。2015年12月，柴某曾因此事起诉刘某红，后核实当时驾驶员为刘某萍，故2016年11月柴某撤诉。柴某称事发时刘某萍告知其虚假姓名，导致其起诉有误，因此造成其往返法院及再次立案的交通费457元。故柴某要求北京市燕春贸易实业公司赔偿宠物狗住院费、医疗费19399.1元；宠物狗在两家医院转院、陪护、拆线所产生的交通费1809元；宠物狗住院期间柴某的误工费5500元；宠物狗由于车祸做绝育的手术费2000元；宠物狗发生车祸产生的精神损失费5000元；宠物狗的护理费9900元。

因柴某是北京金鑫盛发超市和北京海驰金鲨百货店的个体工商户主，故主张北京市燕春贸易实业公司赔偿宠物狗住院期间，北京金鑫盛发超市和北京海驰金鲨百货店的停业损失11000元。

【案件焦点】

1. 当事人主体资格；2. 宠物狗发生车辆碰撞事故的责任范畴；3. 财产损害赔偿责任的比例划分；4. 财产损害赔偿的具体范围。

【法院裁判要旨】

北京市丰台区人民法院经审理认为：损坏国家的、集体的财产或者他人财产的，应当恢复原状或者折价赔偿。被侵权人对损害的发生也有过错的，可以减轻侵权人的责任。住宅小区的通道上行人及车辆较多，为避免事故的发生，机动车辆在住宅小区内的通道上应限速行驶。

本案中，北京市燕春贸易实业公司职员刘某萍驾驶车辆进入丰台区正阳小区时，应当低速行驶并避让小区内的行人及宠物，其在本次交通事故中存在过错。而宠物狗被带出户外，为避免狗咬伤他人或被车辆撞伤，饲养人应当牵领。柴某作为宠物狗的饲养人，将宠物狗带出户外未行牵领，为涉诉事故的发生埋下了隐患，故柴某自身亦存在过错。因北京市燕春贸易实业公司认可刘某萍此次驾驶是职务行为，故刘某萍的赔偿责任由北京市燕春贸易实业公司承担。结合案情，柴某与北京市燕春贸易实业公司应当各承担50%的责任为宜。

现柴某要求北京市燕春贸易实业公司赔偿宠物狗的住院费、医疗费及治疗期间产生的交通费，理由正当，具体数额以柴某提交的发票、收据等金额为基础，根据双方的责任比例酌情判定。柴某要求北京市燕春贸易实业公司支付其往返法院及再次立案的交通费，没有法律依据。宠物狗在出院时，医院的医嘱内未注明需饲养人24小时全天陪护，柴某也未提供其因误工而减少收入的证明，故本院对柴某主张的误工费、护理费损失不予支持。经营场所不同的两个店铺由柴某一人照看，有悖常理，且因照顾宠物狗而导致两个店铺关门，亦不符合常情，故对柴某要求的停产停业损失，不予支持。本案诉讼中，宠物狗尚未做绝育手术，故对柴某主张的绝育手术费用不予支持。柴某主张精神损失费，没有法律依据。

北京市燕春贸易实业公司否认受伤的宠物狗系柴某所有一事，未提供相关证据，而柴某提交的买狗证据及住院协议、医嘱等，均证明其系宠物狗的主人，故对北京市燕春贸易实业公司的辩称，法院不予采信。

北京市丰台区人民法院依照《中华人民共和国侵权责任法》第三条、第十九条规定，判决如下：

一、北京市燕春贸易实业公司于本判决生效之日起七日内向柴某支付宠物狗的住院费、医疗费共计9095元；

二、北京市燕春贸易实业公司于本判决生效之日起七日内支付柴某交通费676元；

三、驳回柴某的其他诉讼请求。

【法官后语】

随着经济社会的发展和人民生活水平的提高，饲养宠物的家庭越来越多，但部分饲养人对自家宠物的安全问题没有引起足够的重视，导致“车撞宠物”的事故频频发生。本案裁判的前提在于明确宠物被车辆碰撞事故的责任范畴和财产损害赔偿的相关规则，审理的关键在于划分驾驶人、饲养人双方责任承担的比例及赔偿的具体范围。

1. 明确请求权主体及责任范畴

《物权法》第四条规定，国家、集体、私人的物权和其他权利人的物权受法律保护，任何单位和个人不得侵犯。根据《道路交通安全法》第七十六条的规定，机动车发生交通事故造成人身伤亡、财产损失的，由保险公司在机动车第三者责任强制保险责任限额范围内予以赔偿。宠物属于个人财产，其死亡或受伤必然造成饲养人财产的减损，而损坏国家的、集体的财产或者他人财产的，应当恢复原状或者折价赔偿。故本案的“车撞狗”事件属于交通事故范畴，柴某作为宠物狗饲养人，有权依据相关法律法规主张财产损害赔偿。

2. 确定责任主体

本案的直接行为人是刘某萍。但《侵权责任法》第三十四条第一款规定，用人单位的工作人员因执行工作任务造成他人损害的，由用人单位承担侵权责任。本案中，车辆实际驾驶人为刘某萍，北京市燕春贸易实业公司认可刘某萍驾驶车辆驶入正阳小区是职务行为，故北京市燕春贸易实业公司为本案适格被告，应承担赔偿责任。

3. 划定责任比例

《侵权责任法》第六条第一款规定，行为人因过错侵害他人民事权益，应当承担侵权责任。第二十六条规定，被侵权人对损害的发生也有过错的，可以减轻侵权人的责任。《道路交通安全法》第七十六条第一款第二项规定，机动车与非机动车驾驶人、行人之间发生交通事故，非机动车驾驶人、行人没有过错的，由机动车一方承担赔偿责任；有证据证明非机动车驾驶人、行人有过错的，根据过错程度适当减轻机动车一方的赔偿责任；机动车一方没有过错的，承担不超过百分之十的赔偿责任。本案应在机动车与非机动车（宠物）发生碰撞机动车一方适用无过错责任的基础上，综合事发时双方具体的过错因素划定责任比例。住宅小区的通道上行人及车辆较多，为避免事故的发生，机动车辆在住宅小区内的通道上应按限速行驶或谨慎低速行驶。刘某萍驾驶车辆进入正阳小区时，应低速行驶并注意避让小区内的行人及宠物，但其疏于注意，导致事故，刘某萍在本次交通事故中存在过错。宠物狗被带出户外，为避免狗咬伤他人或被车辆撞伤，饲养人应当依规定牵领，遇到车辆应及时有效躲避。而事发时，柴某对其宠物狗未行牵领，为事故的发生埋下了隐患，柴某自身亦存在过错。故双方各承担50%的责任为宜。

4. 厘定赔偿范围及数额

《侵权责任法》第二十二条规定，侵害他人人身权益，造成他人严重精神损害的，被侵权人可以请求精神损害赔偿。《最高人民法院关于确定民事侵权精神损害赔偿责任若干问题的解释》第四条规定，具有人格象征意义的特定纪念物品，因侵权行为而永久性灭失或者毁损，物品所有人以侵权为由，向人民法院起诉请求赔偿精神损害的，人民法院应当依法予以受理。第八条规定，因侵权致人精神损害，但未造成严重后果，受害人请求赔偿精神损害的，一般不予支持。第十一条规定，受害人对损害事实和损害后果的发生有过错的，可以根据其过错程度减轻或者免除侵权人的精神损害赔偿责任。可见，法律法规对精神损害赔偿的适用限制较为严格。宠物狗虽有生命，但在法律保护层面与人的生命仍有区别，且柴某宠物狗的受伤程度并非“永久性灭失或者毁损”，柴某自身对损害的发生亦存有过错，故不能支持其精神损害赔偿的请求。

《侵权责任法》第十九条规定，侵害他人财产的，财产损失按照损失发生时的市场价格或者其他方式计算。本案中，柴某持相关发票、收据要求北京市燕春贸易实业公司赔偿因交通事故导致的已实际发生的宠物狗住院费、医疗费及治疗期间交通费，理由正当，具体数额由法院根据双方的责任比例酌情判定。而柴某要求对方支付其往返法院及再次立案的交通费、全天照顾宠物狗的误工费、护理费、其店铺的停产停业损失，均无充分法律依据，法院不予支持。对于柴某主张的宠物狗做绝育手术的费用，因此费用在诉讼中尚未实际发生，故法院不予支持。

编写人：北京市丰台区人民法院　焦语晨

30

“房屋漏水”损害赔偿范围的认定

——张某辉诉尹某辉、湖南省新康桥房地产开发有限公司业主专有权案

【案件基本信息】

1. 裁判书字号

湖南省长沙市雨花区人民法院（2016）湘0111民初6583号民事判决书

2. 案由：业主专有权纠纷

3. 当事人

原告：张某辉

被告：尹某辉、湖南省新康桥房地产开发有限公司（以下简称新康桥公司）

【基本案情】

原告于2012年9月26日向新康桥公司购买了位于长沙市雨花区盛世华章小区某单元204号房屋（以下简称204号房屋），并于同年10月31日入住。被告系同一单元304号房屋（以下简称304号房屋）业主，与原告系楼上楼下的邻居关系。2015年8月，原告发现204号房屋的厨房、阳台、卫生间天花板出现漏水现象，遂多次与被告进行协商。被告虽做过相关防水维修工作，但204号房屋天花板漏水问题始终未完全解决，原告诉至法院，请求依法裁决。在本案审理过程中，原告于2016年12月20日向法院提交《房屋鉴定申请书》，申请对204号房屋厨房及阳台天花板漏水问题进行原因及损失鉴定。法院依法委托湖南远诚工程咨询有限公司和湖南大学司法鉴定中心对上述问题进行司法鉴定。2017年3月28日，湖南远诚工程咨询有限公司出具湘远诚途字［2017］第1060号《工程造价咨询报告书》，鉴定结论为：204号房屋因漏水问题需要的修缮费用为833.59元。2017年8月3日，湖南大学司法鉴定中心出具湖大司鉴中心［2017］建鉴字第28号《司法鉴定意见

书》，鉴定意见认为，204号房屋室内现状渗漏产生的直接原因为从其竖向相邻上层房屋室内渗漏通道进入所致。通过防水整改可消除上层房屋室内渗漏点或渗漏通道，以防再次渗水至该下层户室内。

【案件焦点】

因房屋屋顶漏水导致损害赔偿的范围如何认定。

【法院裁判要旨】

湖南省长沙市雨花区人民法院经审理认为：204号房屋的厨房、阳台房顶渗漏受损，有原告提供的照片和影像资料、物业公司登记的业主投诉问题情况明细表和报警案件登记表等证据证实；204号房屋渗漏产生的直接原因，经湖南大学司法鉴定中心鉴定，为304号房屋室内渗漏通道进入所致，法院对该鉴定意见予以确认。且湖南大学司法鉴定中心的鉴定意见明确“通过防水整改可消除上层房屋室内渗漏点或渗漏通道，以防再次渗水至该下层户室内”，故尹某辉应当承担对其房屋进行防水修复的责任。同时，204号房屋渗水并非房屋本身存在质量问题所致，故新康桥公司作为房地产开发商无须对原告承担排除妨碍和赔偿损失的责任。原告的损失分为两个部分：1. 修缮费用损失。经湖南远诚工程咨询有限公司鉴定认为，204号房屋受损部位的修缮费用为833.59元，法院对该鉴定意见予以采信；2. 原告因不能正常使用房屋导致的损失。原告主张因房屋漏水，导致其无法正常使用该房屋，对其生活造成了不便，也额外增加了生活开支。虽然原告缺乏相应的证据佐证其具体损失，但是考虑到漏水部位的使用频率及给原告生活所造成的影响大小等实际情况，酌情认定原告的该部分损失为3000元。尹某辉应对304号房屋的渗漏部位进行防水整改，以排除对原告的妨害，并赔偿原告损失3833.59元；对原告超出部分的诉讼请求，法院不予支持。

湖南省长沙市雨花区人民法院依照《中华人民共和国物权法》第三十五条、第三十七条、第三十八条第一款、第七十一条，《中华人民共和国民事诉讼法》第一百四十四条的规定，判决如下：

一、尹某辉于本判决生效之日起十日内对304号房屋进行防水修复，以排除对张某辉使用204号房屋的妨碍；

二、尹某辉于本判决生效之日起十日内赔偿张某辉因房屋漏水造成的各项损失

3833.59元；

三、驳回张某辉的其他诉讼请求。

【法官后语】

在实际生活中，因房屋屋顶漏水导致的纠纷十分常见，在处理此类案件过程中，应当根据案件的实际情况认定损失的实际范围。

1. 本案中损害赔偿范围的认定

本案中，原告因房屋屋顶漏水受到损害，而损害之直接责任者为尹某辉，原告有权请求尹某辉对其受到的损失予以赔偿，确定原告受损的范围为本案裁判重点。在财产损害纠纷中对于损害之认定，一般是指特定财产在受损前的价值与受损后价值的差额，但本案不能简单适用该公式，应当综合案情实际考量。首先，204号房屋漏水具有偶发性、持续性，是一个动态的变化过程，而不是一次性损害后即能确定损害的范围，其带来的不仅是对于204号房屋墙面等装饰物的损坏，还包括给原告造成的其他非必要支出，如原告为防止漏水、清扫漏水、减少漏水的损害等支出的非必要费用。若简单认定原告受有的损失即为房屋漏水导致的墙面等部位重新装饰需要花费的费用，则仅支持鉴定机构认定的833.59元即可，但这显然有失公正。其次，房屋漏水实质上影响到的是房屋所有者对其房屋的正常使用，占有、使用、收益与处分乃是所有权人对其所有物享有的四项基本权能，房屋是人居住的场所，相比其他财产，房屋之正常使用会给房屋所有者带来舒适、安全、保密等特定感受。本案中，因为房屋漏水，所以原告对房屋的正常使用受到阻碍，本案房屋漏水出现在厨房、卫生间这类具有特定功能的房间，这些房间屋顶漏水必然给原告的生活起居带来极大的不便，这些不便亦是原告遭受的不利益，若忽视这部分损失，则无法使原告之损失得到公正的弥补。在本案判决中，将原告遭受的损失分为"修缮费用损失"与"不能正常使用房屋之损失"正是基于上述原因的考量，修缮费用损失即房屋漏水造成的直接财产损失，其依据是鉴定机构出具的鉴定意见；对于不能正常使用房屋之损失，这部分损失无法通过鉴定等手段予以确定，原告亦无法通过证据予以直接证明，由法院根据案件实际情况予以酌情考量后确定。

2. 本案损害赔偿范围认定中的自由裁量

在民事纠纷中，需要法官自由裁量的情形很常见，但应该合理、合法地行使裁量权，严格遵守法律规定，其中查清事实是基本前提。本案中，认定尹某辉应该给予原告损害赔偿的直接法律依据为《物权法》第三十七条，该条规定："侵害物权，造成权利人损害的，权利人可以请求损害赔偿，也可以请求承担其他民事责任。"本案中原告受到的损害实质上是自身物权受侵害所引起的，故本案的基本法律关系受物权法之调整，应当依据物权法对本案进行裁判。原告虽没有对其不能正常使用房屋造成的损失以具体的证据予以直接证明，但综合其提交的证据，足以使法官认定其在长时间内遭受房屋漏水带来的不便这一客观事实，故根据案件实际情况和生活经验酌情认定原告受有的损失，是在具备一定的前提条件下作出的，而非无根据地行使自由裁量权。民事审判中，追求裁判的公平是当事人最根本的需要，维护公平亦是法官应尽的职责，在案件审判中，应恪守公平原则，充分查明事实，正确适用法律，综合考量案件的实际情况，合理行使自由裁量权，让受损者得到应有的弥补，从而达到定分止争之效果。

编写人：湖南省长沙市雨花区人民法院　陈家义

31

建造人有权基于占有保护要求擅自拆毁其违章建筑的行为人进行赔偿

——廖某彬、郭甲华诉郭乙民、邱某芳财产损害赔偿案

【案件基本信息】

1. 裁判书字号

江西省吉安市中级人民法院（2017）赣08民再10号民事判决书

2. 案由：财产损害赔偿纠纷

3. 当事人

原告（被上诉人、再审申请人）：廖某彬、郭甲华

被告（上诉人、被申请人）：郭乙民、邱某芳

【基本案情】

廖某彬、郭甲华（夫妻）与郭乙民、邱某芳（夫妻）两家相邻，郭甲华与郭乙民系姐弟关系。1994年年初，廖某彬与江西省万安县高陂经济开发区办公室签订了《土地下拨协议》，约定：万安县高陂经济开发区办公室将30米×6米=180平方米的耕地出让给廖某彬，除去东西两侧的街道和水沟，该地块东西实际长度为25米左右。同年12月13日，万安县土地管理机关同意向廖某彬发证的面积为25米×6米=150平方米。现廖某彬家所建房屋、围墙和卫生间（围墙内西北侧）实际占地面积为170.38平方米，所建位置未超过土地管理机关审批的四至范围。2015年，郭乙民、邱某芳以廖某彬、郭甲华的围墙和卫生间未经审批，系违章建筑，且影响己方通行及房屋的通风采光为由，先后四次将廖某彬家的围墙和卫生间予以拆除。另，在郭乙民多次举报之下，2015年9月3日，万安县高陂镇人民政府作出《关于郭乙民反映高陂中学老师占用公共通道建围墙信访事项答复意见书》（以下简称《答复意见书》），确认："经国土部门查实，廖某彬占用通道建围墙部分未经有关部门审批，属违章建筑。"廖某彬、郭甲华则以郭乙民擅自拆除其围墙、卫生间的行为构成侵权为由，诉至法院，要求郭乙民、邱某芳赔偿其损失。

【案件焦点】

1. 高陂镇政府认定廖某彬家所建围墙和卫生间属于违章建筑，是否有效；2. 廖某彬家所建围墙和卫生间未经有关部门审批，郭乙民、邱某芳强行拆除，廖某彬、郭甲华是否能要求民事赔偿。

【法院裁判要旨】

江西省吉安市万安县人民法院经审理认为：公民的合法财产受法律保护。郭乙民、邱某芳拆除廖某彬、郭甲华的围墙和卫生间，应当依法承担赔偿的民事责任。依据鉴定结论，并结合本案事实，郭乙民、邱某芳应赔偿廖某彬、郭甲华财产损失2164.5元。郭乙民、邱某芳辩称该围墙和卫生间系违章建筑、其有权拆除的理由不能成立。依照《中华人民共和国侵权责任法》第六条、第十九条，《中华人民共和国民事诉讼法》第六十四条、第一百四十四条之规定，判决：

郭乙民、邱某芳赔偿廖某彬、郭甲华财产损失2164.5元。

郭乙民、邱某芳不服一审判决，提起上诉。江西省吉安市中级人民法院经审理认为：只有公民的合法财产才受法律保护。根据郭乙民提交的《答复意见书》可知，廖某彬、郭甲华占用通道所建围墙未经相关职能部门审批，不属于法律保护的合法财产权益。廖某彬、郭甲华的诉请依法无据，不予支持，改判：

驳回廖某彬、郭甲华的诉讼请求。

廖某彬、郭甲华不服，向江西省吉安市中级人民法院申请再审。该院经再审认为：违章建筑的界定应当由法律授权的行政主体按照法定程序进行。万安县高陂镇政府非认定违章建筑的法定主体，《答复意见书》不具有认定违章建筑的法律效力。违章建筑在未得到相关部门审批之前不是合法建筑，但也只能由法定机关通过法定程序来处理，郭乙民、邱某芳无权擅自拆除。建筑人对违章建筑物的占有，作为一种事实状态，应当受法律保护。擅自毁损他人占有的违章建筑也是违法行为，构成民事侵权。因此，一审法院依据鉴定结论，并结合本案实际情况，判决郭乙民、邱某芳向廖某彬、郭甲华赔偿直接损失合计2164.5元并无不当，应予维持，判决：

一、维持一审判决；

二、撤销二审判决。

【法官后语】

1. 违章建筑的界定应当由法律授权的行政主体按照法定程序进行

按照我国《城乡规划法》和《土地管理法》的规定，违法占用土地建住宅或未经批准进行临时建设的，由县级以上土地行政主管部门或县级以上城乡规划部门负责责令退还或限期拆除。本案中，万安县高陂镇政府并非法定授权机关，其作出的《答复意见书》不具有认定违章建筑的法律效力。原二审判决采信该《答复意见书》认定涉案房屋属违章建筑，属于认定事实错误，应予纠正。同时，根据我国《行政处罚法》和《行政强制法》的规定，行政机关作出行政处罚或实施行政强制，应当听取当事人的陈述和申辩、通知当事人到场、告知当事人依法享有的权利和救济途径等。违章建筑在被法律授权的行政主体依法拆除之前，其作为现实且有价值的物，如果不受法律保护，不仅会造成社会资源的浪费，而且必将对社会生活秩序造成破坏。如果允许他人任意毁损其自认为是“违章建筑”的建筑物，则会造成私权的泛滥、社会秩序的混乱。也就是说，违章建筑虽在未得到相关部门批准之前不是合法建筑，但也只能由法定机关通过法定程序来处理。其他任何单位和个人擅自拆除或损毁违章建筑的做法是于法无据的。

2. 违章建筑建造人的合法权益法律应当予以保护

占有是一种事实状态，是一种民事主体对物的支配的事实，而不是权利。占有制度与所有权和他物权一起，构成了我国《物权法》三权鼎立的立法格局。就本案而言，廖某彬、郭甲华搭建的围墙及卫生间虽未经相关部门依法审批，无法办理物权登记，有可能被认定为违章建筑，但他们基于建造行为而获得了我国《物权法》规定的对该围墙及卫生间的有权占有，即便构成无权占有，因该围墙及卫生间所建位置未超过土管机关审批的四至范围，且廖某彬、郭甲华在建造并使用该围墙和卫生间时是善意的，故应认定为善意的无权占有。廖某彬、郭甲华依占有制度获得对该围墙及卫生间进行事实支配、排除侵害、保全现状的权利。除廖某彬、郭甲华本人自行拆除或法律授权的行政主体依照法定程序强制拆除外，其他任何人擅自拆除或损毁该围墙及卫生间的行为均是我国《物权法》第二百四十五条第一款规定的“妨害占有的行为”。作为占有人的廖某彬、郭甲华有权依照该款“占有的不动产或者动产被侵占的，占有人有权请求返还原物；对妨害占有的行为，占有人有权请求排除妨害或者消除危险；因侵占或者妨害造成损害的，占有人有权请求损害赔偿”之规定，行使“损害赔偿请求权”。因此，一审法院依据鉴定结论，并结合本案实际情况，判决郭乙民、邱某芳向廖某彬、郭甲华赔偿直接财产损失合计2164.5元并无不当，应予维持。

编写人：江西省吉安市中级人民法院　陈素梅　吴富强

32

虚假登记损害责任的认定

——龚某石诉湖南湘安特种电磁阀有限公司、安化县房地产管理局虚假登记损害责任案

【案件基本信息】

1. 裁判书字号

湖南省益阳市中级人民法院（2017）湘09民终501号民事判决书

2. 案由：虚假登记损害责任纠纷

3. 当事人

原告（上诉人）：龚某石

被告（被上诉人）：湖南湘安特种电磁阀有限公司（以下简称湘安电磁阀公司）、安化县房地产管理局（以下简称安化房管局）

【基本案情】

原黄沙坪竹艺厂于1985年更名为安化县综合建材厂。1996年9月11日，安化县综合建材厂因资不抵债被法院宣告破产还债，该厂坐落于安化县东坪镇的房产被用于对企业职工进行安置。其房屋评估值为181200元，按累计工龄1539年计算，年工龄分配额为117.7387元。1997年3月10日破产程序终结，但安化县综合建材厂公章未予注销。2004年4月30日，安化县综合建材厂经职工大会讨论决定，由李某安等五人成立了安化县综合建材厂资产管理小组（以下简称资产管理小组），授权资产管理小组代表企业全体职工签署房地产转让合同，对转让的资产进行管理和分配，负责处理有关房地产转让的一切遗留问题，并出示了《授权证书》，其上级管理机构安化县二轻工业局在此证书上盖章认可。2004年4月30日，资产管理小组与湖南省安化县特种电磁阀有限责任公司（以下简称电磁阀公司）签订房地产转让合同，将涉案房地产以218800元转让给电磁阀公司，合同加盖了安化县综

合建材厂、资产管理小组的公章，安化县二轻工业局在此合同上签署了“情况属实”的意见，并加盖了公章。双方还签有补充协议，约定由电磁阀公司另支付安化县综合建材厂8000元，由资产管理小组负责职工签名单，签名率达95%以上，并负责让租户在2004年6月10日前全部搬走。合同签订后，电磁阀公司支付了相应价款，资产管理小组将该款分配给了职工。后资产管理小组协助电磁阀公司办理了房屋过户手续。为减免税费，双方向安化房管局提交了价格为190000元的房屋转让合同。2005年4月27日，电磁阀公司变更为湘安电磁阀公司。2006年4月3日，湘安电磁阀公司取得了涉案房屋的所有权，后对房屋进行了修缮。

2013年4月11日，湘安电磁阀公司与安化县城镇建设投资开发有限责任公司签订厂房土地收购协议书，安化县城镇建设投资开发有限责任公司以660万元的价格收购了涉案房屋。2013年9月，龚某石等安化县综合建材厂职工见房屋被拆，前往安化县公安局及县工信局上访。2015年，龚某石等48人因不服安化房管局房屋产权行政登记而提起行政诉讼，法院作出（2015）安法行初字第15号行政裁定书，驳回龚某石等48人的起诉。龚某石等人不服该裁定，上诉至湖南省益阳市中级人民法院，该院裁定驳回上诉，维持原裁定。2016年5月4日，龚某石诉至法院，即本案。

【案件焦点】

在涉案房屋的产权转让过程中，湘安电磁阀公司、安化房管局是否进行了虚假登记，是否给龚某石造成了损害。

【法院裁判要旨】

湖南省益阳市安化县人民法院经审理认为：

第一，龚某石是否可以单独提起诉讼。根据安化县综合建材厂破产财产分配方案，涉案房屋在破产企业职工中按工龄分配到个人，安化县综合建材厂被宣告破产还债后，其法人主体资格归于消灭，该房屋已分配给职工按份共有，职工可在其份额范围内单独行使权利。因此，龚某石可以单独提起诉讼。

第二，安化房管局是否是适格被告。根据安化房管局提交的安化县不动产登记中心主要职责内设机构和人员编制规定，不动产登记职能虽于2015年12月29日已转移至不动产登记中心，但办理涉案房屋过户登记的机构为安化房管局，且安化房管局并未撤销，责任主体并未消失，因此安化房管局是适格被告。

第三，湘安电磁阀公司、安化房管局的行为是否构成虚假登记。虚假登记是指不动产登记簿上关于不动产的记载存在瑕疵。造成不动产登记瑕疵的原因有两种情况：一是不动产登记申请人故意向不动产登记机关提供虚假材料，导致不动产登记内容错误；二是因不动产登记机关工作人员未尽合理审慎义务，导致不动产登记内容错误。安化县综合建材厂虽已于1997年被宣告破产，其法人主体资格消失，但破产后经全体职工授权并经上级主管部门同意，成立了资产管理小组，资产管理小组有权对相关资产进行处置。资产管理小组取得的《授权证书》上的签名虽非龚某石本人所签，但这是出让方内部管理的问题，湘安电磁阀公司没有过错，其购买涉案房地产系善意取得，其完全有理由相信资产管理小组可以代表全体职工。安化县综合建材厂被宣告破产终结后，理应到相关部门注销相关登记，其未及时注销，并在转让合同上加盖公章，过错不在湘安电磁阀公司，故湘安电磁阀公司不存在提供虚假资料骗取登记的故意，其行为不构成虚假登记。

对于安化房管局，房屋登记审批表上出卖方虽为法人资格已经消灭的安化县综合建材厂，审批表上盖有建材厂的公章，但办理过户登记时，出让方提交了《授权证书》，资产管理小组全体成员亦已签名，上级主管部门也签署了意见并加盖了公章。虽出卖人主体资格存在瑕疵，但登记房屋确已出卖给湘安电磁阀公司，安化房管局的登记行为并未构成对龚某石实体权利的侵害，其行为不构成虚假登记。因此，龚某石要求湘安电磁阀公司、安化房管局承担虚假登记损害责任的诉讼请求，于法无据，一审法院依法不予支持。

第四，龚某石的诉讼请求是否超过诉讼时效。龚某石要求湘安电磁阀公司、安化房管局赔偿损失的诉讼请求是因侵权行为所产生的侵权损害赔偿之债，属于债权请求权，受诉讼时效的约束。根据《中华人民共和国民法通则》第一百三十五条、第一百三十七条之规定，向法院请求保护民事权利的诉讼时效期间为两年，从知道或者应当知道权利被侵害之日起计算。2004年4月30日，涉案房地产转让合同签订之前，安化县综合建材厂召开职工大会征求了职工意见，授权资产管理小组处置该房地产，且该房屋交付后，一直作为湘安电磁阀公司的厂房，湘安电磁阀公司对房屋进行过修缮，龚某石理应知晓该房屋已于2004年被转让给湘安电磁阀公司的事实，龚某石于2013年9月才向相关部门主张权利，其诉讼请求已超过诉讼时效。

据此，根据《中华人民共和国民法通则》第一百三十五条、《中华人民共和国民事诉讼法》第六十四条第一款之规定，判决：

驳回龚某石的诉讼请求。

龚某石不服上述判决，提起上诉。湖南省益阳市中级人民法院经审理认为：《中华人民共和国物权法》第二十一条规定，当事人提供虚假材料申请登记，给他人造成损害的，应当承担赔偿责任。因登记错误，给他人造成损害的，登记机构应当承担赔偿责任。登记机构赔偿后，可以向造成登记错误的人追偿。据此可知，对于当事人的虚假登记责任，要求当事人制作虚假材料申请登记或明知是虚假材料而申请登记，并给他人造成了损害；对于登记机构的虚假登记责任，则要求登记机构未尽到合理审慎义务，导致错误登记，给他人造成了损害。湘安电磁阀公司作为涉案房屋产权转让的申请人，向安化房管局提交了转让登记的申请材料，其中，龚某石主张房地产转让合同书、《授权证书》及职工签名单、委托李某安办理过户登记的委托书为虚假材料。法院认为，房地产转让合同书仅是合同双方为减免税费向安化房管局提交的另一份低价房地产转让合同，该合同内容虽在房地产交易价格上与双方交易的真实价格存在差异，但该合同系交易双方共同签字确认后提交，在双方已存在真实的资产转让合意的情况下，并不影响房屋产权的转让，更未导致产权登记错误。关于《授权证书》及职工签名单、委托李某安办理过户登记的委托书，虽职工签名单中部分签名非本人所签，“安化县综合建材厂”式样的公章不一致，但该材料均系资产管理小组组织制作，并由其上级主管部门安化县二轻工业局盖章，签写情况属实，故湘安电磁阀公司并未故意制作虚假材料申请登记。同时，龚某石亦未提交证据证明湘安电磁阀公司明知上述材料系虚假材料而申请登记，应承担举证不能的不利后果。综上，湘安电磁阀公司在涉案房屋转让登记过程中，未进行虚假登记，不应承担虚假登记损害责任。另，安化房管局在办理涉案房屋产权转让登记过程中，已按照规定要求申请人提供了相关材料，在其中的房地产转让合同书、《授权证书》及职工签名单中，已由安化县综合建材厂的上级主管部门安化县二轻工业局盖章，并签写情况属实，《授权证书》亦有资产管理小组全体成员签名，故安化房管局在办理转让登记的过程中已从形式上尽到了合理审慎义务，最后结果亦未导致登记错误，故不应承担虚假登记损害责任。龚某石提出的湘安电磁阀公司、安化房管局进行了虚假登记，给龚某石造成了损害的上诉理由，无事实和法律依据，不予支持。

虚假登记损害责任纠纷作为侵权之债请求权，应受两年的普通诉讼时效限制，且从知道或应当知道权利被侵害之日起开始计算。2004 年 4 月 30 日，安化县综合建材厂召开职工大会就该厂房地产转让一事征求意见，并有绝大部分职工签字，且在签订合同后，湘安电磁阀公司将涉案房屋作为己方厂房使用，进行了修缮。作为该厂职工，龚某石当时在面临企业破产资产安置，严重影响到其个人权益的情况下，理应就后续资产处理进行了解和主张权利，其辩称一直认为有人租赁该厂，并直到 2013 年 9 月才知晓厂房被转让从而向相关部门主张权利的主张，无事实依据，故一审据此认定其诉求已超过诉讼时效，并无不当，予以维持。

综上所述，龚某石的上诉请求不能成立，应予驳回；一审判决认定事实清楚，适用法律正确，应予维持。依照《中华人民共和国民事诉讼法》第一百七十条第一款第一项之规定，判决如下：

驳回上诉，维持原判。

【法官后语】

因登记的完成涉及申请人的申请和登记机关的审核双重行为，故以此导致的虚假登记所产生的赔偿责任属于民事责任范围还是行政赔偿范围在司法实务中产生了诸多争议，就同一请求龚某石先后选择了行政诉讼和民事诉讼即为例证，本文在此仅从民事赔偿责任的视角分析虚假登记损害责任的特征。

虚假登记损害责任应归属于一般侵权责任。民事责任是民事主体对自己在民事活动中违反民事法律规范的行为所引起的法律后果应当承担的法律责任，作为一种不利后果，其主要包括违约责任、侵权责任以及不履行法定义务的民事责任。违约责任，主要产生于违反合同义务；侵权责任，主要产生于侵犯人身、财产权益；不履行法定义务的民事责任，则为不履行法律规定义务的行为，如不当得利。虚假登记损害责任规定于《物权法》第二十一条，该责任是因侵权行为损害财产性权益所承受的不利后果，为侵权责任的一种，故应受《侵权责任法》的调整。因该责任的规则原则适用过错责任，故其成立应具备一般侵权责任的构成要件，即侵权行为、主观过错、侵权后果以及因果关系。

除此之外，虚假登记损害责任的成立具有自身法律特征：

1. 虚假登记损害责任仅发生在不动产登记之中。《物权法》第二十一条并未明确该种责任是否发生在不动产还是动产登记中，但根据该条文所在体系中的具体位置来看，其规定在《物权法》第二章“物权的设立、变更、转让和消灭”第一节“不动产登记”中，明显区分于第二节“动产交付”，根据体系解释方法，可知该责任仅产生于不动产登记之中，具体情形散见于《城市房地产管理法》《土地管理法》等规范不动产的法律法规。

2. 虚假登记损害责任的赔偿主体不仅包括虚假登记的当事人和登记机构，而且包括提供虚假材料的其他人员。《物权法》第二十一条规定的责任主体除登记机构外，还包括了“当事人”，至于“当事人”的具体含义，《物权法》并未作明确规定。《不动产登记暂行条例》第二十九条规定此类责任主体亦为“当事人”。《最高人民法院关于审理房屋登记案件若干问题的规定》第十二条规定此类责任主体为“申请人”，上述规定虽表述不同，但两者概念的内涵、外延应当一致，即申请不动产登记的当事人。而该“当事人”不同于诉讼法中的案件“当事人”，应作广义理解，还包括申请登记的代理人等，依据来源于《不动产登记暂行条例》第十五条“当事人或者其代理人”之规定。至于上述主体之外的第三人与当事人恶意串通提供虚假资料是否构成虚假登记损害责任，暂无明文规定，但根据《侵权责任法》的规定，第三人与当事人可构成共同侵权，也应承担虚假登记损害责任。

3. 当事人提供的虽是虚假登记材料，但并未导致权利登记错误，不应承担损害赔偿责任。因虚假登记损害责任为结果责任，该种结果是登记行为导致的权利登记瑕疵，即登记权利与真实权利不一致，故提供虚假材料但并未导致权利登记错误的，不应承担赔偿责任。该案中，合同双方向安化房管局提交的《房地产转让合同书》虽是虚假合同，但虚假内容仅涉及转让价格，不影响双方存在权利转移的真实意思表示，并未导致权利登记错误，故不构成虚假登记损害责任。

除此之外，虚假登记损害责任不仅发生在不动产物权登记之中，而且包括债权登记，如不动产租赁权备案登记。

编写人：湖南省益阳市中级人民法院　雷宏

33

妨碍鉴定者就待证事实承担举证不利的法律后果

——侯某诉雷某香物权保护案

【案件基本信息】

1. 裁判书字号

福建省厦门市中级人民法院（2017）闽02民终1751号民事判决书

2. 案由：物权保护纠纷

3. 当事人

原告（上诉人）：侯某

被告（被上诉人）：雷某香

【基本案情】

原、被告分别是厦门市集美区某小区1002室和1102室房屋的产权人，系上下楼邻居。原告长期居住在太原，诉讼期间，1002室房屋由其儿子居住。1102室房屋由案外人雷某斌管理，且出租给孙某跃居住。2016年4月，1002室客厅天花板靠近中央位置即灯具附近及天花板其他部分地方有渗漏水现象，原告要求被告进行维修。被告于2016年5月、7月对1102室房屋进行了防水维修，并支付了相应的维修费。原、被告在庭审中一致确认1002室房屋天花板从2016年11月开始变干，2016年12月底已不存在渗漏水情况，但天花板仍有块状涂料变色和变质情况。

由于双方对本案渗漏原因及被告是否应予以维修、恢复原状存在分歧，原告向法院申请对1002室房屋天花板的漏水点及漏水原因进行司法鉴定，被告当庭表示同意鉴定，但经法院多次通知，被告均未按照要求参与摇号，对鉴定不予配合。

2016年6月10日，原告与案外人马某斌签订了租期为2016年6月10日至2017年6月9日的租赁标的为另一小区2701室房屋的租赁合同，约定每月租金1800元，押金1800元。次日，原告的丈夫胡某磊向马某斌支付了7200元。

原告提供的机票行程单、发票，显示2015年5月底至2016年10月，原告及胡某磊花费往来厦门和太原的机票差旅费用约6000元，其中胡某磊机票费用1060元，原告的退票费用323元，未载明姓名的定额发票约210元。

【案件焦点】

1. 被告是否应当承担对涉案天花板恢复原状的责任；2. 被告是否应赔偿原告租金、物业费损失；3. 被告是否应赔偿原告差旅费、误工费损失。

【法院裁判要旨】

福建省厦门市集美区人民法院经审理认为：《中华人民共和国物权法》第三十六条规定，造成不动产或者动产毁损的，权利人可以请求修理、重作、更换或者恢复原状。不动产所有权人有权要求损害其不动产的侵权人承担恢复原状的责任。被告否认1002室房屋天花板出现的损害系由其所有的1102室房屋渗漏水造成。就该争议，原告依法向法院申请鉴定，但被告以鉴定可能损害其地板为由拒不配合。根据自然规律和日常生活法则，楼下天花板渗漏水一般与楼上房屋状况有关，被告应积极配合鉴定，否则其应对其拒不配合的行为承担相应的法律后果，故依法推定1002室房屋天花板的损害现状系被告所有的1102室房屋渗漏水造成。法院对原告主张的要求被告对1002室房屋天花板恢复原状，即消除1002室房屋天花板尚存的若干块状涂料变色和变质情况的诉求予以支持。

原告认为，1002室房屋系单身公寓，渗漏点位于天花板中央，靠近大灯，且天花板密布电线管路，为防止漏电等恶性事件发生，其不能使用插座、大灯等电器，因无法正常居住而另行支付了租金和物业费用。被告认为，1002室房屋天花板仅为轻微渗水，家中家具等均未受损，无需另行租住房屋。法院认为，侵害物权，造成权利人损害的，应给予损害赔偿。原告就其所有的房产享有居住、出租或者提供给亲友居住的权益，被告的房屋渗漏若导致原告的房屋无法实现正常居住的用途或者存在危险，则应予以赔偿。1002室房屋天花板的渗漏虽没有造成家具的损害，但其渗漏点确实接近天花板灯具，存在一定的安全隐患，原告将其所有的房屋提供给其家属居住的权益受到一定的损害，而被告未能及时排除此危险，给原告造成了一定的损失。结合渗漏的实际情况、渗漏的时间以及被告的维修情况等因素，法院酌定被告应赔偿原告合理的使用利益损失2000元，原告主张的超出此数额的租金和物业费损失，法院难以支持。

侵权人应给予相应赔偿，但仍应以必要、合理为限。原告主张的其夫妻乘坐飞机来往厦门市与太原市等产生的差旅费损失，与本案渗漏问题难以形成必然、直接的联系，原告可以委托居住在涉案房屋附近或者厦门的亲属，或者通过其他方式来处理，该费用难以认定为本案渗漏行为造成的损失。另外，误工费损失3000元亦缺乏相应的事实证据和法律依据。故对原告主张的差旅费、误工费诉求均难以支持。

福建省厦门市集美区人民法院依照《中华人民共和国物权法》第三十六条等，判决：

一、雷某香应于本判决生效之日起十五日内消除1002室房屋天花板上块状涂料变色、变质情况；

二、雷某香应于本判决生效之日起十日内向侯某赔偿损失2000元；

三、驳回侯某的其他诉讼请求。

一审宣判后，侯某不服，提起上诉。福建省厦门市中级人民法院经审理认为：第一，侯某上诉主张其子因房产无法使用导致的租金损失，因雷某香房屋渗漏导致侯某房屋的近天花板部分灯具渗漏，确实存在一定安全隐患，但该安全隐患可以通过修理等予以排除，且并未影响整套房产的使用。一审判决结合渗漏时间、渗漏情况及雷某香的维修情况，酌定赔偿2000元损失并无不当，应予以维持。第二，侯某再行主张误工、差旅费用的损失，其虽提供机票等予以佐证，但其往返太原、厦门之间与处理讼争房产渗漏水之间并非存在必然的关联性。侯某可通过其他方式予以处理。侯某称雷某香的态度决定其不得不亲自处理，但从雷某香维修的事实而论，其并非拒绝予以修理。侯某诉求差旅、误工费用超过应赔偿的限度，应予以驳回。综上，侯某的上诉主张缺乏事实和法律依据，应予以驳回。一审判决认定事实清楚，适用法律正确，应予以维持。依照《中华人民共和国民事诉讼法》第一百七十条第一款第一项之规定，判决如下：

驳回上诉，维持原判。

【法官后语】

本案涉及相邻关系中房屋天花板漏水的因果关系认定，依照“谁主张，谁举证”的原则，原告方提起鉴定申请，被告方应予以积极配合。法院在鉴定笔录中已经明确告知被告的配合义务及不利法律后果，被告以鉴定可能损毁其地板为由，拒不配合，法院依法推定待证事实成立，要求被告承担不利后果，即案涉房屋天花板漏水系被告房屋所致。如此判断类似对赌协议，合乎情理，但法律人更需要从法律规则及原理中寻找依据。

第一，体现证据规则中的诚实信用原则。《最高人民法院关于民事诉讼证据的若干规定》第七条规定，在法律没有具体规定，依本规定及其他司法解释无法确定举证责任承担时，人民法院可以根据公平原则和诚实信用原则，综合当事人举证能力等因素确定举证责任的承担。相邻房屋漏水原因的鉴定，并没有法律的明确规定，原告依照一般举证分配规则，承担初始举证责任，提出了鉴定申请，而被告不予配合鉴定的行为，导致举证责任分配的对调。因为被告具有配合举证的能力和资源，却无正当理由拒不配合鉴定，违反了诚实信用原则，所以应推定鉴定的待证事实成立。

第二，可参照持有书证方拒不提交书证的不利法律后果，以及阻碍条件成就的行为后果。虽然我国目前并未规定妨碍鉴定行为将产生举证责任倒置、待证事实推定成立的后果等，但是可以参考相关的类似规定。《最高人民法院关于适用〈中华人民共和国民事诉讼法〉的解释》第一百一十二条规定，书证在对方当事人控制之下的，承担举证证明责任的当事人可以在举证期限届满前书面申请人民法院责令对方当事人提交……对方当事人无正当理由拒不提交的，人民法院可以认定申请人所主张的书证内容为真实。《民法总则》第一百五十九条规定，附条件的民事法律行为，当事人为自己的利益不正当地阻止条件成就的，视为条件已成就。妨碍鉴定，应当类似于上述两条法律规则中规定的“拒不提交”“阻止条件成就”的行为，出于法律体系性和原则一致性的考虑，因一方妨碍导致无法鉴定的，应推定待证事实成立。

本案中，雷某香提出如果鉴定错误，将造成其地板的损毁。笔者认为，同样应当保护对方当事人的合法权益，如若原告申请鉴定错误，案涉漏水与被告房屋无关，则在鉴定过程中产生的地板损毁的损失，应当由申请人承担。

编写人：福建省厦门市集美区人民法院　李晨

二、用益物权纠纷

34

集体经济组织成员在行使宅基地使用权时应当承担适当容忍义务

——徐某春诉南京市六合区人民政府冶山街道办事处宅基地使用权案

【案件基本信息】

1. 裁判书字号

江苏省南京市中级人民法院（2017）苏01民终6566号民事判决书

2. 案由：宅基地使用权纠纷

3. 当事人

原告（上诉人）：徐某春

被告（被上诉人）：南京市六合区人民政府冶山街道办事处（以下简称冶山街道）

【基本案情】

徐某春系冶山街道辖区范围内白云山社区徐庄组（以下简称徐庄组）居民。宁六集用（2008）第94464号《集体土地使用证》载明：徐某春宅基地独用面积为165平方米，宗地面积为326.6平方米。为方便居民出行，2016年8月20日至9月15日，徐庄组修建水泥路一条。徐某春认为该水泥路侵占其宅基地，遂于2016年9月17日使用切割机对水泥路进行切割，徐庄组组长徐某富及时报警后，徐某春停止切割。根据现场图片显示，涉案水泥路小部分覆盖在徐某春宅基地所在的宗地上。2017年1月9日，白云山社区居民委员会向徐某春出具情况说明，载明：“按徐某春土地使用证规定的范围使用宅基地。”徐某春认为冶山街道修建道路占用了自己的宅基地，请求判令返还占用的宅基地。

【案件焦点】

集体经济组织是否应当返还占用其成员的宅基地。

【法院裁判要旨】

江苏省南京市六合区人民法院经审理认为：农民集体所有的土地依法属于村农民集体所有的，由村集体经济组织或者村民委员会经营、管理。涉案水泥路覆盖的土地，虽位于徐某春宅基地所在的宗地之上，但徐某春未能提供证据证明该水泥路侵占其独用面积。涉案水泥路仅小部分覆盖在徐某春宅基地所在宗地之上，未实际影响徐某春建房或生产、生活。修建公共道路系徐庄组集体决定，目的也是方便组民出行，徐某春作为徐庄组集体组织的一员，应当承担适当容忍义务。因此，徐某春主张冶山街道返还侵占的宅基地，理由不充分，法院不予支持。江苏省南京市六合区人民法院依照《中华人民共和国土地管理法》第十条之规定，作出如下判决：

驳回徐某春的诉讼请求。

徐某春不服一审判决，提起上诉。江苏省南京市中级人民法院经审理同意一审裁判理由，依照《中华人民共和国民事诉讼法》第一百七十条第一款第一项之规定，作出如下判决：

驳回上诉，维持原判。

【法官后语】

1. 个人利益应当服从集体利益

《宪法》第五十一条规定，中华人民共和国公民在行使自由和权利的时候，不得损害国家的、社会的、集体的利益和其他公民的合法的自由和权利。即公民行使权利时不得损害集体的利益是宪法的明确规定。《物权法》第七条规定，物权的取得和行使，应当遵守法律，尊重社会公德，不得损害公共利益和他人合法权益。《物权法》的规定，进一步明确了物权的行使不得损害公共利益。

《土地管理法》第八条第二款规定，农村和城市郊区的土地，除由法律规定属于国家所有的以外，属于农民集体所有；宅基地和自留地、自留山，属于农民集体所有。该条规定确定了宅基地的所有权属于农民集体，而非集体组织成员个人。依现行法律规定，宅基地使用权的取得是无偿的。宅基地使用权制度构建的目的在于为集体经济组织成员的家庭提供稳定的居住场所，从这个意义上讲，对于本集体成员实行无偿取得制度，是农村土地集体所有制度的应有之义。农村宅基地使用权的不可增性、不可移动性以及取得的无偿性，使得农村宅基地使用权主体具有较强的受社会拘束之义务，受到了更多的限制。例如，宅基地的面积不得超过省、自治区、直辖市规定的标准。《物权法》第一百五十二条规定，宅基地使用权人依法对集体所有的土地享有占有和使用的权利，有权依法利用该土地建造住宅及其附属设施。该法律规定明确了宅基地使用权的权利内容，即建造住宅及其附属设施。

2. 集体经济组织占用其成员的宅基地且不予补偿，应当符合以下条件：

（1）占用宅基地需用于公共设施和公益事业建设

《土地管理法》第六十五条规定，有下列情形之一的，农村集体经济组织报经原批准用地的人民政府批准，可以收回土地使用权：（一）为乡（镇）村公共设施和公益事业建设，需要使用土地的；（二）不按照批准的用途使用土地的；（三）因撤销、迁移等原因而停止使用土地的。依照前款第一项规定收回农民集体所有的土地的，对土地使用权人应当给予适当补偿。用于公共设施和公益事业建设是集体经济组织占用其成员的土地的前提条件。

（2）不得收回占用的宅基地使用权

集体经济组织占用其成员部分宅基地的，该部分宅基地使用权依然属于该组织成员，集体经济组织不得将该部分宅基地收回，如收回则应履行相关法律程序并给予相应补偿。

（3）占用的宅基地面积及用途不应严重影响集体组织成员的生产、生活

集体经济组织占用其成员宅基地后，必然会给其成员的生产、生活带来一定的影响，应当从占用宅基地的面积、性质以及现状综合判断该种影响的程度，只有在程度较小的情况下才不予补偿。要通过核算占用宅基地的面积占宅基地所在宗地面积、证载宅基地面积、宅基地独用面积的比例进行判断，比例越小影响程度越小；根据占用宅基地在宗地的区域位置进行判断，在核心位置影响较大，在边缘位置影响较小；根据占用宅基地的现状进行判断，占用前宅基地闲置的影响最小，存在建筑物等不动产的，需要根据原不动产的剩余价值及重置该不动产的费用来判断影响

力大小。

综上，农村宅基地使用权不同于一般的用益物权，其取得的无偿性决定了集体经济组织成员在行使该权利时，必须考虑集体经济组织的利益。集体经济组织为了公共利益而占用小面积宅基地且未严重影响使用权人生产、生活的情况下，集体经济组织成员应当承担适当的容忍义务。

编写人：江苏省南京市六合区人民法院　徐传洋

35

不动产上居住权益的设定

——张某三诉张某一用益物权确认案

【案件基本信息】

1. 裁判书字号

北京市西城区人民法院（2016）京0102民初22418号民事判决书

2. 案由：用益物权确认纠纷

3. 当事人

原告：张某三

被告：张某一

【基本案情】

王某林与张某辉婚后共生育六名子女，分别为长子张某一、二子张某二、三子张某三、长女张甲、次女张乙、三女张丙。涉案的10号房屋及案外的105号、107号房屋登记在张某一名下，登记日期为1992年11月8日。10号房屋为北房五间，原告自出生起即居住于该房屋，至2005年之前，原告居住使用北房西数第三间、第四间。2005年后原告偶尔在此居住。

原告欲证明1984年，原告等兄弟姐妹系因被告承诺其他兄妹可以继续居住使用涉案10号房屋，才依据被告的要求签署了放弃继承的声明，被告因此取得了涉案房屋的所有权。2003～2016年，被告每年给付原告105号、107号房屋部分租金收益1万元。被告仅认可每年给付原告部分租金收益1万元，不认可曾承诺允许原告一直居住使用涉案房屋。

原告现请求法院判决确认其对10号房屋北房西数第三间、第四间房屋有权居住、使用。

【案件焦点】

1. 张某三与张某一之间就涉案房屋的居住、使用是否存在口头合同；2. 张某三对于涉案房屋是否有权居住。

【法院裁判要旨】

北京市西城区人民法院经审理认为：基于合同关系等产生的占有，有关不动产的使用、收益、违约责任等，按照合同约定；合同没有约定或者约定不明的，依照有关法律规定。因此，张某三以与张某一达成关于使用涉案房屋的口头合同为由，要求确认张某三有权居住、使用涉案房屋，有法律依据。但根据相关法律规定，主张合同关系成立并生效的一方当事人对合同订立和生效的事实承担举证责任。在作出判决前，当事人未能提供证据或者证据不足以证明其事实主张的，由负有举证证明责任的当事人承担不利的后果。在张某一否认曾经承诺允许张某三一直居住使用涉案房屋的情况下，张某三仅提供张甲、张乙的证人证言证明张某三所述的口头合同订立和生效的事实，考虑到张甲、张乙证言中陈述张某一也曾承诺其可以居住使用涉案房屋，因此其与本案有利害关系，在张某三未提交其他证据予以佐证的情况下，对张甲、张乙的证人证言不予采信。虽然张某一曾经给付张某三105号、107号房屋的部分租金收益，但是105号、107号房屋并非本案诉争房屋，张某一给付该房屋租金收益的行为不能直接证明张某三与张某一就诉争房屋的使用达成口头协议。张某三虽在2005年之前一直居住、使用涉案房屋，但因张某一辩称其允许张某三居住涉案房屋系基于亲情，在张某三未提交其他证据予以佐证的情况下，张某三居住、使用涉案房屋的行为亦不能直接证明其与张某一之间就涉案房屋的使用达成口头协议。现张某三未提交有效证据证明双方曾达成口头合同，或以实际履行的方式达成了事实合同，故对于张某三主张其与张某一对于涉案房屋的使用存有口头合同的主张不予采信，进而也无法确认张某三对于涉案房屋有权居住、使用。综上所述，根据《中华人民共和国物权法》第二百四十一条，《最高人民法院关于适用〈中华人民共和国民事诉讼法〉的解释》第九十条、第九十一条，《最高人民法院关于民事诉讼证据的若干规定》第五条的规定，判决如下：

驳回张某三的全部诉讼请求。

【法官后语】

《物权法》虽未规定居住权，但审判实践中一般认可所有权人在自己的不动产上为他人设定居住权益。该居住权益的设定应当通过合同的方式作出。如一方当事人主张双方对于不动产的居住权益有口头合同约定，应当对口头合同订立和生效的事实承担举证责任。

1. 举证责任在认定居住权益合同成立与否中的适用普通民事生活中，当事人的意思表示一般是通过口头合同订立的。所谓“口头合同”，是“书面合同”的对称，是指当事人以口头交谈形式达成协议而成立的合同。此类合同一般适用于标的数量不大，内容不复杂而且能及时清结的合同关系。主要优点是简便易行，直接迅速。缺点是缺乏文字证据，一旦发生纠纷，难以举证，不易分清责任。

根据我国相关法律规定，基于合同关系等产生的占有，有关不动产的使用、收益、违约责任等，按照合同约定；合同没有约定或者约定不明的，依照有关法律规定。因此，张某三以与张某一达成关于使用涉案房屋的口头合同为由，要求确认张某三有权居住、使用涉案房屋，有法律依据。但根据相关法律规定，主张合同关系成立并生效的一方当事人对合同订立和生效的事实承担举证责任。在作出判决前，当事人未能提供证据或者证据不足以证明其事实主张的，由负有举证证明责任的当事人承担不利的后果。因此，张某三应当对于其与张某一之间口头合同的成立与生效承担举证责任。但基于口头合同难以证明的特点，张某三未能提交足够的证据证明其与张某一就涉案房屋的使用达成口头合同，应当承担举证不能的责任。

2. 司法实践中关于居住权的认定

所谓居住权，是指非所有人利用所有人房屋的一种用益物权制度，具有满足弱势群体住房需求和尊重房屋所有人意愿，充分发挥房屋效用等社会功能。根据物权法定原则，我国现行法律并未规定居住权，当事人也无法通过诉讼主张其居住权。而在实际生活中，居住权有其存在的必要性。例如，在职工购买公有住房及拆迁安置时，均会考虑共居亲属的优惠购房面积，产权人的共居亲属是否有权居住涉案房屋？在离婚诉讼中，夫妻双方仅有一处承租公房时，对于该公房的居住、使用权益应当如何认定？《最高人民法院关于适用〈中华人民共和国婚姻法〉若干问题的解释（一）》规定，离婚时，一方可以财产中的住房对生活困难者进行帮助，可以是房屋的居住权或是所有权。但该条文所述居住权的范围和设立条件又是什么？在继承法领域，有老人在临终前通过遗嘱将房屋留给子女，同时要求在世的配偶有权居住该房屋至死亡，该行为其实是老人通过遗嘱在房屋上设定居住权的行为，该行为的效力如何认定？与此相对应，每年因涉居住权益而产生的诉讼案件一直呈增长态势，其中包括大量通过用益物权确认案由要求确认当事人有权居住、使用涉案房屋的案件，同时还有部分当事人在其居住权益受到侵害后，要求进行财产赔偿的案件。但由于缺乏相关的法律规定，审判人员在审理此类案件时，只能表述为“有权居住使用”，而对于居住权益的保护方面，更没有相关的裁判依据，导致同案不同判。本案原告即欲通过用益物权确认这一案由，确认其对涉案房屋享有居住、使用的权益。

随着我国房价的高升，购买产权房的经济压力逐渐增加，因居住他人房屋产生的居住权益纠纷案件快速增加。但审判实践中发现，当事人对于双方关于居住权益的约定多以口头合同形式出现。而主张居住权益的一方因不注意保存相关证据，而很难举证证明口头合同的成立及生效，因此需要承担举证不能的责任。本案中，张某三未提交有效证据证明双方当事人曾达成口头合同或以实际履行的方式达成了事实合同，故对于涉案房屋的使用存有口头合同的主张不能成立，法院无法确认张某三对于涉案房屋有权居住、使用。

编写人：北京市西城区人民法院　方晓晨

36

农村房屋赠与合同的效力认定

——陈某金等诉谢某发物权确认案

【案件基本信息】

1. 裁判书字号

福建省厦门市中级人民法院（2017）闽02民终4503号民事判决书

2. 案由：物权确认纠纷

3. 当事人

原告（被上诉人）：陈某金、谢某瑛、谢某燕

被告（上诉人）：谢某发

第三人（上诉人）：谢立春、谢立秋、谢某煌

第三人：谢立夏、谢某虹

【基本案情】

谢某发系谢立冬（已故）的父亲，谢某发与周某治（已故）共育有四个子女，分别为谢立春、谢立夏、谢立秋及谢立冬。陈某金与谢立冬于1998年11月11日登记结婚，婚后育有二女即谢某瑛、谢某燕。谢某煌、谢某虹系谢立春之子女。2006年7月4日，陈某金及谢立冬与谢某发及周某治签署《赠与合同》，约定谢某发及周某治将其名下位于厦门市海沧区东亭街道莲花村汤岸社的房屋一栋（厦农房证杏东孚字第000598号《厦门市农村房屋所有权证》、厦集土证杏东孚第000598号《厦门市集体土地使用权证》）无偿赠与谢立冬及陈某金，该赠与行为自双方当事人签字之日起成立，在赠与行为成立之后至该房屋权属转移期间，如遇国家征用土地，所得补偿款全部归陈某金及谢立冬所有。该赠与合同经厦门市海沧区公证处以（2006）厦海证民字第247号《公证书》进行公证。陈某金及谢立冬接受赠与之后，谢某发与周某治将房屋有关权证交付给陈某金及谢立冬。2006年10月，陈

某金与谢立冬投资约50万元，将案涉砖木结构的平房拆除并翻建三层房屋，房屋建成后一直由陈某金、谢立冬、谢某瑛、谢某燕一家居住。直至拆迁之日，双方尚未办理房屋权属转移登记。后陈某金与谢立冬双方感情破裂，2014年5月27日双方经法院判决解除婚姻关系，婚生女谢某瑛、谢某燕由陈某金与谢立冬各抚养一人，因案涉房屋可能涉及其他人的权利，故在离婚时未一并处理。2016年3月，因国道324（风南至角美段）改线工程海沧段（下土楼至汤岸社）建设用地需要，谢某发及周某治赠与陈某金及谢立冬的上述案涉房屋被征收拆迁，谢某发与拆迁单位签署了《国道324（风南至角美段）改线工程海沧段（下土楼至汤岸社）建设用地集体土地房屋征收补偿安置协议》，获得某地192号1701室（140.4平方米）、1704室（142.24平方米）、168号1003室（88.72平方米）三套房屋以及补偿款336782.94元。货币补偿款已由谢立冬实际支取。2016年8月26日谢立冬因病去世。原告与被告对上述拆迁安置房及拆迁补偿款分割协商未果，引起纠纷。

【案件焦点】

1. 案涉赠与合同的效力；2. 受赠房屋项下征地拆迁相关财产权益的归属。

【法院裁判要旨】

福建省厦门市海沧区人民法院经审理认为：陈某金、谢立冬与谢某发、周某治签署的公证赠与合同系各方当事人的真实意思表示，内容不违反法律法规的强制性规定，且谢某发与周某治已将案涉房屋交付给陈某金、谢立冬，由陈某金、谢立冬进行了翻建并实际居住，在长达十年的时间内被告及谢立春、谢立夏、谢立秋、谢某煌、谢某虹亦未提出异议，该合同已实际履行。虽然法律规定宅基地为集体所有，由家庭户共享使用权，但是这并不代表农村宅基地之上所建之房屋同样属于家庭共同财产。根据《中华人民共和国物权法》的规定，我国不动产所有权采用登记生效主义。本案中的厦农房证杏东孚字第000598号《厦门市农村房屋所有权证》明确载明，谢某发为赠与房屋的所有权人，其房屋属于夫妻共同财产，故其妻周某治亦为共同共有人。该房产不是家庭共同财产，谢某发及其妻周某治有充分的处分权，其赠与行为依法有效。从《国道324（风南至角美段）改线工程海沧段（下土楼至汤岸社）建设用地集体土地房屋征收补偿安置协议》中有关的补偿标准亦可看出，本次补偿以房屋为准，与宅基地使用权无关。根据赠与合同的约定，在办理权属变更之前，国家征用土地的补偿归陈某金及谢立冬所有。因此，本次拆迁补偿为陈某金及谢立冬所有，陈某金对拆迁补偿享有一半的份额。综上所述，陈某金之诉讼请求具有事实和法律依据，应予支持。

福建省厦门市海沧区人民法院依照《中华人民共和国合同法》第四十四条，《中华人民共和国物权法》第九条、第九十五条、第九十七条，《中华人民共和国婚姻法》第十七条，《中华人民共和国民事诉讼法》第六十四条之规定，判决如下：

一、《国道324（风南至角美段）改线工程海沧段（下土楼至汤岸社）建设用地集体土地房屋征收补偿安置协议书》项下安置房屋及补偿款336782.94元归陈某金及谢立冬（已故）所有；

二、陈某金对上述第一项所确定的安置房屋及补偿款享有50%的份额。

谢某发、谢立春、谢立秋及谢某煌不服一审判决，提起上诉。福建省厦门市中级人民法院经审理认为，关于赠与合同的效力问题。本案厦农房证杏东孚字第000598号《厦门市农村房屋所有权证》记载的所有权人为谢某发，谢某发与其妻周某治共同签订赠与合同并经过公证，依法应认定有效。谢某发与周某治已将案涉房屋交付给陈某金、谢立冬，由陈某金、谢立冬进行了翻建并实际居住，在长达十年的时间内谢某发及谢立春、谢立夏、谢立秋、谢某煌、谢某虹亦未提出异议，该合同已实际履行。根据所有权证的记载，原房屋建于1983年，建房时除谢立春外，谢立秋、谢某煌等人均未成年，所有权证中关于家庭成员的备注说明并非权属的认定，谢立春也未举证其为原房屋建设出资。且从《国道324（风南至角美段）改线工程海沧段（下土楼至汤岸社）建设用地集体土地房屋征收补偿安置协议》中的有关补偿标准亦可看出，本次补偿以房屋为准，与宅基地使用权无关。根据二审庭审时各方当事人的陈述，被拆迁房屋系由陈某金、谢立冬出资重新翻建，谢立春、谢立秋、谢某煌并未举证证明其有出资。因此，本次拆迁补偿款为陈某金及谢立冬所有，陈某金对拆迁补偿享有一半的份额。综上，谢某发及谢立春、谢立秋、谢某煌的上诉主张，缺乏事实与法律依据，法院不予支持。一审判决认定事实清楚，适用法律正确，应予维持。

福建省厦门市中级人民法院依照《中华人民共和国民事诉讼法》第一百七十条第一款第一项的规定，判决如下：

驳回上诉，维持原判。

【法官后语】

在农村经济活动中，农村房屋所有权证载明的所有权人是否享有农村房屋的圆满所有权，农村房屋所有权证备注栏或未记录在所有权证上的其他家庭成员是否享有农村房屋的所有权，农村房屋所有权证载明的所有权人将其名下的农村房屋经过公证赠与部分家庭成员，赠与合同的效力以及受赠人是否能依法取得受赠房屋项下征地拆迁的相关财产权益，均具有特殊性及典型意义。

1. 合同效力与物权效力的区分

农村房屋所有权证载明的所有权人将其名下房屋赠与部分家庭成员，双方签署的公证赠与合同的效力如何认定呢？合同效力的认定应当根据民事行为有效的相关要件予以判断，对行为人是否具有相应的民事行为能力、双方意思表示是否真实、是否违反法律、行政法规的强制性规定、是否违背公序良俗进行审查，本案赠与合同行为人均具有相应的民事行为能力，双方关于赠与达成真实意思表示，并且不存在违反法律、行政法规的强制性规定或违背公序良俗的情形，同时并不存在《合同法》第五十二条关于合同无效的法定情形。故，陈某金、谢立冬与谢某发、周某治签署的公证赠与合同依法成立且合法有效。根据《物权法》第十五条的规定，当事人之间订立有关设立、变更、转让和消灭不动产物权的合同，除法律另有规定或者合同另有约定外，自合同成立时生效；未办理物权登记的，不影响合同效力。可见，关于物权变动的合同效力并不因所有权人是否享有圆满的所有权而受影响，只要合同不存在无效情形都应当认定为有效合同。受赠人是否能够实际取得所有权则是物权问题，物权效力和合同效力应当予以区分，是否能够实际取得物权并不影响合同效力。

2. 农村房屋所有权人的认定

农村房屋具有特殊性，我国农村实行“一户一宅”政策，农村村民一个家庭户只能拥有一处宅基地。一般由家庭户户主申请宅基地后建造房屋，全体家庭成员共同居住在同一房屋中。宅基地使用证登记的宅基地使用权人即为房屋的所有权人，其他家庭成员虽落户并居住在该房屋中，但并不一定对房屋享有所有权。根据《物权法》第九条第一款的规定，不动产物权的设立、变更、转让和消灭，经依法登记，发生效力；未经登记，不发生效力，但法律另有规定的除外。农村房屋所有权证载明的所有权人应当具有物权公示的效力，而农村房屋所有权证备注栏载明的家庭成员并非权属的证明。因此，农村房屋所有权人系户主及其配偶，而非全体家庭成员，谢某发、周某治将个人财产赠与陈某金、谢立冬系对个人财产的处分。因此，陈某金、谢立冬可以依法取得受赠房屋的所有权。

3. 受赠房屋项下征地拆迁相应财产权益的归属

集体土地房屋征收补偿安置协议系拆迁人与被拆迁人之间就拆迁事宜达成的合意，通常被拆迁人为房屋的所有权人，尽管实践中拆迁安置补偿的对象系被拆迁房屋所属家庭的全体人口，但本案中拆迁补偿协议的标准载明本次补偿以房屋为准，与宅基地使用权无关。本案房屋系陈某金、谢立冬共同所有的财产，因此该房屋项下征地拆迁相应财产权益应当归陈某金、谢立冬所有。

另外，因农村房屋所有权证通常仅载明户主的名字，在其他家庭成员共同出资建造的情形下，农村房屋所有权的认定存在一定的争议，在司法实践中应当根据家庭成员是否实际出资以及是否因成家、户口迁出、分户而重新获得宅基地进行判断、认定。

编写人：福建省厦门市海沧区人民法院　薛自力　谢依婷

37

权利人位于电力保护区内宅基地的权利限制

——周某德诉广州供电局有限公司、广州供电局有限公司输电管理所物权保护案

【案件基本信息】

1. 裁判书字号

广东省广州市中级人民法院（2017）粤01民终8454号民事判决书

2. 案由：物权保护纠纷

3. 当事人

原告（上诉人）：周某德

被告（被上诉人）：广州供电局有限公司（以下简称广州供电局）、广州供电局有限公司输电管理所（以下简称广州输电管理所）

【基本案情】

周某德所有的案涉房屋属于宅基地房屋，于1981年8月自建。该房屋与番良线（高压线）相邻，番良线于1985年12月14日经原广东省番禺县经济委员会、于1986年1月3日经原番禺区人民政府分别批准后架设，自投产后一直由佛山供电局负责运行维护，直至2010年9月移交被告管理。案涉房屋于2011年经鉴定为严重损坏房，建议拆除重建。在报建过程中，房屋宅基地所属××村委会向广州供电局咨询有关案涉房屋是否在高压线红线范围内的问题。广州供电局按照属地管辖原则，转由其分支机构广州输电管理所先行处理。2014年3月6日，广州输电管理所回复××村委会，称周某德的房屋位于法定电力线路保护区。2014年8月4日，××村委会向广州输电管理所发函，希望该所协助解决周某德的住房用地问题。

广州电力设计院对案涉房屋进行现场勘查并出具了报告。报告测量显示：案涉房屋与番良线边导线的最小净空距离为13.06米和14.15米，最近水平距离为7.93米和8.68米，垂直距离为11.55米和11.22米。报告结论为：案涉房屋与220千伏番良线之间安全距离大于《电力设施保护条例实施细则》和《110KV~750KV架空输电线路设计规范》《架空送电线路设计技术规程》规定的安全距离要求；屋主应在边导线（靠近房屋侧）向外延伸至少11米的范围外修建房屋。

广州输电管理所提出周某德可在距离220千伏番良线边导线向外延伸水平距离至少11米的范围外修建房屋，或者在案涉房屋原址按照原貌（房屋高度不能增加）重建房屋，并表示可以为周某德提供技术咨询和指导。被告也表示可以为周某德提供技术咨询和指导。周某德认为高压线的存在剥夺了其依法享有的在其宅基地上合法改建、扩建的权利，不同意按照原貌在原址重建。

法院先后两次组织双方当事人到现场进行勘查，勘查过程中发现除存在产权证上记载的房屋外，其旁边尚有一处无产权登记的一层房屋。周某德表示该房屋是其自行搭建的厨房，并要求拆迁补偿的范围包括现有的两座房屋及宅基地，其中宅基地面积为390.44平方米，包括房屋建基面积及屋后（靠近番良线方向）由其实际使用的土地面积。

【案件焦点】

番良线架空线路对原告的房屋和宅基地是否构成侵权，被告应否对原告的房屋和宅基地予以拆迁补偿。

【法院裁判要旨】

一审法院认为：

一、本案不构成民事上的侵权行为

1. 番良线是当时根据国民经济计划和社会需要所架设的，且经过相关主管部门的批准，在架设时符合当时的技术规范要求。故番良线的架设不存在违法性。

2. 依据《电力设施保护条例》第十条第一项和《电力设施保护条例实施细则》第五条的规定，设置架空电力线路保护区是为了保证已建架空电力线路的安全运行和保障人民生活的正常供电，防止以后在线路周围实施建房等行为而影响电力设施的安全，故设置了相对而言较大范围的保护空间。现行的《110KV～750KV架空输电线路设计规范》（GB 50545－2010）第13.0.4条规定（该条为强制性规定），220千伏的导线与建筑物之间的安全距离应符合“在最大计算弧垂情况下的最小垂直距离为6米、在最大计算风偏情况下的最小净空距离为5米”。依据测量结果，案涉房屋与220千伏番良线之间的最小垂直距离、最小净空距离均大于上述规定的距离，故番良线与案涉房屋的安全距离也符合现行的国家标准或行业标准。

3. 广州输电管理所表示可以在案涉房屋原址按照原貌重建房屋，在原告修建房屋时可提供技术咨询和指导。因此，番良线的架设也没有对原告就案涉房屋及宅基地所既有的合法权益造成损害。

二、对案涉房屋及宅基地予以拆迁补偿没有法律依据

1. 双方的争议实质上是因原告希望在其宅基地及周边空地上以拆旧建新的方式来增加房屋高度、扩大房屋面积而产生的，属于一方权利行使与另一方权利产生冲突的情形。《中华人民共和国物权法》第一百五十三条规定：“宅基地使用权的取得、行使和转让，适用土地管理法等法律和国家有关规定。”因此，对于上述权利的冲突应根据相关法律、法规进行调整。

2. 依据《中华人民共和国电力法》第五十三条和《电力设施保护条例》第十条的规定可知，电力设施保护区是由国家强制性划定的区域，原告对其在电力保护区内的案涉房屋及宅基地不得改建、加建，是法律为保护已建架空电力线路的安全

运行和保障人民生活的正常供电而对相邻权利人所作出的必要限制，而且原告能否对案涉房屋进行改建、加建涉及城市规划问题。

3. 依据《电力设施保护条例》第二十四条第一款、《电力设施保护条例实施细则》第十五条以及《广东省电力建设若干规定》第十一条第一款“架空电力线路保护区不实行征地”之规定，案涉房屋及宅基地属于电力保护区范围，不符合应予拆迁补偿的情形。综上，原告关于由被告拆迁补偿案涉房屋及宅基地损失的主张没有法律依据，不予支持。需要指出的是，原告作为××村村民，其依法享有的宅基地建房等权利应通过当地政府及其所在村民委员会予以解决。依照《中华人民共和国物权法》第七条的规定，作出如下判决：

驳回周某德的全部诉讼请求。

周某德不服一审判决，提起上诉。二审法院同意一审法院裁判意见。依照《中华人民共和国民事诉讼法》第一百七十条第一款第一项的规定，判决如下：

驳回上诉，维持原判。

【法官后语】

1. 关于本案的基本背景

电力设施属于国家的基础公共工程，对整个社会的发展具有至关重要的作用。在改革开放初期至20世纪90年代，为了开展农村扶贫工程和发展农村生产力，各级政府大力发展电力设施。同时，为了保证电力线路的安全运行和保障人民生活的正常供电，国务院在1987年9月15日制定了《电力设施保护条例》，并首次从立法上确立了“电力保护区”，明确规定了“在架空电力线路保护区内不得兴建建筑物”。此后的《电力法》以及各省市制定的电力设施保护的条例中，均明确规定架空电力线路保护区只要符合相关技术规范要求的安全距离，就不实行征收。因此，历史原因导致我国目前大量的农村自建房屋、城郊自建房屋均处在电力设施保护区内。随着人民生活水平的提高和收入的增加，面对原有房屋成为危房的问题，农村居民对原有宅基地上的房屋拆旧建新的需求日益凸显。而各地政府对宅基地房屋的建设高度、建筑面积均有相关规定，村民拆旧建新亦希望按照现有的规定而不是按照原貌建设，因此便会产生类似本案的纠纷。

2. 关于类似案件的处理思路

通过中国裁判文书网的检索发现，涉及电力线路保护区的类似案件达80多起，涉及全国21个省市，其中80%的案件是因农村宅基地房屋位于架空电力线路保护区而引发，其他20%涉及架空电力线路保护区内的林木种植、土地承包经营。通过对上述案件进一步分析发现，各地法院对此类案件虽然在“案由”的选择上存在分歧，包括财产损害赔偿纠纷、物权保护纠纷、侵权责任纠纷、排除妨害纠纷、相邻关系纠纷、消除危险纠纷，但是对于案件的处理思路却是完全一致的，均将此类案件纳入侵权行为的一般构成要件分析框架中，以过错责任原则作为归责原则，从以下三方面进行分析和作出认定：第一，电力线路架设是否经过审批，其技术规范是否符合国家规定的安全距离，即合法性问题；第二，原告对其主张造成的物质损失、身体健康损害有无证据证明，即损害事实方面；第三，法律、法规对原告的情况有无规定予以赔偿或补偿。因各地法院遵循的是过错归责原则，故一旦认定了合法性问题，原告的诉求就必然得不到支持。因电力线路的架设涉及城市规划，需要层层审批，故电力部门的手续均非常完备也符合相应的技术规范要求，因此法院在此类案件中判决原告败诉的情况居多。

3. 余思

现代社会越来越注重对个人财产权利的保护，注重对个人的产权保护。在个人利益让位于公共利益的时代，国务院在1987年立法首次确立电力保护区采取“一刀切”的规定。随着经济社会的发展，个人利益和公共利益之间的界限开始变得模糊，单纯牺牲某一个体利益来谋求部分集体、社会的公共利益的做法也不符合现代法治的潮流。基于法律适用的一般原则，在立法尚未就电力保护区内原有宅基地房屋权利人的权利行使限制作出特殊规定的情形下，现有的法律规定容易导致利益的失衡，并引发新的社会不公。为了解决公共利益对私人财产权限制的问题，欧美以及日本等地确立了“准征收”制度，以对个人无法完全行使其财产权利造成的损失给予适当补偿。我国在应对“非典”“禽流感”等重大疫情时，各地政府亦通过立法明确对私人捕杀家禽造成的经济损失作出适当补偿。因此，如何在保证公共利益的基础上，合理、妥善地解决电力保护区内原有宅基地房屋权利人的权利行使，有待于相关补偿制度的建立和相应法律法规的配套实施。

编写人：广东省广州市南沙区人民法院　何彤文　廖活年

38

农村宅基地上原有房屋的拆迁权益应由家庭成员共同享有

——王某甲诉王某乙所有权确认案

【案件基本信息】

1. 裁判书字号

河南省平顶山市中级人民法院（2017）豫04民终3454号民事裁定书

2. 案由：所有权确认纠纷

3. 当事人

原告（被上诉人）：王某甲

被告（上诉人）：王某乙

第三人：河南润叶房地产开发有限公司（以下简称润叶公司）

【基本案情】

王某甲与王某乙系同胞兄弟，其二人自幼丧父，后因母亲杨某荣嫁给王某涛，王某甲、王某乙相继与王某涛一家一起生活。双方争议的房屋位于某县人和街28号院内（以下简称人和街28号院）：北屋三间瓦房共计39.13平方米，系王某涛祖上所留，南屋两间平房共计32.55平方米，系王某乙居住期间所建。王某涛持有该房屋所有权证和集体土地建设用地使用证。2002年8月5日，王某涛、杨某荣立遗嘱一份，主要内容是：儿子王某乙整日不在家，对他们的生活不管不问；待王某涛、杨某荣去世后，人和街28号院由王某甲一人继承，别人不得干涉。某县公证处于当日对该遗嘱进行了公证。

2004年至2006年，杨某荣与王某涛相继去世。王某乙夫妇一直占有并使用争议房产。2012年10月，某县老城改造，人和街28号院在拆迁范围内。甲方润叶公司与乙方王某乙签订拆迁补偿安置协议一份，约定王某乙的宅基地总面积为327.44平方米，由甲方按照宅基地面积1∶1的比例置换安置住房。后王某乙从润叶公司处得到150平方米折迁置换住房面积的折现款共计225000元（按照每平方米1500元的标准折现），剩余177.44平方米拆迁置换住房未兑付。

2012年9月24日，王某甲以物权确认纠纷将王某乙诉至法院。后因人和街28号院的房产被拆除，王某甲遂撤回对王某乙的物权确认之诉。王某甲又于2013年11月29日将王某乙、润叶公司诉至法院，请求判令确认王某乙与润叶公司签订的上述房屋拆迁补偿安置协议无效。法院依法作出一审民事判决：拆迁补偿安置协议无效。判决后，王某乙、润叶公司均不服一审判决，提起上诉。河南省平顶山市中级人民法院作出（2014）平民三终字第654号终审民事判决：撤销一审民事判决书，认为本案争议拆迁补偿协议所涉房产有王某乙共建部分，且拆迁补偿安置协议系协议双方真实意思表示，不存在法律规定的无效情形。

2016年，王某甲再次向法院提起诉讼，请求按照遗嘱，依法确认王某甲对拆迁前的涉案房产享有继承权，并享有该房屋拆迁的一切权益。诉讼过程中，王某乙提供多个证人证实，原人和街28号房产除北屋三间瓦房是祖上遗留外，其余均由王某乙所建。其认为王某甲虽持有遗嘱，但该遗嘱中的遗嘱人把王某乙的财产予以处分，侵犯了王某乙及其妻子的财产权利，应属无效。

【案件焦点】

人和街28号院327.44平方米的拆迁补偿权益应由谁享有及如何分配。

【法院裁判要旨】

一审法院经审理认为：首先，王某乙提供的证人证言及法院生效判决可以证实人和街28号院内的南屋两间（共计32.55平方米）系王某乙建造。王某涛、杨某荣通过公证遗嘱的方式处分该南屋两间的产权，侵犯了王某乙的权益。因此，人和街28号院内的南屋两间32.55平方米所对应的拆迁补偿权益应归王某乙享有。其次，本案所涉安置协议所征收的土地性质为农村宅基地，宅基地应以户为单位，各家庭成员均对宅基地享有使用权。王某乙自幼与王某涛、杨某荣生活在一起，且某县土地管理局在1990年12月30日为王某涛颁发集体土地建设用地使用证时，王某乙也是家庭成员之一。因此，王某涛、杨某荣虽作出遗嘱，但王某乙作为人和街28号院宅基地的原始使用权人之一仍对该宅基地享有使用权。当该宅基地被征收时，相应的拆迁权益应由该宅基地的原始共同使用权人王某涛、杨某荣、王某乙平均分配。故王某乙、王某涛、杨某荣对人和街28号院土地面积254.84平方米各享有三分之一的拆迁权益份额。同时，王某甲持有王某涛、杨某荣夫妇所立遗嘱，遗嘱内容的真实意思是让王某甲一人继承王某涛、杨某荣的一切财产。因此，王某甲有权享有相关的拆迁权益。

一审法院判决：

一、王某乙于本判决生效之日起十日内返还王某甲32.55平方米拆迁置换住房面积对应的折现款48750元；

二、原人和街28号院的拆迁补偿置换建筑总面积327.44平方米中未兑付的177.44平方米相对应的权益归王某甲所有；

三、驳回王某甲的其他诉讼请求。

一审判决后，王某乙提起上诉，但由于其未及时缴纳案件受理费，二审法院裁定按撤回上诉处理。

【法官后语】

本案是一起较为典型的所有权确认纠纷案件。案件涉及《继承法》《土地管理法》《物权法》等多部法律法规，处理难度较大。由于争议房屋已经被拆迁，所有权灭失，故当事人对房屋所有权的争议就直接转化为对拆迁权益如何分配的争议。在审理过程中，针对双方争议焦点，我们认为：

1. 与父母共同居住期间一方出资加盖的房屋，拆迁权益应由出资人享有

根据我国农村的传统风俗习惯，一方出资加盖房屋的行为本身是为了整个大家庭服务，如果加盖房屋的出资人在分配权益时得不到相应的补偿，那么不仅会让出资人的权利义务失衡，也将损害整个家庭的和睦。而且，我国《物权法》和《民法总则》的立法本意，就是要充分保障公民享有对个人财产占有、使用、收益和处分的权利。结合本案，王某乙提供的证人证言可以证实，人和街28号院内的南屋两间系王某乙建造，此事实亦被生效判决书所确认，故应属于王某乙的个人财产。因此，法院依法判决认定房屋由王某乙出资加盖，相应的拆迁权益由其享有，既符合公平原则，又顺应立法的本意。

2. 农村宅基地上原有房屋的拆迁权益应由家庭成员（即使用权人）共同享有

根据我国《土地管理法》以及《河南省农村宅基地用地管理办法》的相关规

定，每户只能有一处宅基地，农村宅基地属于集体所有。农村居民对宅基地只有使用权，没有所有权。既然我国农村是以户为单位分配宅基地，那么每户中的每个家庭成员都拥有该处宅基地的使用权，也都有权在该宅基地上加盖房屋。虽然农村房屋在进行产权登记时，一般只登记户主的名字，但是事实上，该房产应为家庭共有财产。因此，在本案中，王某涛在办理土地使用证时，王某涛家的家庭成员有7口人，后有2人迁出、2人去世，剩下3人（即王某乙、王某涛、杨某荣）共同拥有该房屋的拆迁权益。因此，王某涛、杨某荣在遗嘱中将全部房产进行处分的行为侵害了王某乙的合法权益，应属部分无效。

编写人：河南省平顶山市郏县人民法院　郜凯琼

39

农村土地承包权归属的认定

——苏某笋等诉黄成乙物权保护案

【案件基本信息】

1. 裁判书字号

福建省宁德市霞浦县人民法院（2017）闽0921民初1741号民事判决书

2. 案由：物权保护纠纷

3. 当事人

原告：苏某笋、黄小满、黄小暑、黄小寒

被告：黄成乙

【基本案情】

黄成甲与黄成乙系同胞兄弟，苏某笋与黄成甲系夫妻关系，黄小满、黄小暑、黄小寒系苏某笋与黄成甲子女，均系霞浦县松城街道马洋村（以下简称马洋村）第五村民小组成员。1999年12月20日，马洋村第五村民小组与村民签订第二轮家庭承包地承包合同，黄成甲在霞浦县城关从事个体经营，黄成乙居住在马洋村从事农业劳动，黄成甲与马洋村村委签订耕地承包合同系由黄成乙代签。据马洋村村委、松城镇农村合作经济经营管理站及霞浦县档案馆保存的证号为0××6号承包证档案，黄成甲家庭的承包地坐落于松城街道墓斗村的水田面积2亩（四至为：东至黄越田，西至6组田，南至6组田，北至3组田）、罗仔的水田面积1.8亩，家庭共有人为苏某笋、黄小满、黄小暑、黄小寒，承包期限为1999年1月1日至2028年12月31日；霞浦县档案馆保存的证号为0××7号承包证档案，注明黄成乙家庭的承包地坐落于马洋村的五斗水田面积1.7亩、七斗边水田面积2.3亩，家庭成员五人。2008年11月16日黄成甲死亡，2017年5月16日苏某笋、黄小满、黄小暑、黄小寒认为其家庭承包的墓斗村水田面积2亩长期被黄成乙占有使用，已侵犯其物权，故诉至法院。

【案件焦点】

墓斗村水田面积2亩承包权归属问题。

【法院裁判要旨】

福建省宁德市霞浦县人民法院经审理认为：苏某笋、黄小满、黄小暑、黄小寒提供的0××6号承包证的证据系村、镇、县三级部门保管的档案，内容记录清楚，可以明确1999年12月20日黄成甲承包坐落于松城街道墓斗村的水田面积2亩、罗仔的水田面积1.8亩，家庭共有人有苏某笋、黄小满、黄小暑、黄小寒，承包期限自1999年1月1日起至2028年12月31日止。霞浦县档案馆保存的证号为0××7号承包证档案，注明黄成乙家庭的承包地坐落于松城街道马洋村的五斗水田面积1.7亩、七斗边水田面积2.3亩。诉讼中，黄成乙提供经涂改名字的0××6号、0××7号耕地承包合同书，认为诉争的墓斗水田属于其承包使用，但其提供的证据无法明确合同上名字的涂改系村民小组人员的行为还是其个人行为，该证据无法对抗原告方提供的书面证据，原告方主张松城街道墓斗水田的面积2亩由黄成甲家庭承包，证据充分，予以支持。黄成甲已于2008年11月16日死亡，该承包地的承包权归属苏某笋、黄小满、黄小暑、黄小寒。根据《中华人民共和国农村土地承包法》第八条“国家保护集体土地所有者的合法权益，保护承包方的土地承包经营权，任何组织和个人不得侵犯”的规定，苏某笋、黄小满、黄小暑、黄小寒作为承包方享有独立的经营权，黄成乙没有征得承包方同意擅自管理、使用，侵犯了承包方的权利，应予停止。

福建省宁德市霞浦县人民法院依照《中华人民共和国民法通则》第一百三十四条第一款第一项，《中华人民共和国农村土地承包法》第八条的规定，判决如下：

坐落于霞浦县松城街道墓斗村（四至为：东至黄越田，西至6组田，南至6组田，北至3组田）水田面积2亩的承包权归属苏某笋、黄小满、黄小暑、黄小寒（在耕地承包合同期内）；自本判决生效后，黄成乙停止使用苏某笋、黄小满、黄小暑、黄小寒承包的墓斗村水田。

【法官后语】

农村集体经济组织成员与土地的关系，取决于国家的土地制度，是决定农业发展、农村稳定和农民富裕的最基本和最重要的问题。《农村土地承包法》第三条第一款规定："国家实行农村土地承包经营制度。"《农业法》第十条第一款规定："国家实行农村土地承包经营制度，依法保障农村土地承包关系的长期稳定，保护农民对承包土地的使用权。"根据上述法律规定，农村土地承包经营，已作为国家在农村的基本经营制度被确定下来。实践证明，家庭联产承包责任制的确立和推行、土地承包经营权制度的完善和发展，使农村生产力迅速发展，农民生活得到极大改善和提高。《物权法》将土地承包经营权纳入该法调整的范围，其目的在于保障国家在农村的基本政策得到全面的贯彻落实，进一步规范和调整农村土地承包关系，给土地承包经营权以物权保护，从而保障和促进农业发展、农村稳定和农民增收。

以"户"为单位取得的土地承包经营权，在该户的户主或者其他成员死亡后，若该户仍有成员，则该户不丧失土地承包经营权，该户的其他人员持续享有承包经营权。本案涉及农村土地承包经营权权利主体的认定问题。《农村土地承包法》第十六条以及《最高人民法院关于审理涉及农村土地承包纠纷案件适用法律问题的解释》第三条第二款规定，家庭承包的承包方是本集体经济组织的农户。通说认为"户"是指农户整个家庭，而不是指其中某一个家庭成员。将承包土地的用益物权从"户"分离，人为地由该户内的某个成员分别享有或者按份享有的观念，有悖于法律规定。因此，当家庭中某个成员死亡后，作为承包方的"户"还存在，此时该户内的其他人员都是承包经营权人，应当持续经营。

结合本案，黄成甲已于2008年11月16日死亡，该户承包地的承包权归属苏某笋、黄小满、黄小暑、黄小寒。根据《农村土地承包法》第八条“国家保护集体土地所有者的合法权益，保护承包方的土地承包经营权，任何组织和个人不得侵犯”的规定，苏某笋、黄小满、黄小暑、黄小寒作为承包方享有独立的经营权，黄成乙没有征得承包方同意擅自管理、使用争议土地，侵犯了承包方的权利，应予停止。

编写人：福建省宁德市霞浦县人民法院　王莹

40

未备案登记的集体土地建设用地使用证的效力认定

——孙某庚诉王某富返还原物案

【案件基本信息】

1. 裁判书字号

北京市第一中级人民法院（2017）京01民终9693号民事裁定书

2. 案由：返还原物纠纷

3. 当事人

原告（上诉人）：孙某庚

被告（被上诉人）：王某富

第三人（上诉人）：曹某

【基本案情】

孙某庚系城镇居民，其自述于1995年以5万余元的价格从七间房村委会购得一处宅基地，即涉案宅基地，1995年1月，北京市昌平区政府就涉案地块向其颁发《集体土地建设用地使用证》，后自己长期未在涉案宅基地上居住，2009年7月左右，发现王某富拆除涉案宅基地上原有围墙并建房，后要求王某富返还涉案宅基地，双方沟通无果。2017年5月，孙某庚诉至法院，请求判令王某富立即归还涉案宅基地，并拆除涉案宅基地上的建筑物，恢复原状。

庭审中，曹某向法院提交一份协议书，载明“关于孙某庚在昌平区南口镇七间房村的宅基地和曾某在昌平区南口镇七间房村的宅基地土地使用权相互交换使用事宜（曹某的宅基地土地证现由雷某某持有使用）。经过双方多次友好协商，一致同意双方宅基地土地使用权相互交换使用，即雷某某在孙某庚的宅基地土地证所规划的区域内按规定建房，孙某庚在曾某宅基地土地证所规划的区域内按规定建房。本协议一式两份，双方各执一份，双方签字盖章生效。协议后有孙某庚及雷某某签字，二〇〇九年八月十五日”，曹某以涉案宅基地上的房屋系己方委托雷某某之夫王某富所盖为由，请求作为第三人参加诉讼，要求确认其对诉争宅基地享有使用权。

在本案审理过程中，法院工作人员于2017年7月31日前去北京市国土资源局昌平分局不动产登记中心核查涉案土地使用权证，经查询无该权证登记备案信息，该局工作人员告知可去当地镇政府查询核实。当日法院工作人员又前去北京市昌平区南口镇政府城建科核实查询，经查询，亦无该使用权证的相关登记备案及翻建房屋审批信息。

【案件焦点】

在土地登记机构未进行备案登记的集体土地建设用地使用证的效力如何认定。

【法院裁判要旨】

北京市昌平区人民法院经审理认为，《中华人民共和国土地管理法》第十六条第一款规定：“土地所有权和使用权争议，由当事人协商解决；协商不成的，由人民政府处理。”孙某庚为证明其对涉案宅基地享有使用权，向法院提交了《集体土地建设用地使用证》，但经法院去土地管理相关部门调查核实，无涉案地块的登记备案信息，亦无涉案地块上房屋翻建审批信息，且就涉案地块原、被告及第三人均主张各自具有使用权，其纠纷为土地权属纠纷，故本案不属于人民法院受理民事诉讼的范围，双方应寻求土地管理部门解决。北京市昌平区人民法院依照《中华人民共和国土地管理法》第十六条第一款，《中华人民共和国物权法》第六条，《中华人民共和国民事诉讼法》第一百一十九条第一款第四项、第一百二十四条第三款、第一百四十四条之规定，作出如下裁定：

驳回孙某庚的起诉。

孙某庚、曹某不服一审裁定，提起上诉。北京市第一中级人民法院经审理认为：首先，根据《中华人民共和国物权法》第十六条、第十七条的规定，不动产登记簿才是物权归属和内容的根据，当不动产权属证书记载的事项与不动产登记簿不一致时，除有证据证明不动产登记簿确有错误外，应当以不动产登记簿为准。孙某庚所持有的《集体土地建设用地使用证》并未在土地登记机构进行备案登记。因此，仅凭该不动产权属证书，不能确认孙某庚对其诉称的宅基地享有合法的使用权。换言之，孙某庚仅依据上述书证，不足以证明其是与本案有直接利害关系的公民。据此，一审法院裁定驳回孙某庚的起诉并无不当。其次，曹某提交的所谓宅基地互换《协议书》仅属于债权凭证，而非上述法律所规定的物权凭证。据此，曹某关于其对诉争宅基地享有使用权的上诉理由，法院不予采信，其上诉请求不能成立。北京市第一中级人民法院依照《中华人民共和国民事诉讼法》第一百七十条第一款第一项、第一百七十一条的规定，作出如下裁定：

驳回上诉，维持原裁定。

【法官后语】

本案需要探讨三个方面的问题，即未在土地登记机构进行备案登记的集体土地建设用地使用证是否有效、宅基地互换协议是否有效以及王某富在涉案宅基地上的盖房行为效力如何认定。首先，关于未在土地登记机构进行备案登记的集体土地建设用地使用证是否有效是本案的处理重点和难点。《物权法》第九条第一款规定，不动产物权的设立、变更、转让和消灭，经依法登记，发生效力；未经登记，不发生效力，但法律另有规定的除外。我国不动产物权采取登记生效原则，登记是物权公示公信原则的必然要求，实践中在保护因信赖物权登记而取得不动产的善意第三人方面具有重要作用。宅基地使用权作为不动产用益物权的一种，使用权人取得权利时也必须由不动产所在地的登记机构进行备案登记，并发给使用权人不动产权属证书即集体土地建设用地使用证。根据《物权法》第十六条第一款、第十七条的规定，不动产登记簿才是物权归属和内容的根据，当不动产权属证书记载的事项与不动产登记簿不一致时，除有证据证明不动产登记簿确有错误外，应当以不动产登记簿为准。具体到本案，孙某庚所持“昌集建（95 宅地）字第 28 - 08 - 0417 号”《集体土地建设用地使用证》经法院调查核实并未在土地登记机构进行备案登记。因此，仅凭该不动产权属证书，不能确认孙某庚对其诉称的宅基地享有合法的使用权，换言之，孙某庚仅依据上述书证，不足以证明其是与本案有直接利害关系的公民，故未在土地登记机构进行备案登记的集体土地建设用地使用证的效力无法得到法律的认可，法院不能采信。其次，关于曹某向法院提交的宅基地互换《协议书》是否有效。因该协议属于债权凭证，而非《物权法》所规定的物权凭证，其效力如何需要区别对待。《土地管理法》第六十三条规定："农民集体所有的土地的使用权不得出让、转让或者出租用于非农建设……"农村宅基地使用权具有很强的村民身份性，其流转受到严格的限制，一般来说，同集体经济组织成员之间宅基地使用权流转，并没有损害集体经济组织的权益，可以认定有效；而非同一集体经济组织成员之间宅基地使用权的流转应该是受到限制的，故上述互换宅基地使用权协议在目前是受到法律否定的，另外，宅基地使用权的变更属于物权变动，应当到土地管理部门办理相关变更登记手续才能发生法律效力。本案中，孙某庚与曹某均为城镇居民，其购买宅基地的行为效力一般情况下是受到法律否定的，双方基于此购买行为签订的宅基地互换协议也无法获得法律的认可，曹某据此要求确认其对诉争宅基地享有使用权的诉求也无法得到支持。最后，关于王某富在涉案宅基地上的盖房行为效力如何认定。《物权法》第一百五十二条规定，宅基地使用权人依法对集体所有的土地享有占有和使用的权利，有权依法利用该土地建造住宅及其附属设施。王某富未能证明其依法取得了对涉案宅基地的使用权，故其在涉案宅基地上的盖房行为是不受法律保护的。综上，双方当事人因涉案宅基地使用权产生的纠纷属于土地权属纠纷，应寻求土地管理部门先行解决，故法院裁定驳回孙某庚的起诉是正确的。

由于历史的种种原因，我国农村宅基地地籍管理比较混乱，没有形成一个清晰的农村宅基地地籍信息管理系统，加上以前宅基地使用权证发放不规范，有的由当地县级政府发放，有的由国土局进行发放，还有的由国土管理部门委托当地镇政府或村委会进行发放，产生了不少历史遗留问题，也造成权属登记信息不明确，当发生有关宅基地纠纷的诉讼时，给法院的审理带来了难度。2016年12月16日，原国土资源部发布了《关于进一步加快宅基地和集体建设用地确权登记发证有关问题的通知》，为解决农村宅基地的管理混乱问题提供了指引，期冀国家有关部门加快推进农村宅基地的统一确权登记颁证工作，为整治农村宅基地登记管理工作的乱象提供法治保障。

编写人：北京市昌平区人民法院　陈振祥

三、担保物权纠纷

41

抵押人对已抵押的日常经营动产不具有自由处分权的应认定为动产抵押

——陈某益诉曾某、四川国庄进出口有限公司民间借贷案

【案件基本信息】

1. 裁判书字号

四川省成都市锦江区人民法院（2016）川0104民初990号民事判决书

2. 案由：民间借贷纠纷

3. 当事人

原告：陈某益

被告：曾某、四川国庄进出口有限公司（以下简称国庄公司）

第三人：杜某民

【基本案情】

2014年10月15日，陈某益的妻子罗某燕给曾某转款40万元，2014年10月31日，杜某民受陈某益的委托向曾某转款60万元。2014年11月15日，陈某益与曾某签订《还款协议书》，载明：曾某向陈某益借款100万元。因曾某还款困难，双方商定达成以下协议：一、100万元借款于2015年1月15日之前还清。曾某用成都恒汇通贸易有限公司（以下简称恒汇通）与国庄公司签订的仓库库存红葡萄酒作为抵押担保，以清单为准，不足部分由曾某和国庄公司补足，直到还清借款和经

济损失为止。由于其库房是物流代管，曾某出货需陈某益在该物流库备案签字同意方可出货，每次出货曾某按销售货款70%交给陈某益用于归还借款。二、曾某同意于2014年10月15日起每月补偿陈某益经济损失7万元，首月补偿于2014年10月21日支付给陈某益。三、曾某若不能在2015年1月15日之前还清借款，陈某益有权处理国庄公司（其法定代表人系曾某）所有资产归还陈某益借款，并承担因此造成的所有经济损失和法律责任。陈某益、曾某、国庄公司均签字盖章。2014年11月17日，国庄公司给恒汇通仓储部发出《关于出货单签字通知》和《委托函》，确定2014年11月17日至2015年1月15日需由陈某益、曾某签字同意方可发货。2015年2月12日，国庄公司同意陈某益将存于恒汇通仓储部21万元的红葡萄酒运走。2015年11月25日，国庄公司将存于恒汇通仓储部的货物（凯富亨利干红葡萄酒共791件、澳洲凯富NO.1限量版干红葡萄酒共301件、西班牙四季田园干红葡萄酒共182件）办理了出库手续。2016年2月1日，陈某益向成都市武侯区人民法院提起了诉前财产保全。2016年2月14日，成都市武侯区人民法院对国庄公司所有的规格为澳洲凯富NO.1限量版干红葡萄酒、凯富亨利干红葡萄酒予以查封。2016年2月23日，陈某益起诉要求曾某、国庄公司归还借款并承担损失，对国庄公司的红酒享有抵押优先受偿权。

【案件焦点】

国庄公司所提供的存于恒汇通仓储部的红葡萄酒被转移后又被法院查封，所查封的红葡萄酒属于动产抵押范围的物品还是浮动抵押的物品。

【法院裁判要旨】

四川省成都市锦江区人民法院经审理认为：陈某益是否对成都市武侯区人民法院查封的红酒拍卖、变卖所得款项享有优先受偿权，首先应认定陈某益与国庄公司签订的抵押担保合同是否成立有效、该抵押关系是动产抵押还是浮动抵押。根据2014年11月15日陈某益与曾某签订的《还款协议书》，能认定国庄公司书面以公司所有的红葡萄酒抵押给陈某益，该抵押物不违反法律禁止性规定，双方抵押合同关系依法成立，并对双方具有约束力。根据《中华人民共和国物权法》第一百八十一条的规定，浮动抵押的标的物仅限于企业、个体工商户、农业生产经营者现有以及将有的生产设备、原材料、半成品、产品等动产，因此在我国浮动抵押就是指动产浮动抵押，浮动抵押设定后的最大特点是不影响抵押人的正常生产经营活动，抵押人继续享有自由处分抵押财产的权利，从而使其设定抵押的财产具有浮动性，只有当事人约定的或者法律规定的事由发生后才能最终确定。我国浮动抵押具有抵押标的物为特定动产、抵押人对抵押物可自由处分、抵押标的物具有浮动性等特征，而浮动抵押与动产抵押最本质的区别是抵押人对抵押物是否可以自由处分。国庄公司给恒汇通仓储部发出《关于出货单签字通知》和《委托函》，明确发货需由陈某益、曾某签字同意，故本案所涉红葡萄酒不符合浮动抵押的根本特征。曾某的该批红葡萄酒属于浮动抵押，现仓库已无红葡萄酒不应承担抵押责任的辩称理由不能成立。

四川省成都市锦江区人民法院依照《中华人民共和国合同法》《中华人民共和国担保法》《中华人民共和国民事诉讼法》《最高人民法院关于审理民间借贷案件适用法律若干问题的规定》《最高人民法院关于民事诉讼证据的若干规定》的相关规定，作出如下判决：

一、曾某应向陈某益偿还借款892000元，并支付资金占用利息；

二、陈某益对成都市武侯区人民法院查封的国庄公司红葡萄酒的拍卖、变卖所得款项享有优先受偿权；

三、驳回陈某益的其他诉讼请求。

【法官后语】

本案处理重点主要在于如何透过表面现象，正确把握动产抵押与浮动抵押的区别，从而认定权利人陈某益对法院查封的红葡萄酒的拍卖、变卖所得款项是否享有优先受偿权。

1. 从法理上看，法院查封的红葡萄酒上设定的应是动产抵押

我国《物权法》第一百八十一条规定，经当事人书面协议，企业、个体工商户、农业生产经营者可以将现有的以及将有的生产设备、原材料、半成品、产品抵押，债务人不履行到期债务或者发生当事人约定的实现抵押权的情形，债权人有权就实现抵押权时的动产优先受偿。从此条规定可以看出，浮动抵押具有以下四个特点：一是抵押标的物为特定动产，即只限于企业、个体工商户、农业生产经营者现有和将有的动产，而且将其严格限定为生产设备、原材料、半成品、产品。二是抵

押人对抵押物可自由处分。抵押人的抵押物能够自由流通，充分发挥物尽其用的功能，这是法律设定浮动抵押的精髓，也是浮动抵押具有其他特征的前提和基础。三是抵押标的物具有浮动性。抵押标的物的浮动性是相对于动产抵押标的物的固定性、特定性而言的。浮动抵押权在存续期间存在于设定抵押的不断变化的整体财产上，而不是固定在某一特定的财产上。四是抵押性质具有可转化性。浮动抵押的可转化性是指浮动抵押在特定事件发生时，抵押权人为了维护自身的权益，确保债权人的债权实现，使浮动抵押的标的物不再继续流动，进而使抵押财产范围得以最终确定，从而使浮动抵押转化为固定抵押。

结合本案的案情看，国庄公司所提供的抵押担保物红葡萄酒，不因国庄公司的经营活动而发生物质形态的变化。虽然在抵押期间，担保物红葡萄酒数量会发生变化，从这点上看似乎具有浮动抵押的表象，但是双方的协议明确约定，担保物红葡萄酒出库需经陈某益与曾某签字同意，即抵押人国庄公司对抵押物红葡萄酒不具有自由处分权。因此，国庄公司存于恒汇通仓储部被转移又被法院查封的红葡萄酒应属于抵押财产范围。

2. 从保护债权人的合法权益角度看，法院查封的红葡萄酒上设定的也应是动产抵押

在借款到期后，曾某利用与陈某益多次协商的机会，拖延还款，并利用《关于出货单签字通知》和《委托函》所约定的时间，单方缴纳保管费后，将存于恒汇通仓储部的红葡萄酒进行了转移，欲以此证明涉案抵押为浮动抵押，目的在于规避债务。现曾某、国庄公司已无其他可供财产偿还陈某益借款，如果认定存于恒汇通仓储部的红葡萄酒为浮动抵押物，则有违双方关于抵押设定的真意，并使曾某、国庄公司达到规避债务的目的。

编写人：四川省成都市锦江区人民法院　姜琦

42

认定抵押权善意取得可类推适用所有权善意取得规定

——胡某礼诉樊某俭、瞿某华抵押权案

【案件基本信息】

1. 裁判书字号

上海市第一中级人民法院（2017）沪01民终7298号民事判决书

2. 案由：抵押权纠纷

3. 当事人

原告（被上诉人）：胡某礼

被告（上诉人）：瞿某华

被告：樊某俭

【基本案情】

系争房屋原系胡某礼名下房产。2004年12月13日，胡某礼与边某签订房地产买卖合同。后边某成为系争房屋的产权人，但该房屋产权证由胡某礼保管，房屋仍由胡某礼居住。同时，边某将银行向其发放的购房贷款66.5万元交与胡某礼，由胡某礼按月向银行还款。

2011年4月，边某通过挂失的方式补办了系争房屋房地产权证。2011年9月16日、11月17日，边某与案外人顾某志先后签订房地产借款抵押合同，分别约定边某借款130万元、70万元。2011年11月21日、22日，系争房屋上先后设立了该130万元、70万元的抵押权。其间，边某出具委托书，委托顾某志办理系争房屋出售事宜。

2012年3月，胡某礼将边某诉至法院，要求确认双方签订的房地产买卖合同无效，确认系争房屋产权归胡某礼所有。2012年11月7日，经一、二审审理，法院判决认定胡某礼与边某为套取银行贷款虚假买卖，就系争房屋签订的房地产买卖合

同无效，边某在涤除系争房屋项下的抵押权后，该房屋产权归胡某礼所有。

2013年10月，边某与案外人唐某芹签订《房地产借款抵押合同》，约定借款300万元，借款期限为2013年10月21日至2013年11月20日。11月21日，唐某芹、边某向房地产交易中心申请办理抵押登记，同月25日该抵押被核准登记。边某称未收到唐某芹款项，是配合顾某志操作的，具体情况不清楚；樊某俭称，当时为了防止边某在抵押注销后不将房屋过户给其，转而出售他人，故做了借款抵押，是否有借款不清楚。

2013年10月22日，边某、樊某俭签订房地产买卖合同，约定边某以300万元的价格将系争房屋出售给樊某俭。10月22日、28日，樊某俭通过银行转账分别支付边某150万元、100万元。10月29日，樊某俭又支付边某459225.41元、10774.59元，共计47万元。

2013年10月31日，向边某发放贷款的银行以贷款还清为由申请注销其设定于系争房屋上的抵押。

2013年11月4日，边某、樊某俭向房地产交易中心申请合并办理抵押权注销登记和房地产转移登记。同日，顾某志、唐某芹以贷款债务已履行为由申请注销设定于系争房屋上的130万元、70万元及300万元的抵押。同日，边某、樊某俭向房地产交易中心申请办理变更登记手续。同日，边某出具收条，确认收到樊某俭系争房屋买卖全款300万元。

2013年11月11日，樊某俭被核准为系争房屋产权人。次日，樊某俭领取了房地产权证。同月13日，樊某俭与瞿某华签订《房地产借款抵押合同》，约定樊某俭向瞿某华借款300万元，债务履行期限自2013年11月13日起至2014年5月12日止，利率1分，樊某俭以系争房屋作抵押。同日二人向房地产交易中心申请办理房地产抵押登记。同月15日，该抵押权被核准登记。

2013年11月20日，樊某俭带人强行进入系争房屋，并与胡某礼发生冲突，双方报警。后系争房屋由樊某俭占有至今。

2013年11月22日，樊某俭将系争房屋挂牌出售，挂牌价360万元。同日，胡某礼起诉，要求判令樊某俭与边某签订的买卖合同无效并将权属恢复原状，同时要求保全系争房屋。一审法院于同月26日冻结、查封了系争房屋。2014年8月4日，一审法院判决驳回胡某礼的请求。二审将该案发回重审。一审法院重新审理，樊某俭称当时买房自有资金50万元，另向瞿某华借了300万元，瞿某华有400多万元在唐某芹那里，瞿某华同意借钱了，唐某芹就按照其付房款的情况，当天或前一天划账给其。借款时未签抵押合同，说好等房产证出来再抵押。案经一、二审法院审理，认为樊某俭的解释不足以消除对其购买系争房屋时所持主观恶意的合理怀疑，其非善意第三人，故判决樊某俭、边某签订的买卖合同及补充协议无效。

之后，A法院出具民事调解书，载明：原告瞿某华，济宁威德设备安装有限公司职工，住该公司宿舍；被告樊某俭。2013年11月13日，双方签订借款合同，约定樊某俭向瞿某华借款300万元，借款利息为月息1分，借款期限为2013年11月13日至2014年5月12日，同日双方签订房地产借款抵押合同，约定樊某俭将系争房屋为上述借款抵押担保。后瞿某华通过银行转账向樊某俭支付出借资金280万元，以现金形式支付出借资金17万元。上述借款到期后樊某俭于2015年5月向瞿某华支付借款利息50万元，借款本金至今未还。本案审理过程中，双方自愿达成如下协议：樊某俭偿还瞿某华借款本息共计3125600元，于2016年4月17日前一次性履行。

胡某礼起诉请求撤销系争房屋上的瞿某华为抵押权人的抵押登记。

【案件焦点】

瞿某华是否为善意的抵押权人，对其抵押权是否应予以保护。

【法院裁判要旨】

上海市徐汇区人民法院经审理认为：其一，长期以来，樊某俭、瞿某华、唐某芹等人一直活跃于民间借贷行业中，相互间有紧密的配合和联系，如唐某芹出借资金给仇某杰，作为担保，仇某杰同时公证委托瞿某华全权负责出售其房屋、代收房款；瞿某华出借资金给袁某林，作为担保，袁某林同时公证委托樊某俭出售房屋、代收房款；且在一系列诉讼中，樊某俭、瞿某华、唐某芹聘请的代理律师也都出自同两个律师事务所。在本案中，樊某俭购买登记在边某名下实属胡某礼的系争房屋，先是由唐某芹办理抵押权登记，樊某俭支付的购房款也来自唐某芹（樊某俭自认），在樊某俭成为系争房屋产权人后，瞿某华又立即在其上设立了抵押登记，且有关系争房屋的诉讼上述两律所的律师又先后代理樊某俭应诉。结合前述他案情况和本案相关事实，有充分理由怀疑樊某俭、瞿某华等人在涉案纠纷中是一个利益共同体，因此生效判决认定对樊某俭主观恶意的怀疑同样应及于瞿某华。其二，就本案争议的抵押借款的出借时间，樊某俭陈述前后矛盾。樊某俭在前案一、二审中一再陈述自筹50万元并向瞿某华借款300万元（实际由唐某芹付款）向边某购买了系争房屋，借款在先，抵押登记在后；本案中却称抵押登记在先，其后瞿某华分三次直接转账。虽然樊某俭提供了汇款凭证复印件佐证，但是基于两人之间的特殊关系，该三笔汇款是否是涉案的抵押借款无法查实，为此，法院要求樊某俭提供相关账户的进出明细以供核实真实情况，遭拒，由此带来的不利法律后果应由其自负。其三，瞿某华作为借款方，却没有审慎核查抵押物的状况，有违常理。法院于2013年11月26日即查封了系争房屋，樊某俭在本案中所称瞿某华的三次汇款时间（2013年12月16日、2013年12月27日、2014年2月18日）均在此日期之后，尤其是第三次汇款时距司法查封已近三个月，瞿某华应当知晓系争房屋已被法院查封，却仍继续汇款出借资金，于理不合；且瞿某华经法院多次电话联系拒不到庭陈述相关事实，也不提供相关证据，应视为自行放弃诉讼权利，由此产生的不利法律后果应由其负担。其四，瞿某华户籍地、居住地均为上海市，樊某俭居住于上海市，借款合同、抵押合同均签订、履行于上海，与A地没有任何关联，但双方配合到A地法院签署了调解协议，该案更增添了对二人在涉案纠纷中是利益共同体的怀疑。综上所述，难以认定瞿某华是善意的抵押权人，瞿某华不符合物权法有关善意取得的适用条件，因此胡某礼要求撤销系争房屋上瞿某华的抵押权登记，予以支持。

依照《中华人民共和国物权法》第一百零六条、《中华人民共和国民事诉讼法》第一百四十四条的规定，判决：

撤销系争房屋上的瞿某华为抵押权人的抵押登记。

瞿某华不服一审判决，提起上诉。上海市第一中级人民法院经审理认为：无处分权人将不动产转让给受让人的，所有权人有权追回。一审法院已在查明事实的基础上就其判决的依据及理由作了充分详尽的析理阐述，本院予以认同。一审判决认定事实清楚，适用法律正确，应予维持。依照《中华人民共和国民事诉讼法》第一百七十条第一款第一项的规定，判决如下：

驳回上诉，维持原判。

【法官后语】

《物权法》规定了善意取得的构成要件：受让人受让时是善意的，以合理价格转让，应当登记的已经登记、不需要登记的已经交付。《最高人民法院关于适用〈中华人民共和国物权法〉若干问题的解释（一）》规定了“善意”的认定标准及审查要素。审查抵押权人是否构成善意取得，应参照上述规定。因形成争议诉至法院，该抵押权必已取得登记，故应重点分析另外两个要件。

第一，“善意”的认定。《最高人民法院关于适用〈中华人民共和国物权法〉若干问题的解释（一）》规定：受让人受让不动产或动产时，不知道转让人无处分权，且无重大过失的，应当认定受让人为善意。以房屋抵押为例，“善意”即受让人受让时不知道且不应当知道房屋的真实权利归属，受让人不具有善意的举证责任在真实权利人。法院应注意审查借贷双方的身份及相互关系、债权人（抵押权人）是否对房屋权利状况进行审慎审查；认定抵押权人是否善意的时间截至抵押权设立时，但借贷双方存在紧密关系的，该时间限制应放宽至实际出借款项时。

第二，抵押权善意取得不以支付对价为要件，但必须存在有效的债权合同。抵押合同为无偿合同，抵押权的取得不需支付对价。但抵押合同为从合同，抵押权存续的前提是存在或将要存在债权债务关系。在主债权债务关系中，若债权人未支付对价，则主债权未成立，抵押权应不成立；若债务人已全部履行债务，则主债权消灭，抵押权归于消灭。审查主债权债务关系的对价因素，需从借款人借款理由、债权人资金来源、支付凭证及付款后资金流向、出借款项与借款人所述用途及付款时间、数额是否相符等方面展开，这也能从侧面印证债权人善意与否。

编写人：上海市徐汇区人民法院　刘兴

43

出质人在担保债务未清偿完毕前能否要求返还原物

——郑某甲诉陈某献返还原物案

【案件基本信息】

1. 裁判书字号

福建省厦门市中级人民法院（2017）闽02民终722号民事判决书

2. 案由：返还原物纠纷

3. 当事人

原告（上诉人）：郑某甲

被告（被上诉人）：陈某献

第三人：郑乙

【基本案情】

2014年5月23日，郑某甲购买雷克萨斯小轿车一辆，后未上牌。2014年6月30日，郑某甲向陈某献借款50万元，出具借条交由陈某献收执，该借款由郑乙担保。借款时，郑某甲提供两辆车作为担保，其中一辆是凯迪拉克汽车，另一辆即上述雷克萨斯汽车。2014年8月29日，郑某甲通过转账向陈某献还款30万元，陈某献返还了凯迪拉克汽车。同日，郑乙向陈某献借款70万元，郑乙出具借条一份交陈某献收执，该借款由张某萍提供担保。2014年10月31日，郑某甲通过转账向陈某献还款20万元。2014年12月24日，张某萍向人民法院提起诉讼，要求郑乙、吴某颖归还借款本金80万元及利息。郑乙与吴某颖原是夫妻关系，双方于2014年4月2日离婚。法院于2015年9月20日作出（2015）湖民初字第150号判决，判决："一、郑乙于判决生效之日起十日内偿还张某萍借款80万元并支付利息；二、驳回张某萍其他诉求。"郑乙在该案中答辩称："堂弟郑某甲也因向陈某献借钱还清之后而受到了牵连，被陈某献以我还有70万元未还为由，扣押了一辆全新的雷克萨斯轿车一直至今。”该案开庭审理中，郑乙举示了《车辆抵押承诺》，证明对象是郑乙向陈某献借款70万元归还张某萍；吴某颖对车辆抵押承诺真实性无异议。郑乙在本案开庭审理中对其上述举证称，其并没有承认车辆抵押的事实，是为了证明其向陈某献借款70万元。目前，陈某献持有《车辆抵押承诺》原件，记载：郑某甲现有雷克萨斯小轿车一辆。因本人堂姐郑乙拖欠陈某献70万元，故本人自愿将上述车辆质押给陈某献作为郑乙还款保证。待郑乙将全部借款及利息还清为止，本人方可取回车辆（附：上述车辆发票原件、合格证书等相关手续原件均自愿交付给陈某献）。双方均确认质押人“郑某甲”是郑某甲本人书写，其余字迹并非郑某甲书写。

目前讼争车辆登记在陈某献名下。郑某甲诉求如下：陈某献返还其扣押的雷克萨斯车辆一部并过户至郑某甲名下，办理过户手续费用由陈某献承担；陈某献支付占用费自2014年11月1日起按每月1万元计至实际返还车辆并办理车辆过户登记手续之日止。

双方当事人对《车辆抵押承诺》的来源有争议，分别陈述如下：郑某甲陈述其在向陈某献借款50万元时，同时交给陈某献一份郑某甲签名的身份证复印件。2014年10月31日，郑某甲与陈某献约好在某茶叶店还款，并说好还款之后陈某献返还雷克萨斯车辆，但陈某献未按照约定返还车辆。《车辆抵押承诺》是陈某献私自在郑某甲交付的身份证复印件添加文字形成。陈某献陈述：2014年8月29日郑乙向陈某献借款，在场的有郑乙、张某萍，陈某献提出让郑某甲提供担保，郑乙打电话给郑某甲，郑某甲说过后补签担保。之后几天，郑乙、郑某甲及其朋友来到某茶叶店，由郑某甲朋友书写，郑某甲签名出具《车辆抵押承诺》。

【案件焦点】

涉案《车辆抵押承诺》的真实性。

【法院裁判要旨】

福建省厦门市同安区人民法院经审理认为：涉案《车辆抵押承诺》上“郑某甲”系郑某甲本人签具，郑乙亦在法院举示《车辆抵押承诺》作为其向陈某献借款的证据，郑某甲没有证据证明《车辆抵押承诺》是虚假的、伪造的，应当承担举证不能的后果。郑乙陈述其在法院举示《车辆抵押承诺》是为了证明向陈某献借款

70万元的事实，并不认可《车辆抵押承诺》的真实性，该陈述与郑乙在法院答辩、庭审的说法不一致，不予采信。郑乙向陈某献借款70万元，郑某甲用讼争车辆为郑乙提供担保，车辆质押于陈某献处。因此，郑某甲主张陈某献返还车辆并赔偿占用费损失，缺乏事实和法律依据，应当驳回。根据《中华人民共和国民事诉讼法》第六十四条第一款之规定，判决如下：

驳回郑某甲的全部诉讼请求。

郑某甲不服一审判决，提起上诉。福建省厦门市中级人民法院经审理认为：根据查明的事实，涉案《车辆抵押承诺》上郑某甲的签字系其本人所写，而且郑乙在另案中将该承诺作为证据提交以证明其向陈某献借款70万元的事实，其辩称不认可该承诺的真实性，不能成立。郑乙既然将其作为证据提交，就表示其认可其真实性。如果该承诺不属实，则不能证明其向陈某献借款的事实。郑某甲虽对该承诺的真实性不予认可，但未提供充分的反驳证据。结合郑乙和郑某甲均曾向陈某献借款，郑乙与郑某甲系堂姐弟关系的事实，一审法院认定涉案《车辆抵押承诺》系郑某甲的真实意思表示，并无不当。

综上所述，郑某甲的上诉请求不能成立，应予驳回；一审判决认定事实清楚，适用法律正确，应予维持。依照《中华人民共和国民事诉讼法》第六十四条第一款、第一百七十条第一款第一项的规定，判决如下：

驳回上诉，维持原判。

【法官后语】

本案的关键点在于认定《车辆抵押承诺》是否是真实的，郑某甲是否将其雷克萨斯小轿车为郑乙拖欠陈某献借款70万元担保质押给陈某献。郑乙在法庭上陈述郑某甲跟其借款事实没有关系，其并不曾将雷克萨斯小轿车为郑乙拖欠陈某献借款70万元担保质押给陈某献。郑乙陈述其在法院举示《车辆抵押承诺》是为了证明向陈某献借款70万元的事实，并不认可《车辆抵押承诺》的真实性，该陈述与郑乙在法院答辩、庭审的说法不一致，不予采信。这一点主要体现了"禁反言"原则在民事诉讼中的运用。

禁反言，从字面上理解就是禁止违反先前的言论。在法律原则上它指人们在进行民事活动、民事诉讼等行为时，在表示出相应的言词后，要对自己的言词负责，不得为自己的利益而作出否定先前言词的言论。

我国法律及司法解释中并无“禁反言”的称谓和明确概念，其内容主要体现于一些民商实体法及司法解释的某些具体条文中，也体现于民商实体法的基本原则中。它还体现在与民事诉讼相关的司法解释及审判实践中。《最高人民法院关于民事诉讼证据的若干规定》第八条第四款规定：“当事人在法庭辩论终结前撤回承认并经对方当事人同意，或者有充分证据证明其承认行为是在受胁迫或者重大误解情况下作出且与事实不符的，不能免除对方当事人的举证责任。”对此条款的含义可以这样理解：在一般情况下，当事人在法庭辩论终结前撤回承认但未经对方当事人同意，或者没有充分证据证明其承认行为是在受胁迫或者重大误解情况下作出的且与事实不符的，应确认其承认行为的有效性，可以免除对方当事人的举证责任。

由此，民事诉讼中的禁反言规则是指民事诉讼的当事人在适当的场合对对方提出的不利于自己的事实或证据进行承认后，不得随意撤销或者主张与承认事实相反的事实的一项规则。这里的当事人的承认也称为自认。禁反言规则体现了诚信原则，即当事人在作出承认这种处分行为后，应当对自己的行为负责；当事人作出自认后不能出尔反尔，擅自推翻自己承认的事实，避免由此在审理中产生混乱。它还体现了节省司法资源、提高司法效率原则的要求。

根据《最高人民法院关于适用〈中华人民共和国担保法〉若干问题的解释》第九十五条“债务履行期届满质权人未受清偿的，质权人可以继续留置质物，并以质物的全部行使权利。出质人清偿所担保的债权后，质权人应当返还质物。债务履行期届满，出质人请求质权人及时行使权利，而质权人怠于行使权利致使质物价格下跌的，由此造成的损失，质权人应当承担赔偿责任”的规定，质权存续期间，质权人可就质物的全部行使权利。出质人在担保债务未清偿完毕之前，不得要求返还质物。因此，本案中，郑某甲无权要求陈某献返还案涉雷克萨斯车辆。

编写人：福建省厦门市同安区人民法院　廖颖建

44

暂押车辆丢失车主能否要求债权人赔偿

——陈某荣诉无锡一恒金融信息服务有限公司返还原物案

【案件基本信息】

1. 裁判书字号

江苏省无锡市中级人民法院（2017）苏02民终4013号民事判决书

2. 案由：返还原物纠纷

3. 当事人

原告（被上诉人）：陈某荣

被告（上诉人）：无锡一恒金融信息服务有限公司（以下简称一恒公司）

【基本案情】

2016年5月10日，吴某华向一恒公司借款6000元，后未按期归还。2016年11月2日，吴某华驾驶其妻子陈某荣的车辆至无锡，一恒公司工作人员找到吴某华，双方商定吴某华再还8000元（含利息、违约金）了结双方借款一事。当日吴某华出具凭证一份，约定吴某华将陈某荣的车辆暂押给一恒公司，结清借款后来取车。当日下午，双方将该车开至某小区附近停下，一恒公司人员将车方向盘上锁，吴某华锁车后将车钥匙带离。后一恒公司人员将该车的左侧前后轮胎卸下。次日下午，陈某荣收到该车在镇江违章的短信，吴某华遂电话联系一恒公司，一恒公司告知其该车被盗。2016年11月4日，陈某荣、吴某华、一恒公司人员一起至派出所报警。

2017年1月12日，陈某荣诉至法院，认为其车辆是押给一恒公司后丢失的，要求一恒公司返还车辆或赔偿相应损失。一恒公司称车辆不是押给其公司的，是吴某华自己停放在路边的，且车钥匙吴某华也带走了，其公司没有拖走该车。此外，吴某华在江阴有其他贷款公司的借款未归还，而其他贷款公司有该车的钥匙，陈某荣也无法确认是否是其他公司拖走该车辆，请求驳回陈某荣的诉讼请求。

【案件焦点】

吴某华将涉案车辆暂押给一恒公司，车辆灭失后车主陈某荣能否要求一恒公司赔偿损失。

【法院裁判要旨】

江苏省无锡市梁溪区人民法院经审理认为：陈某荣的车辆损失应由一恒公司负赔偿责任，理由如下。

第一，陈某荣的丈夫吴某华与一恒公司原存在借贷关系，在吴某华未按约还款的情况下，吴某华将陈某荣的车辆质押给一恒公司，这一事实有一恒公司持有的吴某华出具的凭证加以佐证，且一恒公司为确保其对车辆加以控制，还特意派人将车辆的前后车轮胎卸下，足以表明一恒公司欲实际控制车辆以确保其债权实现的心理，故吴某华与一恒公司之间存在车辆质押的法律关系，吴某华是出质人、一恒公司是质权人。

第二，质权人对质押物既享有优先受偿债权的权利，也负有妥善保护质押物的义务，在质押的车辆不知下落后，一恒公司负有追查该车辆的义务，在合理期限内不能追查到位，即负有赔偿该车辆相应价值的义务。但涉案车辆下落不明已达八个多月，一恒公司既否认其为车辆质权人，亦怠于履行追查车辆的义务。根据涉案车辆购买年限及双方约定，可认定事发之时涉案车辆的价值为9.5万元，一恒公司负有赔偿9.5万元的义务。

第三，基于一恒公司享有的对涉案车辆的质押权利来自其对吴某华的债权，故一恒公司在返还质押物的同时也享有清偿其债权的权利，陈某荣与吴某华系夫妻关系。换言之，陈某荣要求一恒公司返还涉案车辆或赔偿车辆损失也应先清偿吴某华的债务，二者相抵，一恒公司尚须支付陈某荣赔偿款8.7万元。

第四，关于一恒公司对吴某华的债权，双方约定的8000元已包括双方约定的利息及逾期违约金，双方约定2016年11月3日清偿，但吴某华未支付，故吴某华应按中国人民银行同期贷款基准利率支付相应利息。质押车辆灭失，一恒公司也负有及时支付车辆赔偿款的义务，逾期支付也应支付相应利息。根据本案案情和双方纠葛缘由，本院就利息支付时间段判定为自陈某荣起诉之日起计付，二者冲抵，即一恒公司应自陈某荣起诉之日起按中国人民银行贷款基准利率支付8.7万元的利息。

江苏省无锡市梁溪区人民法院依照《中华人民共和国民法通则》第五条,《中华人民共和国合同法》第一百零七条,《中华人民共和国担保法》第六十三条、第六十四条、第六十九条第一款、第七十一条第一款,《中华人民共和国婚姻法》第十九条第三款,《最高人民法院关于适用〈中华人民共和国婚姻法〉若干问题的解释(二)》第二十四条之规定,作出如下判决:

一、一恒公司赔偿陈某荣车辆损失8.7万元,并自2017年1月12日起至实际清偿之日止,按中国人民银行同期贷款基准利率支付该款利息,此款于本判决发生法律效力之日起十日内付清;

二、驳回陈某荣的其他诉讼请求。

一恒公司提起上诉。江苏省无锡市中级人民法院经审理认为:一恒公司虽认为将所涉车辆限制停放在指定地点不是质押,但该押车行为系因吴某华不归还一恒公司借款本息而引起,一恒公司工作人员对车辆加方向盘锁以及卸下两个车轮,以此动产作为债权实现的担保,符合质押的特征。质权人因保管不善致使质物灭失的,质权人应当承担民事责任,故原审法院判决由一恒公司赔偿车款(扣除债务)并无不当。一恒公司主张其无须承担赔偿责任以及应先交公安机关处理的意见,无事实和法律依据。

江苏省无锡市中级人民法院依照《中华人民共和国民事诉讼法》第一百七十条第一款第一项之规定,判决如下:

驳回上诉,维持原判。

【法官后语】

动产质押是指债务人或者第三人将其动产移交债权人占有,将该动产作为债权的担保,债务人不履行债务时,债权人有权依法以该动产折价或者以拍卖、变卖该动产的价款优先受偿。动产质押的基本特征是质物必须由出质人移交给质权人占有,质权于出质人将质物移交于质权人占有时设立。本案中,债务人吴某华将车辆移交给债权人一恒公司控制、占有并出具归还借款后取回车辆的书面凭证,已具备动产质押成立的条件,该车辆已作为一恒公司债权的担保,一恒公司的质权自车辆交付其占有控制时即生效。质押车辆停放于一恒公司认可的地点,且该公司卸下了车辆的部分轮胎,吴某华持有该车辆钥匙并未影响一恒公司对该车辆的占有和实际控制，不影响该公司质权的效力。

但是，权利与义务总是相伴而生，质权人对质物享有优先受偿债权的同时，也负担着法定义务。一是质权人对控制占有的质物负有妥善保管的义务，若因保管不善致使质物灭失或者毁损的，质权人应当承担赔偿损失等相应的民事责任。二是债务人履行债务或出质人清偿所担保的债权的，质权人应当返还质物。本案中，质权人一恒公司未妥善保管作为质物的车辆，导致车辆灭失，故质权人一恒公司应向出质人吴某华赔偿车辆价值损失。质物车辆丢失后，吴某华和一恒公司向公安机关报案所引起的可能涉及盗窃罪的刑事法律关系与本案中动产质押的民事法律关系并非同一法律关系，刑事案件的审结与否并不影响民事案件的审理，有关行为人是否承担刑事责任也不影响民事责任的认定，故一恒公司在本案中应当承担赔偿损失的民事责任。

编写人：江苏省无锡市梁溪区人民法院　李娜

45

委托售房作为借款担保，受托人恶意处分房产仍适用善意取得

——赵某诉顾某清、高某娣排除妨害案

【案件基本信息】

1. 裁判书字号

江苏省无锡市中级人民法院（2017）苏02民终104号民事判决书

2. 案由：排除妨害纠纷

3. 当事人

原告（被上诉人）：赵某

被告（上诉人）：顾某清、高某娣

【基本案情】

2002年6月18日，顾某清与江阴市拆迁办公室滨江办事处签订《双作价产权互换协议书》，约定江阴市拆迁办公室滨江办事处向顾某清提供建筑面积为132.68平方米的房屋；车棚（自行车库）按200元/平方米，计4732元。2012年12月7日，顾某清取得该房屋的房产证，载明房屋坐落渡江三村20幢×室（以下简称×室房屋），未登记顾某清取得的自行车库。

2013年12月18日，顾某清、高某娣作为委托人与作为受托人的案外人刘某签订委托书并经公证，全权委托刘某代表顾某清、高某娣将其共有×室房屋出售。

2014年7月31日，刘某持上述委托书代表顾某清与案外人秦某政签订房地产买卖合同，约定，顾某清将×室房屋（含自行车库）出售给秦某政，房屋成交总价为420000元。同年8月12日，秦某政取得×室房屋产权证，记载建筑面积132.68平方米，附记载明：面积中含共有分摊面积，自行车库23.66平方米。

2014年10月13日，秦某政与赵某签订二手房买卖合同，约定：赵某向秦某政购买其×室房屋，建筑面积132.68平方米，房屋价款525413元。自行车库23.66平方米，一并转移给赵某。同年10月15日，赵某取得×室房屋产权证，建筑面积132.68平方米，附记中载明自行车库23.66平方米。至同月30日，赵某支付了全部房款。赵某取得×室房屋后，将该房屋出租给他人。秦某政在交付房屋时，未将自行车库的钥匙交付赵某，赵某当时也未发现顾某清及高某娣居住在该自行车库内。

赵某请求判令顾某清、高某娣立即迁出涉案车库。顾某清、高某娣辩称：2013年12月18日，经某投资咨询服务部介绍，其向秦某政借款400000元，用×室房屋作为抵押，未抵押车库。同时经该服务部工作人员操作，签署了《江阴市房产买卖合同》《委托书》，其在本案中才知道上述房屋已经先后过户给秦某政、赵某。其签署《委托书》并非本意，并无出卖房屋的意思。

【案件焦点】

赵某是否取得涉案自行车库的所有权。

【法院裁判要旨】

江苏省江阴市人民法院经审理认为：双方当事人对不动产所有权的归属争议，应当根据房屋的买卖合同约定及产权登记等来确定，不动产权属证书是权利人享有该不动产物权的证明。刘某受顾某清、高某娣的委托已将×室房屋及其附属设施自行车库出卖给秦某政，且为不动产登记部门登记所确认。顾某清及高某娣否认自行车库已出卖的事实，法院依法不予采信。赵某系从秦某政处购得此房屋，根据合同约定及房屋产权证，其中包括23.66平方米的自行车库。故自行车库的所有权属于赵某，顾某清、高某娣无权占有自行车库。现顾某清、高某娣仍居住在该自行车库内，侵犯了赵某的所有权，赵某有权要求顾某清、高某娣迁出该自行车库。

江苏省江阴市人民法院依照《中华人民共和国物权法》第三十二条、第三十三条、第三十四条、第三十五条之规定，作出如下判决：

顾某清、高某娣应于本判决发生法律效力之日起六十日内迁出涉案自行车库。

顾某清、高某娣不服一审判决，提起上诉。江苏省无锡市中级人民法院经审理认为：第一，赵某向秦某政购买涉案房屋时，该房屋登记产权人为秦某政，赵某支付了合理价款，并办理了房屋产权过户登记，在无证据证明赵某存在恶意的情况下，应当认定赵某取得了该房屋的所有权。第二，赵某签订的房屋买卖合同中包含自行车库，领取的房屋产权证中载明包含自行车库，上述证据表明赵某在取得×室房屋所有权的同时取得了自行车库的所有权，根据一物一权原理，顾某清、高某娣已经不再拥有自行车库所有权。第三，按照《物权法》第二条和第三十五条的规定，物权具有排他性，权利人可以请求排除妨害，赵某作为自行车库物权人，其要求顾某清、高某娣搬出自行车库，符合法律规定。第四，顾某清、高某娣上诉所称其与秦某政系借贷抵押关系，抵押房屋不包括自行车库的理由，系其与秦某政之间的法律关系。因双方当事人在一审中均未申请追加秦某政参加诉讼，二审期间已不宜追加。若顾某清、高某娣认为秦某政侵犯了其合法权利，可依法另行主张。

江苏省无锡市中级人民法院依照《中华人民共和国民事诉讼法》第一百七十条第一款第一项的规定，作出如下判决：

驳回上诉，维持原判。

【法官后语】

本案虽然是关于排除妨害的纠纷，但是引起本案纠纷的原因则是委托售房型借款担保，出借人为了保障收回借款，让借款人与第三人签订公证委托出售房屋的委托合同，后为收回借款，出售借款人的房屋。本案中借款人为了保证收回借款上了

"双保险"：既签订了抵押担保合同，又选择指定的第三人与借款人签订委托售房的合同。该公证委托合同系双方的真实意思表示，也没有违反法律的禁止性规定，应认定为合法有效。在第三人恶意处分房屋的情况下，涉及借款人与善意受让人利益的平衡及保障。

1. 关于借款人利益的保障

顾某清、高某娣委托刘某卖房，虽系无偿委托，但刘某应本着诚实信用的原则，为了委托人的利益依法善意处理委托人的房屋。但是刘某将房屋卖给出借人秦某政，明显是为了秦某政收回借款，而非为顾某清、高某娣的利益考虑。且出卖时间为2014年7月31日，借款并没有到期。出卖价格为42万元，与秦某政卖给赵某的价款相差10万元。应认定刘某与秦某政系恶意处分受托人财产，损害了顾某清、高某娣的利益。顾某清、高某娣可向刘某、秦某政提起侵权之诉，以侵权损害赔偿的方式获得救济，出借人秦某政与委托人刘某恶意串通损害顾某清、高某娣的利益，应承担连带赔偿责任。

2. 关于受让人是否取得所有权及利益保障

本案在二审期间，一审、二审法院多次进行了沟通。原因是最高人民法院公布了"连成贤诉臧树林排除妨害纠纷案"，此案例的裁判理由为签订房屋买卖合同后出卖方应向买受人履行权利与实物的双重交付，在买受方已取得房屋产权而未实际占有的情况下，其仅仅基于物权请求权要求有权占有人迁出，法院应作慎重审查。此案例与本案有诸多相似之处；签订了委托卖房协议；存在两次房屋买卖；原所有人持续占有房屋。唯一不同之处在于，本案诉争标的为自行车库，是房屋的从物，"连成资诉臧树林排除妨害纠纷案"诉争的是房屋本身。该案例认为，案外人谢某忠自始至终没有合法取得过系争房屋而客观上无法向连成贤履行交付房屋的义务，故连成贤应向谢某忠主张因无法交付房屋导致合同无法继续履行的违约责任。本案在衡量不动产登记权利人与合法占有人利益时，综合物权法基本原理即主物所有权变动的效力及于从物，故偏向保护善意第三人的利益，遵循"登记绝对优先原则"，即"不动产物权变动既以登记为公示方法，则信赖此项表征者，纵令其表征与实质的权利不符，对于信赖之人，亦应予以保护"①。赵某不知道秦某政无权处分，支

① 王泽鉴：《民法物权》，北京大学出版社2009年版，第71页。

付了合理对价，且房屋已经过户至赵某名下，在无证据证明赵某存在恶意的情况下，应当认定赵某取得了房屋所有权。本案自行车库无独立的产权证明，其所有权登记依附于房屋本身。因从物附着于主物，并且主物的处分及于从物，车库属于房屋的从物，房屋的所有权登记发生变动，应当认定从物车库的所有权随之变动，故从主物、从物角度综合考虑，判决车库所有权属于赵某。根据物权的排他性原理，权利人可以请求排除妨害，赵某作为所有权人，可以要求无权占有人顾某清、高某娣搬出车库。

编写人：江苏省江阴市人民法院　邓云　相娟

四、共有关系纠纷

46

家庭成员内部对拆迁所得利益的协商分配是否有效

——周某甲、沈某诉周某全、李某琴共有物分割案

【案件基本信息】

1. 裁判书字号

重庆市长寿区人民法院（2017）渝0115民初6272号民事判决书

2. 案由：共有物分割纠纷

3. 当事人

原告：周某甲、沈某

被告：周某全、李某琴

第三人：周乙

【基本案情】

周某全、李某琴系夫妻关系，周某甲系其女儿，周乙系其儿子。周某甲、沈某系母女关系。

2009年2月5日，周某全作为长寿区凤城街道办事处松柏二组被拆迁安置户代表与重庆市长寿区国土资源局签订《征地房屋拆迁补偿安置协议》，约定被拆迁房屋产权人系周某全。建筑面积为161.36平方米，补偿金为31122.50元，住房安置的方式采取货币安置；安置对象为5人（即周某全、李某琴、周某甲、沈某、周乙），货币安置款为240000元；按规定可以申请增购1个自然间（周乙达到法定婚

龄增加1个)，标准为每人15平方米，货币安置款额为12000元；一次性支付搬迁补助费5600元；以上总额为288722.50元。

2011年11月17日，周某甲、周某全、李某琴和周乙共同签订一份声明书，并进行了公证。该声明书载明："在以周某全为户主签订的《征地房屋拆迁补偿安置协议》中规定，周某全、李某琴、周某甲、周乙、沈某五人属于被安置对象，可以以优惠价格购买政府修建的定向安置房两套。2011年，当初政府承诺的定向安置房已经建好。为避免以后发生纠纷，经过认真、慎重考虑，共同声明如下：周某全、李某琴、周乙三人购买一套定向安置房，房屋产权登记在周乙名下。周某甲、沈某两人购买一套定向安置房，房屋产权登记在周某甲、沈某名下。"

原告诉称二被告陆续向其给付了10万元，并告知所有拆迁补偿款项已经给付完毕。2017年6月中旬，原告到长寿区征收拆迁办公室查询，才发现二被告并没有给付完全部征收补偿拆迁款，尚欠5万余元。

【案件焦点】

1. 对拆迁所得的利益在家庭成员内部进行重新协商分配是否有效；2. 各方当事人对拆迁补偿款项及利益是否分配完毕。

【法院裁判要旨】

重庆市长寿区人民法院经审理认为：在私有房屋拆迁中，只有房屋所有权人才是被拆迁人。因此，被拆迁房屋的补偿款31122.50元属于原产权人，因二被告系夫妻关系，该款系其共同所有，不是其他同住人员的共同财产。

除房屋补偿款外的拆迁补偿款及利益属于各方当事人共有。国家的征地拆迁补偿款具有特殊性，且政策性较强，征地拆迁补偿款以家庭为单位发放，由家庭内部自行解决，属于家庭内部分配问题。

由于被安置人员购买安置房屋的价格远低于市场价（有政府对拆迁安置人员的政策性优惠），对购房人员资格、房屋户型、套数均有相关政策规定，原、被告及第三人通过公证的形式对政策给予的安置房屋购买资格、房屋户型及套数已经进行了内部分配。虽然《征地房屋拆迁补偿安置协议》确定了各方当事人作为安置对象的货币安置标准，并由政府部门支付了人员安置费等费用，但是原、被告均认可拆迁补偿款以现金的方式分配，且征地拆迁发生在2008年，原告诉称其2017年才知道征收拆迁安置补偿款尚未分配完毕，在长达九年的时间里并不知情，该陈述明显与日常经验法则不符，法院不予采信。拆迁补偿款的分配和购买安置房的利益分配均属于征收安置拆迁的共同利益分配，原、被告及第三人通过公证的形式对安置房屋进行了分配，且已经向重庆乐至置业发展有限公司支付了安置房屋购房款，也取得了该安置房屋产权。因此，各方当事人对拆迁补偿款项及利益已经分配完毕，对周某甲、沈某的诉讼请求法院不予支持。

重庆市长寿区人民法院依照《中华人民共和国物权法》第九十三条、第一百条，《中华人民共和国民事诉讼法》第六十四条，《最高人民法院关于适用〈中华人民共和国民事诉讼法〉的解释》第九十条的规定，作出如下判决：

驳回周某甲、沈某的诉讼请求。

【法官后语】

1. 拆迁利益主要是房屋价值权益的转化，拆迁利益在产权人和非产权人（同户同住人）之间进行分配。征收拆迁补偿款项虽属于拆迁利益分配的一部分，但对安置房屋购买资格的分配也属于拆迁安置利益的范围。安置对象属于拆迁安置协议所确定的范围，相对于被拆迁人之间主张分割拆迁利益属于内部关系，作为安置对象依据政策规定所享有的权利并不一定完全相同，往往存在差异。政府对安置房购房人员的资格、房屋户型、套数均有相关政策规定，地方政策性较强。作为被安置对象的原告方（非产权人）依据拆迁政策虽具有购买安置房屋资格，但仅能购买中户型安置房（两室），不能购买大户型安置房（三室）。周乙未婚，因政策规定其能够增购一个自然间，家庭共有成员将该权利分配给原告方享有，原告方据此以政府优惠价购得更大面积的安置房，所增加购得的房屋面积部分虽未体现为货币形式，但其仍然属于经济价值的增加部分。

2. 根据现阶段的农村实际情况，政府拆迁大多是以家庭为单元，对于拆迁所得的利益一般是由家庭成员内部进行协商分配。中国农村一直存在“养儿防老”的传统观念，被告方在分配拆迁利益后跟随儿子分户，在多子女家庭，父母在日常生活中难免对儿子的“关照”有所倾斜。本案当事人各方在本诉前有合伙纠纷，进而引发原告方的不满而提起本诉。家庭矛盾的冲突引发原告方要求对已长达近十年之久的拆迁利益进行重新分配，而实际上，当时对拆迁利益的分配是经过家庭内部协商完成的，符合《物权法》第一百条“共有人可以协商确定分割方式”的规定，对于已经分配完毕的拆迁利益，原告方关于不知情的陈述明显与客观事实及日常经验法则不符。因此，其诉请未得到法院支持。

3. 在涉及拆迁利益的案件中，法官应当综合案件的基本情况和客观证据，充分考虑当事人之间的特定情形、需求、亲情和利益分配，平衡各方当事人的利益诉求，尽可能地尊重客观事实予以裁判。

编写人：重庆市长寿区人民法院　张科科

47

公证析产协议在当事人内部具有约束力

——张某1诉张某2、张某3共有物分割案

【案件基本信息】

1. 裁判书字号

北京市丰台区人民法院（2016）京0106民初10378号民事判决书

2. 案由：共有物分割纠纷

3. 当事人

原告：张某1

被告：张某2、张某3

【基本案情】

张某海与刘某珍育有子女三人，即张某1、张某2、张某3。张某海夫妇生前在北京市丰台区长辛店杨公庄×号院有北房3间、南房3间、西房5间。张某海于1988年1月去世，刘某珍于1996年3月去世，没有留下遗嘱。2013年3月29日，经张某1、张某2、张某3协商签订《析产协议》，确定父母留下的房屋中南房东数第1间、北房3间、西房北数第5间归张某2所有，南房东数第2间、第3间和西房北数第1间归张某3所有，西房北数第2间、第3间、第4间归张某1所有，并

办理了公证。2013年8月2日，上述房屋变更为由张某1、张某2、张某3三人共同共有。

当张某1准备办理各自的产权证时，张某2于2013年将南房东数第1间翻建，改变了原房屋结构，导致张某1无法办理自己的产权证书。2016年4月，张某1发现张某2又将西房北数第4间、第5间翻建，改变了原房屋结构。现张某2翻建了属于张某1的部分房屋（西房北数第4间），导致张某1无法办理产权证书。张某1要求确定将协商归张某2的北房东数第1间和原本协商归张某1的西房北数2间、第3间归其所有，大门及院落共同使用，其余房屋如何分配由法院确定。也即张某1在张某2改变共有物现状，导致无法办理产权证的情况下，提出改变公证书中确定的分割方案，要求确定新的分割方案。

【案件焦点】

1. 本案中共有物如何分割；2. 部分共有人损害内部协议协商确定的所有权人权益应承担何种法律责任。

【法院裁判要旨】

北京市丰台区人民法院经审理认为：共有人约定不得分割共有的不动产或者动产，以维持共有关系的，应当按照约定，但共有人有重大理由需要分割的，可以请求分割；没有约定或者约定不明确的，按份共有人可以随时请求分割，共同共有人在共有的基础丧失或者有重大理由需要分割时可以请求分割。因分割对其他共有人造成损害的，应当给予赔偿。共有人可以协商确定分割方式。达不成协议，共有的不动产或者动产可以分割并且不会因分割减损价值的，应当对实物予以分割；难以分割或者因分割会减损价值的，应当对折价或者拍卖、变卖取得的价款予以分割。共有人分割所得的不动产或者动产有瑕疵的，其他共有人应当分担损失。

张某1、张某2、张某3作为张某海与刘某珍的第一顺序继承人，就位于北京市丰台区长辛店杨公庄×号院房屋的归属达成了一致意见，并已办理了共同共有的产权证书及公证书。张某1、张某2、张某3取得《析产协议》公证书后，应当按照《析产协议》的约定确定房屋权属并互相协助办理各自的产权证书。现张某2未经审批及《析产协议》确定的房屋产权人同意，将按照《析产协议》约定归张某1所有的西房北数第4间翻建扩建，导致张某1无法依据《析产协议》公证书办理产权证书，侵犯了张某1的合法权益；现张某1要求《析产协议》公证书中确定归张某2所有的北房东数第1间归其所有，因该北房3间相连且一直由张某2及其家人居住，贸然变更权属不利于张某2及其家人的生活及化解双方之间的矛盾，故对张某1的此项诉讼请求不予支持。关于共有物的分割应当依据公证书处理，分得的共有物存在瑕疵给产权人造成损失的，应由侵权人予以赔偿。故对张某1的诉讼请求，法院予以部分支持。

北京市丰台区人民法院依照《中华人民共和国物权法》第九十九条、第一百条的规定，判决如下：

位于北京市丰台区长辛店杨公庄×号院南房东数第1间、北房3间、西房北数第5间归张某2所有；西房北数第2间、第3间、第4间归张某1所有；西房北数第1间、南房东数第2间、第3间归张某3所有；大门及院落由张某1、张某2、张某3共同使用；在具备过户条件的情况下，张某1、张某2、张某3互相协助办理房屋产权变更登记手续。

【法官后语】

1. 公证共有物分割的法律效果

共同共有人在共有基础丧失时，可以请求分割共有物。就共有物的分割方法，有约定按约定；无约定，由法院确定分割方法，如实物分割、补偿分割或变价分割。本案中，张某1、张某2、张某3在办理继承公证时，一并办理了析产协议的公证，即所有继承人对共有的涉案房屋分割方法作出了约定。该协议经过公证之后，选择了共有物分割方法，确定了共有物分割方案。没有相反证据足以推翻该项公证时，应当按照该公证书中确定的分割方法、分割方案进行分割，即公证书中仅仅确定了分割方法、分割方案，但是并不发生物权变更、设立的法律效果。

张某1以张某2未经其他共有人同意拆除部分共有物为由，要求重新确定共有物分割方案。虽然部分共有物发生了变更，但是其他共有人没有直接否认经过公证的分割方案，该分割方案没有被推翻的充分理由和证据。同时，该共有物为不动产，三位共有人中的两个家庭在此居住，《析产协议》中确定的分割方案与房屋的居住使用情况基本保持一致，重新确定分割方案不仅没有法律上的依据，而且不利于现有房屋居住使用人的生活和化解双方的矛盾，故法院对重新确定分割方案的诉讼请求不予支持。

2. 共有人损害共有物的，应承担侵权责任

共有人分割所得的不动产有瑕疵的，其他共有人应当分担损失。由此可知，共有人应当共同承担因共有物瑕疵产生的损失，分得具有瑕疵共有物的共有人有权要求其他共有人分担损失。共有人对共有物造成损失的，其他共有人有权要求该共有人承担侵权责任。根据通说，共有物分割之诉为形成之诉。共有物分割之后，共有关系归于消灭，但是关于共有物分割的效力有认定主义和转移主义两种认识，而现行法没有规定，通说认为是转移主义。因此，从共有人外部而言，本案判决生效之前，虽然当事人双方已经对涉案房屋约定分割方案，并予以公证，但是涉案房屋没有发生物权分割变动的效力，仍然处于共同共有状态。然而，就共有人内部而言，虽然共有人没有取得单独所有的权属证书，但是经过公证的分割协议不仅具有分割方案约束力，而且在共有人内部之间已经共同确信共有物分割之后各部分单独所有的承诺。

在《析产协议》公证之后，张某2未经其他共有人同意拆除、扩建部分共有房屋，该部分房屋中包含了协议分割给其他共有人的房屋，导致其他共有人无法办理单独所有权证，致使其他共有人产生损失，侵权人应当就此承担恢复原状或者恢复具备房屋过户条件的责任。由于张某2拆除的房屋系危房，恢复原状既无必要，也没有可能，只能使之恢复具备过户条件。

编写人：北京市丰台区人民法院　史金霞　刘开委

48

男女恋爱期间购置房产的归属应结合真实意思表示及出资行为综合认定

——张某某诉白某某共有案

【案件基本信息】

1. 裁判书字号

福建省厦门市中级人民法院（2017）闽02民终4266号民事判决书

2. 案由：共有纠纷

3. 当事人

原告（上诉人）：张某某

被告（被上诉人）：白某某

【基本案情】

张某某与白某某原系男女朋友关系，双方于2009年相识，2015年12月分手。2012年6月9日，白某某与厦门首开翔泰置业有限公司签订商品房买卖合同，购买了首开·领翔国际的一套房屋，建筑面积82.59平方米，房屋总价款为581327元。同日，白某某支付了首付款181327元，后于2012年8月31日以银行按揭贷款的形式支付了购房款400000元。按揭贷款由白某某通过其交通银行账户逐月偿还。

2015年2月9日，白某某出具《公证说明》一份，载明：白某某将其名下位于厦门市翔安区某小区302室的房屋公证给张某某，即日起，该房屋归张某某一人所有；产权证办出之日，张某某有权要求白某某将房屋过户给张某某，白某某无条件配合过户等。

2015年6月30日，讼争房屋取得了土地房屋权证，其中载明房屋坐落于翔安区某小区302室，权利人为白某某。

2016年11月24日，案外人蔡某出具证明称其曾于2012年6月9日转账支付给白某某100000元，该款项系张某某向其借款并指定汇入白某某的账号，作为其与白某某在翔安购买房产之费用；此后，张某某于2012年8月22日、24日以转账形式还款完毕。

对于蔡某向白某某转账支付100000元款项，张某某主张是其向蔡某所借，事后由张某某偿还；白某某称是其向团队（成员包括蔡某、白某某、汪某某和金某等）所借。证人汪某某和金某均证实白某某曾于2012年向团队提出借款100000元用于购房。

又，2012年6月9日至2015年3月30日，张某某多次向白某某转账共计226621元。对于款项用途，张某某主张是用于购买房屋、支付按揭贷款和装修款；白某某不予认可，其表示是因周转需要向张某某所借。

审理中，张某某认为白某某出具的《公证说明》证明其确认了房屋系双方共同购买的事实；白某某认为系赠与，并当庭表示撤销赠与。

【案件焦点】

张某某与白某某对于讼争房屋是否具有共有的意思表示和共同出资行为。

【法院裁判要旨】

福建省厦门市翔安区人民法院经审理认为：根据2015年2月9日白某某出具的《公证说明》，白某某的意思表示应为将讼争房屋赠与张某某。但是，该房屋在诉讼中的权利人为白某某，白某某当庭表示撤销赠与，故该赠与已依法撤销。对于2012年6月9日蔡某向白某某转账支付100000元，双方对款项来源存在争议，张某某主张是其向蔡某所借，事后由张某某偿还；白某某称是其向团队所借。虽然蔡某出具证明称该款项系张某某向其借款并指定汇入白某某的账号用于购房，但是蔡某并未到庭作证，且证人汪某某和金某均证实白某某曾于2012年向团队提出借款100000元用于购房，故该100000元系白某某向其团队所借。至于张某某向白某某转账的款项，张某某主张是用于购买房屋、支付按揭贷款和装修款，但白某某不予认可，其表示是因周转需要向张某某所借，张某某未能举证证明上述款项用途，故对张某某曾向白某某转账用于购买房屋、支付按揭贷款和装修款的主张不予采信。

综上所述，张某某主张其曾与白某某共同出资购买房屋并出资还贷及装修的主张，证据不足，故张某某确认厦门市翔安区某小区302室房屋为张某某与白某某按份共有，双方各占50%的份额，白某某立即配合张某某办理共有权登记手续的诉讼请求，法院不予支持。依照《中华人民共和国民事诉讼法》第六十四条第一款、《最高人民法院关于适用〈中华人民共和国民事诉讼法〉的解释》第九十二条之规定，判决如下：

驳回张某某的诉讼请求。

张某某不服一审判决，提起上诉。福建省厦门市中级人民法院经审理认为：本案争议的焦点为张某某支付的款项是否为购房款以及讼争房产是否系张某某与白某某共同购买。

第一，关于张某某支付的款项是否为购房款的问题。首先，关于购房定金50000元的支付问题。张某某向讼争房产的出售方厦门首开翔泰置业有限公司支付了50000元购房定金，白某某对付款事实无异议。扣除其中张某某认可的13700元即当日白某某向张某某转入的款项后，余款36300元白某某主张系借款，并未提交借条或还款证明，对其主张不予采信。故认定张某某支付了36300元的购房定金。其次，关于首付款100000元的支付问题。张某某主张系向蔡某所借，有蔡某的证明以及张某某的两次各50000元的还款凭证，二者可相互印证。白某某抗辩系其所借，但其未有充分的证据予以证实。故应认定张某某支付首付款100000元。最后，关于按揭款的支付问题。根据张某某提供的转账明细，2012年10月至2014年9月其向白某某转入房贷每次约3000元不等，共计15笔。每次转账金额与每月房贷数额接近，合计支付款项44412元，超过该段时期内应归还的房贷总额约为72000元的50%。白某某对该款项的性质未作合理解释，其主张缺乏证据予以证实，且不符合常理。故张某某主张其支付近一半房屋贷款，有事实和法律依据，应予采信。综上分析，讼争房产首付款181327元，由张某某支付了136300元；同时在双方恋爱存续期间即2012年10月至2014年9月，张某某支付了超过50%的按揭款。

第二，关于白某某与张某某是否共同购买讼争房产的问题。张某某主张讼争房产系二人在恋爱期间共同购买，因其不享有购房资格故将房产登记在白某某名下。其主张具有事实依据。首先，张某某提供了其在厦门缴交社会保险情况记录，证明其在购房时不具备购房资格。其次，在白某某书写的《悔过书》中，有以下可以印证双方共同购房的陈述：“我们（即张某某与白某某）买了房子”“我之前不同意卖房子的原因是因为我想说这是我们奋斗的结果”“我会把房子和车子过给你”。上述内容均可以表明白某某主观上认可讼争房产系二人共同购买。最后，《公证说明》的形式和内容也印证了讼争房产系二人共同购买。讼争房产购买于张某某与白某某恋爱期间，此后因双方发生争吵，白某某才就房产问题作出说明。男女朋友之间的赠与房产行为通常发生在感情浓厚时，当感情发生破裂时，双方对房产所有权进行的协商，从常理分析更应当是基于双方对房产均有贡献的情况下才会作出的处理。白某某与张某某感情破裂直至最后分手，在这种情形下双方签订了《公证说明》，再结合张某某支付购房款的事实，不应认定《公证说明》系赠与，而应认定为双方对于共同房产的分割约定。一审判决将《公证说明》简单认定为赠与不当，二审法院依法予以纠正。

综上，一审判决认定《公证说明》系赠与，白某某有权当庭撤销，属于认定事实错误、适用法律不当。张某某一、二审提交的证据足以证明讼争房产系其与白某某恋爱期间共同购买，双方具有共同购买房产的意思表示，张某某已支付了超过50%的购房款，其主张对讼争房产享有50%的份额具有事实和法律依据，白某某依法应当配合办理将讼争房产50%份额登记在张某某名下，张某某的上诉请求具有事实和法律依据，应予支持。原审判决认定事实错误，适用法律不当，应予以纠正。依照《中华人民共和国民事诉讼法》第一百七十条第一款第二项的规定，判决如下：

一、撤销福建省厦门市翔安区人民法院（2016）闽0213民初2655号民事判决；

二、确认厦门市翔安区某小区302室房屋的50%份额系张某某所有，白某某应于本判决生效后立即配合将该房屋的50%份额登记在张某某名下。

【法官后语】

男女朋友恋爱期间，除了感情的交往，还存在很多经济方面的来往，所涉标的价值高低不一。男女双方出于共同生活、结婚、投资等目的，往往会购置像房产之类的价值较大的不动产，之后因分手而产生的纠纷在实践中亦普遍存在，真所谓“缘分尽，纠葛生”。此类纠纷具有表现形式多样、感情因素复杂、争议价值较大等特点，给审理实践带来诸多难题。认定真实意思表示、审查实际出资情况、厘清权属性质是审理此类案件的重点。

1. 认定是否共有及何种共有的真实意思表示是基础

男女恋爱期间购置的不动产，双方对实际归属的真实意思表示是审查的基础。所谓意思表示，包括内在意思和外在表示。外在表示行为，是指行为人将其内在意思以一定的方式表示于外部，并足以为外界所客观理解的行为要素。故约定的形式，可以是订立明确的书面合同，亦可是以足以为外界所客观理解的实际行为作出表示。对订立书面合同的形式，有明确约定的应遵循约定，无需赘述。对以实际行为作出表示的情形，认定该实际行为构成明确意思表示的标准是足以为外界所客观理解，并结合具体案情予以认定。比如，男女双方共同与开发商签订购房合同，后办理权属登记在双方名下，但登记中未对各自份额作出约定，也无其他关于出资责任、所有权比例的约定，在此种情形下，应认定双方是共同共有的意思表示。例如，广东省广州市中级人民法院（2013）穗中法民五终字第2505号共有物分割案。

但意思表示不能仅以客观形式来认定，还应结合具体案件审查当事人真实的意思表示。比如，权属登记的问题，如果只登记在一方名下，另一方主张共有的话，对于共有的真实意思表示就要综合案件的证据来审查，不能仅以名义上的权利人来认定财产的归属。结合本案，讼争房产登记于白某某名下，张某某却主张房产系二人在恋爱期间共同购买，因其不享有购房资格故将房产登记在白某某名下，并从其购房时购房资格、实际出资等方面提供了充分证据，宜认定双方对讼争房屋是共有关系。另，本案中并无证据证明双方是共同共有的意思表示，根据《物权法》第一百零三条“共有人对共有的不动产或者动产没有约定为按份共有或者共同共有，或者约定不明确的，除共有人具有家庭关系等外，视为按份共有”的规定，宜认定本案双方是按份共有关系。

2. 按份共有情形下的共同出资行为是认定财产份额的关键

《物权法》第一百零四条规定，按份共有人对共有的不动产或者动产享有的份额，没有约定或者约定不明确的，按照出资额确定；不能确定出资额的，视为等额享有。本案中，根据张某某提供的关于出资的凭证、证人证言、《悔过书》及《公证说明》等，可以认定张某某对讼争房产实际享有的份额。因此，共有除了要有意思表示，更重要的是要有共同出资的行为，尤其是在意思表示不明确的情况下，共同的出资行为就是认定共有的关键。共同的出资行为，包括定金、首付款、按揭贷款等，各方是否有出资的实际行为，款项性质是否是属于购房款，主张方要提供相应证据予以证明，抗辩方更要有足够的证据予以反驳。主张借款的一方有无相应借条或其他借款证明，按揭还款方面转账明细显示的出资人及款项信息是否能对应，都是认定是否有实际出资行为及具体出资金额的审查重点。

编写人：福建省厦门市中级人民法院　朱燕萍　胡林蓉

49

共有权人的生存权应优先于物权获得保护

——顾乙兰、顾丙兰诉顾小丁共有物分割案

【案件基本信息】

1. 裁判书字号

江苏省盐城市中级人民法院（2017）苏09民终447号民事判决书

2. 案由：共有物分割纠纷

3. 当事人

原告（上诉人）：顾乙兰、顾丙兰

被告（被上诉人）：顾小丁

【基本案情】

顾某与陈某云夫妻共生有四个子女。长子未婚，已先于顾某与陈某云去世，长女顾乙兰，次女顾丙兰，次子顾小丁。1986年顾小丁与顾某、陈某云在盐城市盐都区龙冈镇坊桥居委会凤凰北路×号共同建筑两层房屋一座。建筑房屋时，顾乙兰、顾丙兰已经结婚另住，顾小丁已工作并与顾某、陈某云共同居住。该房屋于1995年登记在顾某一人名下，为混合结构、两层（上下楼各一间）、建筑面积为96.8平方米。顾某于1998年12月23日去世，陈某云于2012年6月18日去世。顾某去世前未立遗嘱，陈某云去世前立有遗嘱，明确上述房产按法定继承处理。顾某、陈某云去世后，该房屋由顾小丁夫妇及其子女共同居住。法院于2014年5月4日作出

(2014) 都民初字第0734号民事判决，确认案涉房屋原系顾小丁与顾某、陈某云共同共有，顾乙兰、顾丙兰对上述房屋各享有六分之一的权利，顾小丁享有三分之二的权利。2014年9月18日，顾乙兰、顾丙兰申请执行，要求顾小丁按照案涉房屋各六分之一的权利支付对应的房款，因无执行内容，顾乙兰、顾丙兰于2014年10月28日撤回执行申请。嗣后，顾乙兰、顾丙兰再次诉至法院，要求对案涉房产进行分割。

顾小丁系残疾人（眼睛视力为二级残疾），顾小丁之妻张某凤患有高血压，得过脑溢血，该夫妇生有一子一女，均已成年，尚未结婚，一家四口居住在案涉房屋的二层，一层为其经营的门市，无其他住房。顾小丁、张某凤均无固定职业或其他生活来源，门市收入甚微，生活水平低下。顾乙兰、顾丙兰向法院申请执行时，顾小丁无力支付应负担的案件受理费1100元，是通过司法救助途径解决的。

【案件焦点】

案涉共有房产能否分割。

【法院裁判要旨】

江苏省盐城市盐都区人民法院经审理认为：民事活动应当尊重社会公德，遵循公平和公序良俗原则。案涉房屋原系顾小丁与其父母顾某、陈某云共同共有，顾某、陈某云死亡后，顾乙兰、顾丙兰通过诉讼基于继承获得案涉房屋各六分之一的份额，案涉房屋变为顾小丁与顾乙兰、顾丙兰按份共有。从实物分割角度看，案涉房屋为上下二层结构，建筑面积合计为96.8平方米，每层为48.4平方米，顾乙兰、顾丙兰各自享有的份额合计占三分之一，无法从物理空间上分割出相应份额，且无法保证分割后各自空间的独立使用，故无法对案涉房屋进行实物分割。从其他分割方式看，势必要将案涉房屋折价或者拍卖、变卖以取得的价款进行分割。经征询顾小丁的意见，其明确表示不同意归并两原告的份额为其所有，但也确实无力支付相应对价；如果对涉案房屋折价或拍卖、变卖的价款进行分割，考虑该房产结构为一上一下，上层为顾小丁全家唯一住所，下层为其经营门市，收入微薄，是其全家主要生活来源，对房产进行拍卖、变卖将严重影响被告正常居住生活，故对该房产暂不宜以折价或拍卖、变卖的价款进行分割。从讼争双方主体来看，双方系同胞兄弟姐妹，原系共同生活的家庭成员，虽然因为各自结婚分开居住，但是这种亲情不应当因家庭成员关系的身份变化而变化。加之，顾小丁系残疾人，其妻患有疾病，该夫妇无固定职业或其他生活来源，仅以该门市经营为生，属于贫困人群。而两原告有自己的住房，生活水平远远超过被告。如折价分割，势必导致顾小丁家庭更加困难。这与司法为民的理念不相符，也有悖和谐、友善的社会主义核心价值观。

综上，虽然两原告享有案涉房屋的份额，但是考虑到房屋现状及双方各自实际情况，案涉房屋目前不宜分割。故盐城市盐都区人民法院判决如下：

驳回顾乙兰、顾丙兰的诉讼请求。

顾乙兰、顾丙兰不服一审判决，提起上诉。江苏省盐城市中级人民法院经审理同意一审裁判意见，并认为一审认定暂不宜分割讼争房屋，并没有剥夺顾乙兰、顾丙兰对讼争房屋享有按份共有的权利。据此，顾乙兰、顾丙兰的上诉理由依据不足，不予支持。一审判决认定事实清楚，适用法律正确，应予维持。依照《中华人民共和国民事诉讼法》第一百七十条第一款第一项的规定，判决如下：

驳回上诉，维持原判。

【法官后语】

根据《物权法》第九十九条的规定，两原告请求分割涉案房产并无不当，除非有其他法律上或事实上的理由能够排除其行使该权利。故在裁判过程中，法官重点考虑以下三个因素，对相关法益进行权衡：

1. 被告一家生存权与两原告物权保护的抉择

案涉房屋历史上是家庭共同共有财产，被告一家作为家庭成员占有使用案涉房屋是一个历史延续状态，是合法占有使用。两原告在其父母去世后，通过法定继承取得案涉房产共计三分之一的产权。在此情况下，应当充分考虑两种权利的性质、结合具体案情来确定权利保护的顺位。众所周知，权利根据其有无财产内容，可以区分为财产权和非财产权。生存权是人们获得足够食物、衣着和住房以维持相当生活水准的权利，是一种绝对权、非财产权。物权则是典型的财产权，具有可转让性。两者在本案中冲突尤其明显：（1）案涉房产系被告一家的唯一住所，其在物理上不具有分割条件；（2）被告家庭经济困难，案涉房屋如果折价或拍卖、变卖，被告作为共有权人根本无力支付其他共有权人相当数额的价款，以取得完整房屋产权来维持现有生活水平；（3）如果将该房产处分给案外人对所得价款进行分割，被告一家不仅失去住所，而且将失去唯一生活来源——微薄的经营收入，使其生活更加困顿。因此，在权利保护的顺位上，无疑应当优先保护被告一家的生存权。

2. 尊重社会公德原则的运用和保护弱者的价值取向

根据《物权法》第七条的规定，物权的取得和行使应当尊重社会公德，并不得损害公共利益和他人合法权益。这是行使物权应当遵循的道德底线和法律底线。这一原则是《物权法》第一编总则规定的内容，其他编目规定的权利义务的行使都不得违反这一原则。具体到本案中，共有财产的分割也应当尊重社会公德，且不得损害他人合法权益。被告与两原告在身份关系上属于同胞兄弟姐妹，理应互相友爱关怀。在经济条件上，两原告远远优于被告，案涉房产的分割于两原告并不会产生重大损益，但于被告而言则是基本生活保障的重大影响。因此，在诉讼双方实力上，被告处于明显的弱者地位。诉讼双方并不符合《婚姻法》第二十九条规定的兄弟姐妹承担扶养义务的特定条件，但是在诉讼裁判中对被告给予一定的倾向性保护，符合司法人文主义精神，对践行社会主义核心价值观、构建和谐友爱的家庭关系与社会关系也具有正面的引导作用。

3. 对两原告物权应持有的态度

随着男女平等观念深入人心，妇女权益保护日益加强，我国法律上对子女的继承权是平等保护的，这一点不因女子是否出嫁而改变。因此，对两原告因继承而取得的案涉房屋的物权在判决说理中裁判法官给予充分肯定，只是在当前情况下，该物权的行使因将严重影响被告一家人的基本生活而应受到一定限制。待将来条件成熟时，两原告可再主张分割。这与《物权法》第七条和第九十九条规定的立法本意也是一致的，即共有物分割不应损害其他共有权人利益，如造成损害，则应给予赔偿。本案中，因分割将导致损害较大，由两原告另行给予赔偿，将导致两原告物权分割失去价值，也不能达到两原告的诉讼目的，故对案涉房产暂不进行分割从根本上来讲并不违背双方的利益。

编写人：江苏省盐城市盐都区人民法院　康燕　黄约平

50

分家后房屋产权的认定

——梁三诉梁一等共有案

【案件基本信息】

1. 裁判书字号

广西壮族自治区崇左市中级人民法院（2017）桂1402民初714号民事判决书

2. 案由：共有纠纷

3. 当事人

原告（上诉人）：梁三

被告（被上诉人）：梁一、梁二、梁四、梁五、梁六

【基本案情】

梁一、梁二、梁三、梁四、梁五、梁六为同胞兄弟姐妹关系，其父梁某与其母陆某先后于1968年、2001年去世。梁六于1964年出嫁至新和镇岜岩村岜榜屯，梁一结婚后于1965年分家另过，梁四于1969年出嫁，梁二于1978年结婚，梁五于1981年出嫁至太平镇乙古村。梁三于1987年结婚，1988年与梁二分家另过，梁二居住在祖屋，母亲陆某在世时多数情况下随梁二在祖屋居住。1990年，梁二拆除祖房，并于1991年独自出资在祖房上建造一间三缝砖瓦木结构房屋，梁一对此并没有异议。1992年3月，政府以梁二作为土地使用者，对由梁二所建的房屋核发了集体土地建设用地使用证，宗地编号为123号，用地面积为108.83平方米。梁三认为，宗地编号为123号的房产是父母的遗产，其兄弟姐妹都有权继承，父母去世后六兄弟姐妹共同继承了父母的遗产，共同共有，未析产过，为此诉至法院，请求依法分割编号为123号的房产（价值约5万元）。

【案件焦点】

本案案由为分家析产纠纷还是共有纠纷。

【法院裁判要旨】

广西壮族自治区崇左市江州区人民法院经审理认为：分家析产是指根据分家协议将一个较大的家庭分成几个较小的家庭，同时财产共有人通过协议的方式，根据一定的标准，将共同的家庭财产分为数个共有人所有的民事法律行为。原、被告在结婚成家后先后于1965年、1987年至1988年进行两次分家，作为家庭里年纪最小的梁三，在成家后亦根据农村习俗进行了分家，梁四、梁五、梁六出嫁后对原家庭所进行的两次分家均无异议。原本的大家庭，因各自成家后分成了多个小家庭。梁三提出本案应按分家析产进行审理，但1987年至1988年的最后一次分家已将家庭的宅基地使用权以及家庭的耕地进行分配，至梁二与梁三发生（2012）江民初字第021号案件纠纷之前，各方当事人对分家方案已依约履行20多年，一直未提出异议，故对梁三提出本案适用分家析产案由审理的陈述意见，法院不予支持。结合本案实际，梁三的诉讼请求理由为其父母去世后其与梁一等兄弟姐妹共同继承父母的遗产，但遗产尚未进行分割，各方对遗产处于共有的状态，故本案案由应定为共有纠纷。

梁二已于1992年依法取得诉争房屋的《集体土地建设用地使用证》，梁三认为梁二是作为家庭代表取得诉争房屋的该《集体土地建设用地使用证》，陈述对1992年时诉争房屋登记在梁二名下并不知情。但梁三现居住的房屋在诉争房屋西面，与诉争房屋相邻，且梁三陈述其取得现居住房屋《集体土地建设用地使用证》与梁二取得诉争房屋《集体土地建设用地使用证》是同一时间段，但当时梁三对此并未提出异议，故对梁三陈述梁二是作为家庭代表取得诉争房屋《集体土地建设用地使用证》，法院不予支持。梁二在1987年至1988年分家后独自出资在祖房土地上新建了房屋，原祖房已不存在，即梁三所主张的共有物已不复存在，梁二也已于1992年依法取得诉争房屋土地的使用权，梁三提出的要求依法分割宗地编号为123号的房产没有事实和法律依据，依法予以驳回。

广西壮族自治区崇左市江州区人民法院判决：

驳回梁三的诉讼请求。

梁三不服一审判决，提起上诉。广西壮族自治区崇左市中级人民法院经审理同意一审法院裁判理由。同时指出，2009年双方因梁三在涉案123号房产的空地上砌围墙产生纠纷，案经法院一审调解和再审，调解协议中双方均认可梁三在梁二宅基地范围内建的围墙由梁三自行拆除。再审后亦驳回梁三的诉请，并进入执行程序将梁三上述所砌围墙予以拆除。综上，梁三主张涉案123号房产为其父母的房产，其对该房产享有共有权并要求分割，没有事实及法律依据，不予支持。一审判决驳回其诉讼请求正确。

综上所述，梁三的上诉请求不能成立，应予驳回；一审判决认定事实清楚，适用法律正确，应予维持。依照《中华人民共和国民事诉讼法》第一百七十条第一款第一项的规定，判决如下：

驳回上诉，维持原判。

【法官后语】

俗话说：树大分枝，人大分家。在中国的家庭历史文化中都有分家之说，现在的农村地区仍然保留这种分家的家庭文化。分家，是指把一个大家分开，分成若干个小家。把一个完整的家解体，几个新的家庭成立。分家，主要是分家庭共有财产，分家的时间一般是在子女结婚成家后开始。在农村地区，子女结婚成家若干年后，父母一般会主持一次或几次分家，分家次数视该家庭的成员而定。本案实际是因分家之后其中一人私心问题而产生的矛盾，类似因分家产生矛盾而引起纠纷在农村地区仍是多见的，本案具有一定的典型性。

案由是由诉讼案件所涉及的法律关系的性质决定的。梁三主张按照分家析产进行审理，但结合案件的实际情况，梁三与其他几个兄弟姐妹在各自成家后进行过两次明确的分家行为，对原大家庭的宅基地使用权以及家庭的耕地进行过分配，最后一次分家在1987年至1988年，各方已按分家协议依约履行了20多年，故一审法院根据梁三的诉讼请求以及案件的实际情况，将案由定为共有纠纷。

遗产是指被继承人死亡时遗留的个人所有财产和法律规定可以继承的其他财产权益。对于本案诉争的房产，梁二已于1992年依法取得《集体土地建设用地使用证》，该时间在其大家庭最后一次分家之后，且同时期其他的两个兄弟亦在分家后依法取得分家约定的宅基地的《集体土地建设用地使用证》，故梁二取得的《集体土地建设用地使用证》并不能认定为是其作为原大家庭户代表而取得，涉案房产亦是梁二家庭的财产，而非其父母的遗产。本案判决在尊重家庭分家协议的基础上，根据法律事实依法进行了处理，有利于各方当事人的生产、生活。本案纠纷当地村民均知情，该案件因其具有典型性及代表性在当地作为一个法律案例进行了宣传，亦起到稳定当地生产、生活的效果。

编写人：广西壮族自治区崇左市江州区人民法院　黄洁

五、相邻关系纠纷

51

相邻损害责任的界定以及责任比例的划分

——谭某峰诉黄某平等相邻权案

【案件基本信息】

1. 裁判书字号

广西壮族自治区合山市人民法院（2017）桂1381民初508号民事判决书

2. 案由：相邻权纠纷

3. 当事人

原告：谭某峰

被告：黄某平、谢某东、蓝某贵、李某甫

【基本案情】

谭某峰与黄某平、谢某东、蓝某贵、李某甫同是广西合山市某单位宿舍楼某栋东面单元的住户，该栋楼房底层为车库，第一层1－1号房屋所有人为谭某峰，第二层1－3号房屋所有人为黄某平，第三层1－5号房屋现无人居住，第四层1－7号房屋所有人为谢某东，第五层1－9号房屋所有人为蓝某贵，第六层1－11号房屋所有人为李某甫。该单元各住户的房屋结构相同，均为三房两厅两卫，厨房及相邻的卫生间共用同一条排污管（以下简称主排污管），主卧室的卫生间另用一条排污管，各住户从2010年1月开始陆续入住。入住后，由于主排污管曾于2013年和2014年分别发生两次油污堵塞，原告便于2015年6月单独改造自家的主排污管，截断从其厨房相邻卫生间连接该单元其他住户共用的主排污管，另行从墙外钻孔接管连通自家厨房及卫生间的排污管，直接将污水排入化粪池，不再与其他住户共用主排污管。2017 年 3 月 8 日，四被告共用的主排污管发生堵塞，污水从黄某平住房与厨房相邻卫生间的马桶溢出，浸泡了黄某平家的地板，并渗漏到一楼房屋顶面，导致原告房屋天花板及部分隔墙墙面发黑、发臭、发霉，主、次卧室各一组衣柜和主卧室的一个书柜顶层木板变质发臭、发霉。黄某平的家人发现上述情况即联系了专业疏通下水道的人员前来检查，经打开东面单元公用化粪池检查，确认排污管堵塞的原因是该单元住户长期排放生活油污，累积凝结在主排污管进入化粪池的管道口，经疏通，支出费用 150 元，黄某平、蓝某贵、李某甫三人自行分担。原告因房屋天花板被污水浸泡，造成已装修好的房屋顶面、墙面及家具受损，经多次与四被告协商未果，于 2017 年 8 月 16 日请求“合山市爱家装饰服务部”到场核实，并预算天花板、墙面刮腻需人工、材料费 5250 元，柜子维修需人工、材料费 3200 元，共计 8450 元。

【案件焦点】

1. 四被告对原告的经济损失是否应承担赔偿责任；2. 四被告对原告的损失应按多少比例进行分担。

【法院裁判要旨】

《中华人民共和国民法通则》第八十三条规定：“不动产的相邻各方，应当按照有利生产、方便生活、团结互助、公平合理的精神，正确处理截水、排水、通行、通风、采光等方面的相邻关系。给相邻方造成妨碍或者损失的，应当停止侵害，排除妨碍，赔偿损失。”谭某峰与黄某平、谢某东、蓝某贵、李某甫均为同一单元楼上楼下的邻居，在日常生活中，排污共用同一个化粪池，而四被告又是主排污管的共同使用人、受益人，应合理利用其排水排污功能，依日常生活经验，谨慎对可能造成堵塞的原因和现象加以注意。但双方当事人及其家人未能做到谨慎排污，从主排污管中排放油污，造成主排污管在化粪池中的排污口处被累积的油污凝结堵塞，导致生活污水从黄某平住房的卫生间倒灌溢出，漫延整套房屋地板并渗透到原告的楼板，致原告的室内装饰装修及家具被污水浸泡，客观上造成了原告财产损失。由于油污的累积并最终凝结堵塞排污口是一个渐进的过程，原告及四被告均是排污的行为人，亦是化粪池的共同使用人，均有可能导致排污口堵塞事故的发生，据此可以推定上述住户的排污行为与损害结果的发生具有因果关系，均应承担相应的民事责任。黄某平提出的发生污水渗漏时其与家人未在该房屋居住，原告的损失与其无关和谢某东提出其平时不在家用餐，不使用主排污管，未产生排污源的抗辩意见因无证据支持，均不予采纳；黄某平、谢某东共同提出的原告擅自改造排污管，存在过错的抗辩意见与本院查明的排污管堵塞的原因不符，亦不予采纳。根据《中华人民共和国侵权责任法》第十二条“二人以上分别实施侵权行为造成同一损害……难以确定责任大小的，平均承担赔偿责任”的规定，原告及四被告对事故应各承担五分之一的赔偿责任。原告主张按重新装修支出的材料费和人工费计算损失为8450元，该价格符合现行的市场价格，但原告楼面距地面1米以下的隔墙并未被污水浸泡，没有造成损失，其要求全部重新刮腻子并由四被告承担该损失无事实依据，法院酌情扣减此项费用2450元，据此确定原告的实际损失为6000元，各按五分之一的责任比例分担即四被告每人应赔偿给原告经济损失1200元。

依照《中华人民共和国民法通则》第八十三条，《中华人民共和国侵权责任法》第十二条、第十九条、第二十六条和《中华人民共和国民事诉讼法》第一百四十四条之规定，判决：

一、黄某平、谢某东、蓝某贵、李某甫各赔偿给谭某峰经济损失1200元；

二、驳回谭某峰的其他诉讼请求。

【法官后语】

相邻权关系，是指不动产相互毗邻的所有人或者占有人、使用人，在行使权利的过程中相互提供便利或者接受限制而产生的权利义务关系。在住宅所有、使用中的相邻关系纠纷主要由排水、通行、通风、采光等问题而引发。当前，我国城市居住模式决定了人与人之间的依赖程度加深，彼此之间制约也加强，区分所有建筑物的公共部分在管理使用中涉及的关系较为复杂，邻居之间因公共设施出现问题而产生的相邻权纠纷案件越来越多。本案的主要问题在于：

首先，不动产权利人行使权利是否正当。相邻权的核心在于不动产相邻各方行使权利的合理延伸或必要限制，一方面，一方在行使权利满足自己需求的同时，应承担不妨碍和侵犯他方权利的义务；另一方面，为了满足相邻他方正当的不动产权利需求，相邻方应容忍对自己不动产权利的必要限制。作为住宅的所有人、使用人，在生活中通过管道排放生活油污是行使不动产权利的正当行为，但是在排放中行为人应合理行使权利，尽到善良管理人的注意义务。对于生活油污，从常识判断，为了不使自己的以及与他人共用的管道堵塞，应当根据油污黏稠的不同状况作不同处理，有的可以通过排水管道直接排放，有的需要过滤之后才能排放。涉案管道在本案事发前已多次堵塞，谭某峰正是因此才另改排污管道，在此情形下，共用管道的各使用人本应引起高度重视，避免任意排污，对油污采取合理、妥当的处理方式但并未采取，以致引起本案的损害后果，应当认定双方当事人均未能正当行使各自的不动产权利。

其次，行使不动产权利的行为和损害后果之间因果关系的界定。相邻权纠纷案件的审理，核心问题在于认定一方行使不动产权利是否侵犯了相邻方的正当权益，其关键点在于判断权利行使行为和损害后果之间有无因果关系。本案中，谭某峰的房屋顶板等其他财产被污水浸泡损坏，系因其与黄某平、谢某东、蓝某贵、李某甫长期通过主排污管道排放厨房油污致其五家共用的主排污管口堵塞引起污水倒灌溢出造成。虽然后来谭某峰通过改造将自家的排污管直接将污水排入化粪池，但其之前曾多年使用双方共用管道排放厨房污水，且其双方均将生活油污排入同一化粪池。根据生活经验以及专业疏通人员的判断，可以认定双方当事人长期共同的排污行为均与化粪池处排污管口堵塞和谭某峰的房屋被污水浸泡有因果关系。

最后，关于多个侵权行为造成同一损害后果的责任比例划分问题。本案中，因各方当事人均未正当行使各自的不动产权利，且其长期共同的排污行为均与损害有因果关系，故黄某平、谢某东、蓝某贵、李某甫属二人以上分别实施侵权行为造成同一损害的情形，应承担按份责任；谭某峰作为受害人，其排污行为与损害后果亦有因果关系，对损害的发生存有过错，故应减轻行为人的责任。但因排污管口被油污堵塞是一个长期的、隐蔽的过程，因此无法计量出各当事人的排污行为对造成排污口堵塞的责任大小。故根据《侵权责任法》第十二条规定，确定由各方当事人平均承担本案的经济损失。

编写人：广西壮族自治区合山市人民法院　蓝娟

52

民事主体因相邻纠纷实施的破坏行为不属于自助行为

——陈某松诉范某富、范某力物权保护案

【案件基本信息】

1. 裁判书字号

福建省莆田市中级人民法院（2017）闽03民终1469号民事判决书

2. 案由：物权保护纠纷

3. 当事人

原告（上诉人）：陈某松

被告（上诉人）：范某富、范某力

【基本案情】

陈某松和范某富均系福建省莆田市某村村民。陈某松于2001年12月取得坐落于某村××号房屋的集体土地使用证。2001年12月24日，因陈某松使用其上述房屋北侧空地与案外人范某华产生争议，在原某村民委员会人民调解委员会的协调下，陈某松与案外人范某华签订《协议书》一份，主要约定陈某松可以使用其房屋北侧地基向外三米的土地，三米之外由范某华用作小路通往村道；陈某松不能在该三米的土地内搭盖猪舍，范某华不能在该三米外的土地栽种果树。后陈某松在其房屋北侧搭盖一杂物间（屋面的材质为石棉瓦），并在该杂物间向北沿村道围起一段围墙（围墙内栽种果蔬及堆放花盆），该围墙南侧靠杂物间处设有一小铁门。2016年下半年，范某富将杂物间屋面的石棉瓦捅落若干片、杂物间北侧沿村道的围墙损坏、围墙上的小铁门推倒、1棵柚子树锯掉2个枝干、香蕉树锯掉14棵、花盆砸坏5个。

【案件焦点】

范某富的破坏行为是否属于自助行为。

【法院裁判要旨】

福建省莆田市涵江区人民法院经审理认为：当事人均应在法律范围内行使权利、履行义务。范某富主张其系陈某松房屋北侧地基三米外土地的使用权人，并提供《协议书》及某村村民委员会出具的《证明》予以证明，但村委会并不具备确认讼争土地使用权的资格，故范某富提供的上述证据不足以证明其上述主张，应由其承担相应的法律责任。范某富并非《协议书》的相对方，其也没有举证证明案外人范某华与其为兄弟关系且范某华的行为代表同一户家庭成员，其行为也没有得到该协议书相对方范某华的授权和追认，应由其承担相应的法律责任。范某富认为陈某松搭盖杂物间并设立围墙栽种果树、蔬菜等侵害其权利，应请求有关部门处理。其擅自捅落陈某松杂物间的屋面石棉瓦、砸坏围墙、推倒小铁门、锯掉果树（枝）、打砸花盆没有法律依据，应当承担相应的法律责任。陈某松并未提供证据证明其在其房屋北侧土地上搭盖杂物间及设立围墙符合乡（镇）土地利用总体规划并经有关主管部门审批，故陈某松搭建杂物间、设立围墙及其上的小铁门不具有合法性，其主张范某富进行修缮直至恢复原状，于法无据，不予支持。陈某松并未举证证明范某富锯掉果树、打砸花盆造成其经济损失的具体数额，鉴于鉴定会加重双方的负担，结合现场勘查并参照莆田市征地拆迁补偿安置标准，柚子树 1 棵未产果且范某富仅锯掉 2 个枝干，故酌定由范某富赔偿 10 元；香蕉树锯掉 14 棵，均未刨根，仍可继续产果，故酌定按每棵 15 元的标准进行赔偿，计 210 元；砸坏花盆 5 个，酌定按每个 20 元的标准进行赔偿，计 100 元。综上，范某富应当赔偿陈某松经济损失 320 元。陈某松并未举证证明范某富的行为造成其声誉受损，其主张范某富立即消除影响、公开赔礼道歉并赔偿其精神损失 5000 元，均缺乏事实和法律依据，不予支持。陈某松主张范某力毁坏其财产，但范某力不予认可，陈某松提供的证据也不足以证明其上述主张，应由其承担举证不能的法律后果。

福建省莆田市涵江区人民法院依照《中华人民共和国民法通则》第一百三十四条，《中华人民共和国物权法》第七条、第三十二条、第三十六条、第三十七条，《中华人民共和国土地管理法》第十六条第一款和第四款、第六十二条第二款和第三款，《中华人民共和国民事诉讼法》第六十四条第一款，《最高人民法院关于民事诉讼证据的若干规定》第二条的规定，作出如下判决：

一、范某富应在本判决生效之日起五日内赔偿陈某松香蕉树、柚子树、花盆的经济损失320元；

二、驳回陈某松的其他诉讼请求。

陈某松及范某富、范某力不服一审判决，提起上诉。福建省莆田市中级人民法院经审理同意一审法院裁判理由，认为：一审判决认定事实清楚，适用法律正确，应予维持。

福建省莆田市中级人民法院依照《中华人民共和国民事诉讼法》第一百七十条第一款第一项的规定，作出如下判决：

驳回各方上诉，维持原判。

【法官后语】

我国目前正处于新农村建设和城镇化发展的关键时期。不动产的相邻权利人应按照有利生产、方便生活、团结互助、公平合理的原则正确处理相邻关系。本案是因相邻通行产生的物权保护纠纷。

民事权利的保护方法，大体分为公力救济与自力救济。自力救济（又叫私力救济）是指民事权利遭受侵害时，权利人可以自己的能力排除侵害，自行实现其权利。自助行为属于自力救济行为的一种，是指为了保护自己的权利，而对于他人的自由或财产施以拘束或毁损的行为。理论界普遍认为，自助行为的构成要件一般包括以下几个方面：一是行为人须有现实完整的请求权；二是行为人为自助行为系必需，即时间紧迫来不及请求国家机关援助或者在一般社会观念下没有必要寻求公力救济；三是行为人为自助行为限于必要范围；四是行为人不得滥用自助。本案中，范某富主张陈某松妨碍其通行，并提供陈某松与案外人范某华签订的《协议书》为证，可见双方为相邻通行问题争执已久。为了防止恶意滥用民事自助行为，激化当事人之间的矛盾，破坏稳定有序的社会秩序，对于可以向相关行政机关或司法机关请求援助解决的问题，应当引导当事人及时请求公力救济对矛盾进行解决。范某富如能举证证明某对诉争土地享有使用权，那么其有现实完整的请求权，其在双方产生纠纷期间完全可以向相关行政机关或司法机关寻求公力救济解决双方的相邻通行问题。范某富的破坏行为并不属于“一种于时机紧急不及获得公力救济时的暂时的替代手段”的自助行为，其行为损害了陈某松的财产利益，故法院认定范某富的破坏行为属于民事侵权行为，并判决其承担侵权责任（赔偿损失）。

编写人：福建省莆田市涵江区人民法院　林冬

53

相邻房屋相继失火的因果关系认定

——向某松、彭某芳诉李某香财产损害案

【案件基本信息】

1. 裁判书字号

湖南省湘西土家族苗族自治州中级人民法院（2018）湘31民终207号民事判决书

2. 案由：财产损害纠纷

3. 当事人

原告（被上诉人）：向某松、彭某芳

被告（上诉人）：李某香

【基本案情】

原告的房屋与被告的房屋位于同一坡面，上下相邻，相距约100米，李某香的房屋位于上方。2017年1月21日，被告在自己房屋用火，不慎将自家的羊栏引燃致全部烧毁。随后，原告房屋相连的偏水房上所盖的茅草等物被引燃，被告夫妇及同村寨的村民陈某梅、周某文等多位邻居赶赴向某松的着火房屋将火扑灭。火灾致被告的羊栏全部烧毁，原告的房屋骑筒柱四根、前沿柱一根、中柱一根、枋七块板壁3.3米×3.2米被烧毁，放置棺材的偏水房被全部烧毁，偏水房内的一具棺材被烧毁。前述被损毁的财物经永顺县价格认证中心评估估价总价值为10714元。事后，村委会主持调解，因双方就赔偿金额有争议，故未达成一致赔偿协议。

另，原、被告两家的关系及同寨村民相互之间平素关系均较好。当天，此村落

并无其他人在外用火，原告家的输电线也无起火迹象，其家里当天无人。当天风较大，无雷电。

原告请求被告赔偿失火烧坏的财物的损失。被告辩称，没有证据证明原告的房屋被烧是被告家失火造成的，被告不应当承担赔偿责任。

【案件焦点】

应否认定李某香的羊栏燃烧与向某松、彭某芳家失火之间有因果关系。

【法院裁判要旨】

湖南省湘西土家族苗族自治州永顺县人民法院经审理认为：原告房屋着火的火源，无关系不和的邻居蓄意放火，无房屋内输电线起火，周围无人在外用火，也无雷电起火，除被告羊栏燃烧飞出火星外别无其他火源。被告提交的录像证明原告房屋着火已经熄灭，而被告羊栏仍在燃烧，但这只能证明原告房屋的火被人扑灭，被告羊栏的火无人扑灭的事实，不能就此证明原告的房屋先于被告的羊栏起火。应该认定被告的羊栏燃烧与原告家失火之间有直接因果关系。

湖南省湘西土家族苗族自治州永顺县人民法院依照《中华人民共和国侵权责任法》第六条第一款、第十五条第一款第六项，《中华人民共和国民事诉讼法》第六十四条及《最高人民法院关于民事诉讼证据的若干规定》第二条的规定，作出如下判决：

限李某香于本判决生效之日起十日内赔偿向某松、彭某芳房屋及房屋内存放的棺材因火受损的经济损失10714元。

宣判后，被告持原答辩意见提起上诉。湖南省湘西土家族苗族自治州中级人民法院经审理认为：根据日常生活经验法则，火源的蔓延和走势均不是可以人为判断的，该案损害后果的发生，可以推定为李某香用火不当所致。李某香如能够证明其他因素导致向某松、彭某芳财产损害的后果，则可以免除赔偿责任。该案的证明责任主体应当是李某香。李某香认为自己引发的火情不是造成向某松、彭某芳家里财物毁坏的原因，应当向法院提交相应的证据予以证明。李某香无法提交证据证明火灾的引发是基于其他因素造成的，因此李某香作为完全民事行为能力人，本应当注意用火安全，却因疏忽大意导致财产损害的结果，依照法律规定，应当承担赔偿责任。

湖南省湘西土家族苗族自治州中级人民法院依照《中华人民共和国民事诉讼

法》第一百七十条第一款第一项之规定，作出如下判决：

驳回上诉，维持原判。

【法官后语】

“侵权责任中的因果关系，是指行为或物件与损害事实之间的前因后果的联系，此种因果关系是确定责任的归属与控制责任范围的重要要件，是‘为自己的行为负责’原则的必然引申。”“个人行为应当在自身控制范围之内，个人应当在自己能力范围之内对自己的行为具备一定判断力。考察判断个人能否产生一定的危害性即个人与损害事实有否因果关系，有因果关系，则可能构成侵权责任，无因果关系则不构成侵权责任。”法律规范的是人的行为而不是人的思想。行为人之所以要承担责任是因为他的行为给别人造成了损害后果，而不是其行为的初衷。

本案争议焦点是原告房屋起火的火源来源。庭审查明的事实表明，原告的房屋着火的火源，既无关系不和的邻居蓄意放火，也无房屋内输电线起火，周围更无人在外用火或雷电起火。在当时的情况下，应该认定除被告的羊栏燃烧飞出火星外别无其他火源。而燃烧杂物产生的火星容易被风吹向周围，若火星飞至易燃物品则将引发火灾。这是普通人都应该具有的认识，也就是二审法院所说的日常经验法则。一审、二审法院均认定被告的羊栏燃烧与原告家失火之间有直接因果关系是正确的，且二审的裁判理由，特别是举证责任分配及转换的表述非常精彩，值得借鉴。

编写人：湖南省湘西土家族苗族自治州永顺县人民法院　李石蕴

54

相邻纠纷中“容忍义务”限度之认定

——朱某甲诉朱某乙相邻案

【案件基本信息】

1. 裁判书字号

浙江省临海市人民法院（2017）浙1082民初12350号民事判决书

2. 案由：相邻纠纷

3. 当事人

原告：朱某甲

被告：朱某乙

【基本案情】

朱某甲自有房屋与朱某乙自有房屋相邻，朱某甲自有房屋的地基高于朱某乙自有房屋地基20厘米。朱某乙在建造自有房屋时，未在其与朱某甲自有房屋相邻的南墙开设窗户。2017年9月16日，朱某乙在未通知朱某甲的情况下，在与朱某甲相邻但未接驳的二楼墙面开凿墙洞用于开窗，最终形成高102厘米、宽94厘米、距地95厘米的墙洞。朱某甲发现后要求朱某乙停止施工，并为此发生争执。2017年11月20日，朱某甲诉至法院，以其隐私权和财产安全受侵为由，要求朱某乙排除妨碍，将房屋墙面恢复原样。

【案件焦点】

朱某乙的开窗行为给朱某甲带来的影响是否在相邻一方“容忍义务”限度内。

【法院裁判要旨】

浙江省临海市人民法院经审理认为：不动产的相邻权利人应当按照有利生产、方便生活、团结互助、公平合理的原则，正确处理相邻关系。本案争议焦点有二：一是朱某乙是否有权在自有房屋开窗。根据《中华人民共和国物权法》第八十九条的规定，建造建筑物，不得违反国家有关工程建设标准，妨碍相邻建筑物的通风、采光和日照。在自有房屋开窗用于通风、采光和日照，只要不违反国家有关工程建设标准，就是房屋所有人的固有权利。朱某乙为通风、采光和日照需要在自有房屋开窗，在无证据证明其开窗行为违反国家有关工程建设标准的前提下，应当认定其有在自有房屋开窗的权利。二是朱某乙在未与朱某甲房屋接驳的二楼墙面开窗是否侵犯了朱某甲的隐私权等人身权和财产权。排除妨碍作为法定的违反民事义务人承担民事责任的方式，是指违法行为人的行为使受害人无法行使或不能正常行使自己的财产权利、人身权利时，受害人有权要求排除妨碍。在日常生活中表现为妨碍的现实存在。但从法院现场勘查的情况看，朱某乙所开墙洞与朱某甲房屋的窗口有一定距离，且朱某甲的地基高于朱某乙的地基，从朱某乙所开墙洞仅能看到朱某甲房屋内的部分地方，朱某甲可以通过窗帘等物在特定时间予以遮挡。朱某乙所开墙洞的大小及与朱某甲窗户的距离属于相邻一方应有的“容忍义务”范围内。另，朱某乙的开窗行为未给朱某甲及其家人的人身权和财产权造成实际损害，依据朱某甲提供的证据，也无法判定会给朱某甲及其家人的人身权和财产权造成损害，故朱某乙的开窗行为未实际影响朱某甲及其家人的财产权利和人身权利，朱某甲要求朱某乙排除妨碍，将其房屋墙面恢复原状的诉讼请求，缺乏法律依据和事实依据，法院不予支持。

浙江省临海市人民法院依照《中华人民共和国物权法》第八十四条、《中华人民共和国民事诉讼法》第六十四条之规定，作出如下判决：

驳回朱某甲的诉讼请求。

【法官后语】

本案是一起极为典型的相邻关系纠纷，其审理涉及的关键问题在于确定相邻方在什么情况下负有容忍义务、什么情况下不负容忍义务，容忍义务的限度如何把握。

1. 容忍义务的法理阐释

传统的民法理论认为，民事法律关系的内容，就是指民事法律关系主体所享有的权利和所承担的义务，即民事权利和民事义务。但这种简单的描述并不能穷尽民事法律关系的全部，在有些情况下，与权利相对应的不是义务，而是一种法律上的拘束。[①] 这些权利、义务和拘束具有各不相同的规范属性和规范结构，它们一方面表现为各种权利，另一方面表现为各种法律上的负担。前者称为民事法律关系内容构成的积极要素，后者称为消极要素。积极要素除了狭义上的权利之外，还包括权能、权限和取得期待。消极要素除了狭义的义务之外，还包括法律上的拘束或屈从、作为非真正义务的职责。消极要素中的法律上的拘束或屈从，德国学者称之为“容忍义务”[②]。

对于容忍义务，我们可以从以下四个方面来理解：一是容忍义务对应的是形成

① ［德］拉伦茨：《德国民法通论》，邵建东等译，法律出版社1997年版，第259页。
② 申卫星：《对民事法律关系内容构成的反思》，载《比较法研究》2004年第1期。

权。葡萄牙民法学者卡路士·莫达·宾度将法律关系中的权利分为本义的权利和形成权，与本义的权利对应的是法律义务，而与形成权对应的是屈从（即容忍义务）。二是负有容忍义务的人是权利人或具有正当利益的人，正是因为其具有的基础正当性，才会有容忍的发生。三是容忍义务一般是由法律直接规定而发生的。四是容忍义务较之不作为义务更为消极，容忍义务不是指义务主体自己不去做什么，而是权利人依法或依约做了什么，他要无条件地接受，要容忍权利人这样做而不得反对或提出任何异议。①

2. 容忍义务在相邻关系中的限度认定

面对具体的案件，如果法律已明确规定为“容忍义务”，法官只需严格依法办理即可。但是在绝大多数情况下，法律并无明确规定，此时法官应权衡各方利益，通过利益衡量的方法确定容忍义务的限度。具体而言，笔者认为，在权衡各方利益时，应当考虑以下四个因素：第一，要考虑相邻关系加害一方的利益正当性。相邻关系的制度意义就在于使不动产利用达到最大化，促进整个社会经济的发展。如果相邻一方利用对方不动产没有正当利益，对方就没有容忍其加害的必要。第二，要考虑受害利益和加害行为的性质与程度。一般来看，受害方对相邻妨害有适度的容忍义务，但当侵害重大时，受害方无须容忍。侵害是否重大，要按照社会一般人的忍受程度确定。对于加害行为，各种不同形态的妨害有不同的技术标准，如噪声发出的时间是白天还是晚上，都是判断受害一方是否应承担容忍义务的因素。第三，要考虑加害人是否积极采取防范措施。如果可以防范但未采取防范措施，即使这种加害行为具备当地通行性或者说符合当地习惯，也不能容忍；而加害行为根本无法以现有技术措施加以有效防止，或纵能防止，但非其经济能力所能负担，则相邻另一方一般有容忍义务。第四，要考虑损害是否超过了社会的容许限度。如果加害行为对社会基本价值构成妨害，则没有理由将容忍义务强加于受害方。

3. 容忍义务在具体案件的运用

我们以本案为例，验证上文列举的判断容忍义务限度的四大考量因素是否可在具体案件中有效适用。本案的争议焦点在于朱某乙的开窗行为是否超过了相邻一方

---

① 李燕山：《容忍义务之边界：相邻关系纠纷案件审理的难点与对策》，载《全国法院第十九届学术讨论会论文集》，第241页。

朱某甲的容忍义务限度。首先，朱某乙在自有楼房开窗是为了满足其采光和通风的需求，其权利来源于《物权法》第八十九条的规定，故朱某乙的开窗行为权利来源正当。其次，朱某甲阻止朱某乙开窗的理由是朱某乙的窗户离朱某甲的窗户过近，侵犯了其隐私权和财产安全，故朱某甲主张的受害利益是其隐私权和财产安全。但朱某乙的开窗行为属于消极侵权、间接侵权，而无论是侵害隐私权还是财产安全，均为积极侵权、直接侵权。再次，朱某乙表示愿意在窗户上加装防盗窗和将窗户改造成半活动式（仅一半窗户可移动）。通过朱某乙对窗户的加装和改造行为，我们可以感受到其通过积极的手段来消除其开窗行为所带来的消极侵权。最后，朱某乙的开窗行为是为了满足日常生活所需，而且也不严重妨碍朱某甲的日常生活，更谈不上对社会基本价值的妨碍。依据以上四点，朱某乙开窗的消极侵权行为，不能直接造成侵害朱某甲隐私权和财产安全的结果，故应当认定朱某乙的开窗行为属于作为相邻一方的朱某甲有义务容忍的行为。

编写人：浙江省临海市人民法院　梁斌

55

相邻关系纠纷中多重利益冲突的衡量规则

——贾某成等诉夏某东相邻关系案

【案件基本信息】

1. 裁判书字号

北京市第三中级人民法院（2017）京 03 民终 5642 号民事判决书

2. 案由：相邻关系纠纷

3. 当事人

原告（被上诉人）：贾某成、王某华、贾某一、贾某二

被告（上诉人）：夏某东

第三人：北京市平谷区平谷镇西鹿角村民委员会（以下简称西鹿角村委会）

【基本案情】

贾某成、王某华系夫妻关系，贾某一、贾某二分别系其长子和次子。贾某成夫妇于 1997 年在西鹿角村北购买宅院一处。夏某东于 1998 年下半年经村委会批准在贾某成所购宅院西北方向建设鸡舍四间用于养鸡。2006 年，夏某东在上述四间鸡舍东侧扩建 15 间鸡舍。截至 2016 年 7 月，夏某东养鸡场共养有 800 余只鸡。2001 年 3 月，贾某成提交宅基地申请获得批准，取得其所购宅院北侧的一块宅基地，紧邻夏某东的鸡舍。2010 年左右，贾某成、王某华、贾某一、贾某二经批准在其上述宅基地上紧邻原购房屋北侧建设二层新房。夏某东鸡舍东端与贾某成等人二层新房南北相对，距离为七八米。夏某东将鸡粪露天堆放于鸡舍东端东侧。贾某成等人认为夏某东经营的鸡舍环境恶劣，恶臭熏天，要求法院判令：1. 夏某东立即将养殖场的建筑物拆除，恢复原状，将畜禽养殖的排泄物全部清除，防止蚊虫滋生；2. 夏某东赔偿其杀虫剂款损失 15000 元、房屋装修损失 100000 元、租房损失 75000 元，西鹿角村委会对上述请求承担连带责任。

【案件焦点】

1. 相邻关系中受害方容忍义务的限度范围；2. 在确定利益基本位阶秩序后仍无法在多重价值中进行取舍的如何衡量；3. 土地利用的先后顺序是否是构成妨碍的关键因素；4. 加害行为是否经过行政许可是否影响受害人在相邻关系民事纠纷中主张权利。

【法院裁判要旨】

北京市平谷区人民法院经审理认为：夏某东养鸡场位于村民居住生活区域，产生的侵扰已经明显达到影响原告等人正常居住生活的程度，超出原告等人必要的容忍义务限度。夏某东以损害邻居正常基本居住生活的代价利用土地属权利滥用行为，其应考虑采取关停养鸡场、将养鸡场址搬至远离居民区等方式，避免继续在现场址养鸡。现原告要求被告支付购买杀虫剂支出的费用正当合理，但原告主张金额过高，酌情确定为 1000 元。

北京市平谷区人民法院依照《中华人民共和国民法通则》第八十三条之规定，作出如下判决：

一、夏某东于本判决生效十五日后立即停止在其位于鹿角村的现养殖场养鸡；

二、夏某东于本判决生效后十日内将贾某成、王某华、贾某一、贾某二房后的畜禽养殖排泄物全部清除；

三、夏某东于本判决生效后十日内给付贾某成、王某华、贾某一、贾某二消灭苍蝇、蚊虫等的杀虫剂款损失1000元；

四、驳回贾某成、王某华、贾某一、贾某二的其他诉讼请求。

夏某东不服一审判决，提起上诉。北京市第三中级人民法院经审理认为：鸡舍紧邻贾某成家宅院的上风向，常年散发恶臭，已经严重影响贾某成等人身体健康及正常居住生活。虽然夏某东经营鸡舍有一定的历史形成原因，但是其与未来农村村舍整体规划布局、环境发展理念并不相符。原审法院判令夏某东停止在涉案场地养鸡并清除全部排泄物，处理适当，应予维持。关于购买杀虫剂支出费用，考虑到夏某东建设鸡舍在先，贾某成建二层北房在后，且夏某东以放弃经营为代价已足以弥补贾某成等人因此造成的损失，不宜再由夏某东支付购买杀虫剂等费用。

北京市第三中级人民法院依照《中华人民共和国民法通则》第八十三条、《中华人民共和国物权法》第八十四条、《中华人民共和国民事诉讼法》第一百七十条第一款第二项之规定，作出如下判决：

一、维持北京市平谷区人民法院（2017）京0117民初1499号民事判决第一项、第二项；

二、撤销北京市平谷区人民法院（2017）京0117民初1499号民事判决第三项、第四项；

三、驳回贾某成、王某华、贾某一、贾某二的其他诉讼请求。

【法官后语】

相邻关系纠纷，是众多民事案件中最普通、最传统的案件，但由于法律对此类纠纷的规定过于原则、简单，给法官处理此类案件时提供了一个很大的自由裁量的空间。如能够预先将利益衡量的具体考量因素作原则上的提炼，必然有助于减少权利的擅断，增强法官自由裁量的科学性。本案即相邻关系纠纷中针对利益衡量的一个典型案例，争议焦点主要是夏某东的养鸡行为是否超过邻里之间的容忍限度、损害了贾某成一家居住生活的人身权利而应当停止。

第一，相邻关系中受害方容忍义务的限度范围。容忍义务的实质是对权利的限制，并不是所有的越界侵害均可要求行使赔偿权或妨害排除请求权，只有在不动产权利人给相邻他方造成妨碍的程度超过了一般人的忍受限度，该行为才属于法律上的禁止行为或权利的限制行使，相邻他方可免除容忍义务。本案中，从妨害行为的性质和程度分析，鸡舍位于村民居住的人口密集区域，长期紧邻房屋饲养大量家禽，极易对村民身体健康、生活质量造成不良影响，已经超出了相邻方的容忍限度。

第二，在确定利益基本位阶秩序后仍无法在多重价值中进行取舍的，应通过以下两点进行权衡：一是对最大利益与最小弊害加以比较；二是被舍弃的价值有无依理性的其他替代方式获取的可能。

本案中的难点在于，需要取舍的双方利益都是双方基本的生存权利，一方是与鸡舍毗邻而居的农户生活质量受到严重影响，另一方是以养鸡为十余年来主要生活来源的农户维持生计的权利，一旦停止难以为继，用一般价值衡量标准难以确定法律价值位阶并进行排序。如何进行取舍，可以考虑以下因素：首先，效益原则要求对利益的保护与限制进行量的评估与比对，谋求利益最大化与损害最小化相结合。本案中，夏某东经营鸡舍虽有一定的历史形成原因，但与未来农村村舍整体规划布局、环境发展理念并不相符，如继续允许夏某东在现址经营鸡舍，长期实施侵扰行为，必然要以损害周边居民的健康生活等基本生存权利为代价，长此以往，弊明显大于利，得不偿失。其次，对于存在冲突的价值必须有所取舍时，应当考虑如下因素：(1) 取此舍彼所要达到的目的；(2) 被舍弃的价值有无依理性的其他替代方法获取的可能性；(3) 被舍弃的价值没有依理性的其他替代方法获取的可能性时，这种舍弃是否值得。本案中，在经过取舍，法院选择保护贾某成一家的居住权益后，虽然舍弃了对夏某东利益的保护，但是该舍弃的价值仍存在其他可替代的方式得以实现。如停止在原址养鸡，夏某东仍可通过将养鸡场搬至远离居民的地区，实现继续养鸡的经营目的，或在原址另寻其他替代性收益渠道维持生计。

第三，土地利用的先后顺序不是判断是否构成妨碍的关键因素；加害行为是否经过行政许可亦不影响受害人在相邻关系民事纠纷中主张权利。

由于案件的复杂性，不能单以土地先后利用顺序即作出判断，应当结合土地性质、利益性质进行分析。贾某成后建北房二层所利用的土地属宅基地性质，用于建造农村住宅满足其居住生活的基本需求。虽然该宅基地的位置与夏某东的鸡舍相邻，从村整体布局规划、居住环境等角度而言本就存在不合理性，但是在该宅基地已经过区政府审批给贾某成使用的情况下，贾某成作为宅基地使用权人必然要在该土地上建房居住生活以实现对土地的充分利用。虽然夏某东在贾某成建造房屋之初曾告知其可能出现的后果，但是这也不能成为法律上贾某成自行承担全部侵害后果的理由。

此外，虽然政府相关部门目前尚未对夏某东养鸡是否符合相关标准出具明确意见，但是并不影响在相邻关系民事纠纷中对夏某东养鸡行为是否构成妨碍作出评判和处理。需要特别指出的是，对于无法给予保护的正当利益，要贯彻利益补偿原则，以适当的方式给予适当的补偿。本案中，考虑到夏某东并无侵害贾某成一家居住生活之故意，且其以放弃经营为代价，已经足以弥补贾某成等人因此造成的损失，故二审法院认定不宜再由夏某东向贾某成一家支付购买杀虫剂等费用。

编写人：北京市第三中级人民法院　杨夏

六、建筑物区分所有权纠纷

56

成本计入商品房建设成本的小区会所的所有权应如何认定

——宜兴市新街街道海德名园业主委员会诉宜兴市恒兴置业有限公司物权确认、财产损害赔偿案

【案件基本信息】

1. 裁判书字号

江苏省无锡市中级人民法院（2017）苏 02 民终 5565 号民事判决书

2. 案由：物权确认、财产损害赔偿纠纷

3. 当事人

原告（被上诉人）：宜兴市新街街道海德名园业主委员会（以下简称海德名园业委会）

被告（上诉人）：宜兴市恒兴置业有限公司（以下简称恒兴公司）

第三人：南京紫竹物业管理股份有限公司宜兴分公司（以下简称紫竹物业公司）

【基本案情】

宜兴市新街街道海德名园一、二、三期小区的开发商系恒兴公司。在海德名园二期内建有海德名园会所，该会所的建设工程规划许可证载明的建设项目名称为海德名园会所。该证的“附图及附件名称”内载有物业管理用房建筑面积 700 平方米、核发红卡等内容。根据规划部门的解释，“核发红卡”的房产不得销售。该会所至今没有房产证。紫竹物业公司自 2008 年 10 月 30 日开始承接海德名园小区物

业，并使用海德名园二期第26幢会所的476平方米作为物业用房，其余647.62平方米由恒兴公司使用或控制。法院从宜兴市物价局调取了物价局核定海德名园商品房预售价格的相关材料，其中一期仅调取到第5、6幢的材料，载明小区配套费项目中含每平方米15元的物业房成本，二期调取到16~24幢的材料，均载明小区配套费项目中含每平方米22.9元的“物业用房、会所”成本。另外，第16、17、19幢恒兴公司申报的小区配套明细表“物业用房、会所”22.9元相应栏内还注有“会所1300平方米”的内容。三期因政策原因不再由物价局核定预售价格。

海德名园业委会申请对会所争议面积的租金进行了价格评估。无锡国信德资产价格评估有限公司于2017年10月30日出具评估报告：经综合测算委托评估标的房产（647.62平方米）（长租情况下）2009年1月1日至2017年8月14日的租金价格分别如下：2009年1月1日至2011年12月31日三年每年的租金均为84200元；2012年1月1日至2014年12月31日三年每年的租金均为93300元；2015年1月1日至2016年12月31日两年每年的租金均为102300元；2017年1月1日至2017年8月14日租金为72500元（计8.5个月）。

【案件焦点】

海德名园二期第26幢会所除物业用房外，其余647.62平方米属于海德名园全体业主所有还是属于恒兴公司所有；如果该647.62平方米会所属于全体业主所有，海德名园业委会主张的损失标准是否合理。

【法院裁判要旨】

江苏省宜兴市人民法院经审理认为：对于小区会所在没有合法规划、没有规定、没有产权证的情况下，有约定从约定，没有约定的，如有证据证明会所的成本实际列入了商品房建造成本，构成商品房对外销售价格的组成部分，则归业主所有。本案应认定海德名园二期第26幢会所的成本实际已列入商品房建造成本，构成商品房对外销售价格的组成部分，理由如下：1. 根据恒兴公司与紫竹物业公司签订的《物业移交验收接管协议》，会所属海德名园小区配套用房，根据建设工程规划许可，该会所不能销售。2. 从物价局核定海德名园商品房预售价格的材料看，恒兴公司申报列入商品房对外销售价格的是整幢会所而不仅是物业用房的成本。3. 从会所列入商品房对外销售价格的金额分析，会所的成本是由物业用房和争议面积两个部分共同组成的。4. 恒兴公司所列会所成本明细是其公司单方制作，金额无法完全确认，其公司主张的分摊方法更与事实不符。且会所是不得销售的房屋，在费用上与商品房应有区别。5. 恒兴公司提供的土地分割证、图纸等不能证明会所属恒兴公司所有。综上，再结合商品房预售价格核定材料中反映的建筑安装工程费成本，应认定会所的成本已构成商品房对外销售价格的组成部分，对会所的建设成本进行司法审价也无必要。海德名园二期第26幢会所有争议的647.62平方米的房屋应属海德名园小区全体业主所有。恒兴公司占有使用除物业用房外的其他会所房屋，应支付参照租赁费用计算的损失。《物业移交验收接管协议》约定紫竹物业公司承接物业的时间是2008年10月30日，海德名园业委会有权要求从2008年11月1日起开始计算损失，金额可按评估报告确定的标准计算。因恒兴公司系连续占有使用会所，故本案未过诉讼时效。损失计算至起诉之日共计803150元。海德名园业委会要求紫竹物业公司承担赔偿责任于法无据，不予支持。

江苏省宜兴市人民法院依照《中华人民共和国物权法》第四条、第三十三条、第三十七条，《中华人民共和国民法通则》第七十二条、第一百三十七条的规定，判决：

一、宜兴市新街街道海德名园二期第26幢会所除物业用房外的647.62平方米的房屋属海德名园小区全体业主所有；

二、恒兴公司于判决发生法律效力之日起十日内支付海德名园业委会损失803150元；

三、驳回海德名园业委会对紫竹物业公司的诉讼请求。

恒兴公司不服一审判决，持原审答辩意见提起上诉。江苏省无锡市中级人民法院认为：

一、关于一审法院是否存在程序违法问题，因海德名园业委会在起诉时要求恒兴公司、紫竹物业公司支付案涉会所的租赁费用，而在一审法院的第一次庭审中恒兴公司对会所的权属提出抗辩，故一审法院向海德名园业委会释明，应先对会所进行确权，才能进一步明确租赁费用的诉请。海德名园业委会表示在本案中对会所进行确权，并书面申请增加该项诉讼请求，一审法院及时向恒兴公司、紫竹物业公司送达了海德名园业委会的该申请，并且对海德名园业委会增加的该项诉请在第二次庭审中进行了审理。因此一审法院将海德名园业委会的两项诉讼请求一并审理，既有利于双方争议的解决，又不存在程序违法问题。

二、案涉会所属海德名园全体业主所有，理由如下：案涉会所位于海德名园小区内，与476平方米的物业用房同属一套建筑的整体，根据建设工程规划许可证、物业移交接管协议备案证明存根以及恒兴公司与紫竹物业公司签订的物业移交验收接管协议等书面证据所载明的内容来看，恒兴公司在移交物业时，是将会所与物业用房一并作为配套用房移交给紫竹物业公司，而且写明产权归全体业主所有。海德名园业委会在本案中提供了上述证据，对其主张已经尽到初步举证义务。而恒兴公司辩称会所系其公司所有，作为海德名园小区的开发商，恒兴公司应当进一步提供充分证据予以证明。恒兴公司虽提供了土地分割证、会所成本核算等证据，但根据一审法院向宜兴市国土资源局、宜兴市环科园规划办公室调查了解的情况，以及宜兴市物价局对海德名园商品房价格核定的相关材料，恒兴公司所举证据并不足以证明会所系其公司所有。恒兴公司已将会所的成本列入商品房价格中，因此没有必要再专门对会所的建设成本进行审价。综上，依据《中华人民共和国物权法》及相关司法解释的规定，针对双方当事人的举证情况，应认定案涉会所属海德名园全体业主所有。

三、关于恒兴公司占有使用案涉会所应当承担的责任。首先，会所属于全体业主所有，恒兴公司作为海德名园小区的开发商对此理应知晓，并且在物业移交验收接管协议备案证明中也明确了该事实，故恒兴公司自将物业用房于2008年10月30日移交给紫竹物业公司时，本应将会所一并移交给全体业主占有、使用、收益，但恒兴公司却一直无偿占有使用至今，致使海德名园全体业主不能使用、收益，从而造成了相应损失。依据《中华人民共和国物权法》第三十七条的规定，因恒兴公司的侵权，海德名园业委会作为全体业主代表有权请求恒兴公司赔偿损失。其次，恒兴公司认为海德名园业委会没有主张过权利，至少表明是同意其公司使用的。但依据《中华人民共和国民法总则》第一百四十条第二款的规定，沉默只有在有法律规定、当事人约定或者符合当事人之间的交易习惯时，才可以视为意思表示。海德名园业委会明确表示曾多次向恒兴公司提出归还会所的主张，并未同意恒兴公司无偿使用，恒兴公司亦未能举证证明其公司占有使用会所符合法律所列上述情形，故恒兴公司所提该项上述意见，并无事实和法律依据。最后，《中华人民共和国侵权责任法》第十九条规定，侵害他人财产的，财产损失按照损失发生时的市场价格或者其他方式计算。原审法院参照会所的租赁费用来确定本案损失，并依法委托评估机构对此进行评估。根据评估机构对会所租赁费用的评估过程来看，评估机构不仅到现场勘查了会所的实际情况，还对类似商业办公用房的租金情况进行了大量的调查和分析，从而作出了不同时段租赁费用的评估结论，因此评估机构的评估具有事实依据，亦无程序违法之处，恒兴公司未能提供相应证据推翻该评估意见，故评估意见合法有效，一审法院据此作为参照确定本案损失，并无不妥。

综上所述，恒兴公司的上诉请求不能成立，应予驳回；一审判决认定事实清楚，适用法律正确，应予维持。江苏省无锡市中级人民法院依照《中华人民共和国民事诉讼法》第一百七十条第一款第一项的规定，判决如下：

驳回上诉，维持原判。

【法官后语】

因小区附属设施权属争议引发的纠纷比较鲜见。对于开发商来说，其对外公示商品房销售价格并不需要附带具体的成本核算，而商品房的价格除了本身建造成本以外，受到市场供求因素的影响也很大。一方面买房者不具备专业的会计核算知识，另一方面也缺乏相应的维权意识，一旦开发商违背诚信原则，利用双方的信息不对称进行牟利，买房者的权益极易受到侵害。本案会所的权属争议正是在这种情形下发生的。

对于会所的性质和所有权归属，《物权法》以及相关的司法解释并未作出明确的规定，物权法草案三审稿曾有过相关的制度设计，对于会所的归属，有约定的从约定；没有约定或者约定不明的，除建设单位能够证明其享有所有权外，属于建筑物区分所有权人共有。但其后并未予以通过，主要原因在于提供健身、娱乐等服务的会所，绝大多数是作为独立房屋由开发商出资建设，并出售或者出租经营的，与绿地、道路等使用不产生额外的收益和负担不同的是，会所的经营需要长期投入，其使用和服务也均是有偿的，业主对其使用是受限的。但是，对于会所归属的认定，在法理上并非无迹可寻。《物权法》第七十条规定，业主对建筑物内的住宅、经营性用房等专有部分享有所有权，对专有部分以外的共有部分享有共有和共同管理的权利。该法第七十三条规定，建筑区划内的道路，属于业主共有，但属于城镇公共道路的除外。建筑区划内的绿地，属于业主共有，但属于城镇公共绿地或者明示属于个人的除外。建筑区划内的其他公共场所、公用设施和物业服务用房，属于业主共有。《最高人民法院关于审理建筑物区分所有权纠纷案件具体应用法律若干问题的解释》第三条第一款规定："除法律、行政法规规定的共有部分外，建筑区划内的以下部分，也应当认定为物权法第六章所称的共有部分……（二）其他不属于业主专有部分，也不属于市政公用部分或者其他权利人所有的场所及设施等。"

《物权法》以及相应的司法解释虽然没有直接将会所列为应由全体业主共有的"其他公共场所、公用设施"，但是我们可以从其认可的属于业主共有的公共设施上找到其一般共性。首先，《物权法》第七十三条"明示属于个人"的理解，即有确实的证据证明会所属于全体业主所有或者开发商所有，如房产证、开发商和业主的明确约定产权或者建筑规划明确属于商业用房或者公共设施。其次，从《物权法》第七十三条可以归纳出业主共有的公共设施的共性。该条明确将建筑区划内的道路、绿地列为全体业主共有，绿地、道路等公共设施是基于人们活动的基础需要而建设的配套设施，必须在建设规划中予以体现，成本已经理所当然地蕴含在开发商的成本中，并计入房屋买卖价格，因而绿地、道路等公共设施的所有权毫无疑问是归属于全体业主的。由此可见，在认定建筑区划内附属设施的所有权归属时，谁投资谁受益是基本的准则。

结合本案事实来看，案涉房屋虽系开发商所建，但其既无证据证明案涉房屋登记在其名下，也无证据证明其负担了案涉房屋的建设成本，相反的证据反而表明该房屋的建设成本已经分摊到开发商销售的商品房成本中，故应认定该房屋属于小区全体业主所有。开发商在没有明确取得业主同意的情况下，自行占有使用该房屋，应自该房屋应当移交时起计算占有使用费，应当移交的时间应以小区配套设施的移交时间为准。开发商占有期间无论是否使用该房屋，用途是自用办公、商业性经营或者出租，均因侵犯了小区业主对该房屋的使用和收益权利给业主造成了损失，应当按照租金标准计算占有使用费。

编写人：江苏省无锡市中级人民法院　朱光烁　尹慧

57

开发商建设的幼儿园归谁所有

——某小区业主委员会诉某房地产开发有限公司物权确认案

【案件基本信息】

1. 裁判书字号

河北省秦皇岛市中级人民法院（2017）冀03民终1974号民事判决书

2. 案由：物权确认纠纷

3. 当事人

原告：某小区业主委员会

被告：某房地产开发有限公司

【基本案情】

位于秦皇岛经济技术开发区的某小区由某房地产开发有限公司开发建设。2010年3月19日，该房地产开发有限公司取得建设工程规划许可证，建设规模为总面积319123平方米，其中住宅226742平方米、幼儿园2050平方米、商业626平方米、物业1115平方米、社区用房200平方米、其他630平方米。2010年10月21日，某房地产开发有限公司取得商品房预售许可证，准予预售的范围包括住宅及幼儿园等。2014年4月16日，某房地产开发有限公司取得房屋所有权证书，分户图包括幼儿园。某小区业主委员会认为该幼儿园为小区的配套设施，为小区全体业主所有。

【案件焦点】

位于小区内的幼儿园房屋产权应归某小区全体业主所有还是归房地产开发公司所有。

【法院裁判要旨】

河北省秦皇岛经济技术开发区人民法院经审理认为：本案争议的核心在于某房

地产开发有限公司建设的幼儿园是属于法律上的共有部分还是专有部分。《最高人民法院关于审理建筑物区分所有权纠纷案件具体应用法律若干问题的解释》第二条第一款规定，建筑区划内符合下列条件的房屋，应当认定为专有部分：（一）具有构造上的独立性、能够明确区分；（二）具有利用上的独立性，可以排他使用；（三）能够登记成为特定业主所有权的客体。本案所涉幼儿园在构造上具有独立性，能够明确区分，在利用上具有独立性，能够排他使用。从秦皇岛市住房保障和房产管理局颁发的预售许可证来看，该幼儿园被确认为准予预售的范围，属于可以出售的专有面积，房屋所有权证书分户图也包含该幼儿园，故该幼儿园房屋属于能够登记成为特定业主所有权的客体，符合司法解释规定的专有部分的条件。另，案涉幼儿园房屋系某房地产开发有限公司通过拍卖获得国有土地使用权、自筹资金建造而原始取得，且某房地产开发有限公司已取得产权证书。故原告主张诉争幼儿园属全体业主所有并要求某房地产开发有限公司予以返还的诉讼请求，没有事实和法律依据，不予支持。依照《中华人民共和国物权法》第三十条、《最高人民法院关于审理建筑物区分所有权纠纷案件具体应用法律若干问题的解释》第二条之规定，判决：

驳回原告的诉讼请求。

某小区业主委员会不服原审判决，提起上诉。河北省秦皇岛市中级人民法院认为：某小区房屋系某房地产开发有限公司投资建设，案涉幼儿园属于其中一部分，预售许可证亦包括此幼儿园，属于可以出售的专有面积。现该幼儿园并没有被小区某个业主购买，其所有权理应归其投资建造者——某房地产开发有限公司所有。某小区业主委员会主张此幼儿园属于共有部分、应归全体业主所有无事实和法律依据，不应支持。原审判决认定事实清楚，适用法律正确，故判决：

驳回上诉、维持原判。

【法官后语】

某小区业主委员会诉请的主要理据是该幼儿园是小区的配套设施，为小区全体业主所有。《物权法》第七十二条第一款规定，业主对建筑物专有部分以外的共有部分，享有权利，承担义务。诉争幼儿园在性质上属于专有部分还是共有部分就成为本案审理并作出甄别的关键，如诉争幼儿园属于共有部分，那么某小区业主委员会的诉请就应得到支持。《最高人民法院关于审理建筑物区分所有权纠纷案件具体应用法律若干问题的解释》第二条规定，本案诉争的幼儿园符合“构造上的独立性，可以单独排他使用且能够登记成为特定业主所有权的客体”等特征，属于《物权法》规定的专有部分。从本案事实看，涉案小区楼盘在建设工程规划许可中将幼儿园单独规划、商品房预售许可证中对幼儿园单独载明、可单独出售，亦确认了其专有部分的性质。本案审理之时，诉争幼儿园已经登记在某房地产开发公司名下，某房地产开发公司为合法的所有权人。因此，该幼儿园无论从其产权登记还是建筑物性质、实际投资的事实上看，均属于法律意义上的专有部分、为某房地产开发公司所有，而并不属于某小区业主委员会所有，故某小区业主委员会的上述主张没有事实和法律根据，不应得到支持。

编写人：河北省秦皇岛经济技术开发区人民法院　孟凡江

58

无产权“子车位”应属全体业主共有

——俞某诉王某玲案外人执行异议之诉案

【案件基本信息】

1. 裁判书字号

江苏省淮安市中级人民法院（2017）苏08民终2360号民事裁定书

2. 案由：案外人执行异议之诉纠纷

3. 当事人

原告（上诉人）：俞某

被告（被上诉人）：王某玲

【基本案情】

2011年7月15日，栾某江与南京市新月房地产开发有限责任公司（以下简称新月房地产公司）签订了机动车位销售专用合同一份，约定新月房地产公司将坐落于南京市玄武区某村地下车库负一层的11号车位（以下简称11号车位）出售给栾某江，该车位长5.3米、宽2.6米，总价款为15万元，该合同还载明栾某江已于2008年8月31日购买了该小区的商品房。该合同所附的补充协议还约定，栾某江使用车位停放车辆时不得占用公共通道，在国家政策允许的情况下栾某江仅可向本物业管理区域内业主出租或转让该车位，并应到小区物业管理部门备案，登记变更并支付相关的手续费等。11号车位（子母）的车辆停放为东西走向，两车位紧密相连，在两车位交界处，母车位的东南角有一柱子。新月房地产公司工作人员确认涉案两个车位由栾某江以15万元购买，同时认为如果东西方向停放车辆，受该柱子的影响，子母车位不可以同时停放两辆车，如果南北方向停放车辆，子母车位则可以停放两辆车。因此，子母车位只能给同一主人使用。2013年1月和3月栾某江就"母车位"即车位销售合同约定的长5.3米、宽2.6米的车位办理了房产证和土地使用权证，该合同约定的微型车位即诉争的"子车位"一直未办理产权登记。俞某与栾某江女儿栾某燕于2014年2月25日登记结婚，2015年9月30日登记离婚。

王某玲于2015年11月16日向法院提起诉讼，要求栾某江、殷某琴及栾某燕偿还借款27万元及利息，并申请诉讼保全。法院于次日依法查封了栾某江名下的11号车位。在诉讼过程中，经法院主持调解，王某玲撤回了对栾某燕的起诉，并由俞某代表栾某江、殷某琴与王某玲达成调解协议，法院作出民事调解书。后栾某江、殷某琴未按调解书的规定履行还款义务，王某玲申请执行。法院于2016年2月17日立案执行，2016年5月31日对案涉车位进行了评估（面积合计25.44平方米，其中有产权的车位面积14.12平方米），同年8月26日进行司法拍卖。后俞某向法院提出执行异议申请，认为栾某江已将上述子母车位抵给俞某，并由其实际占有使用，没有进行产权登记的"子车位"应当归其所有，故要求解除对"子车位"的查封和拍卖。法院于2016年12月20日立案进行审查，并于次日作出（2016）苏0831执异23号执行裁定书，认为俞某提供的证据不足以证明其在法院查封前与栾某江、殷某琴之间存在借贷法律关系及双方用车位抵债法律关系的成立以及俞某已合法占有使用"子车位"的事实，同时"子车位"虽没有产权，但"子车位"系与"母车位"合并一同出售，栾某江也支付了"子车位"的价款，目前仍属于栾某江，认定法院对涉案车位的执行行为并无不当，裁定驳回俞某的异议申请。俞某遂提起执行异议之诉。

俞某在二审中明确自认涉案车位并非其个人所有而系全体业主所有，且涉案车位系无产权、无规划的违法建筑。

【案件焦点】

1. “子车位”的法律性质和归属；2. 异议人是否属于有权提起排除执行异议的权利人。

【法院裁判要旨】

一审法院认为，案外人提起执行异议之诉的，案外人应当就其对执行标的享有足以排除强制执行的民事权益承担举证责任。故本案争议焦点为原告所提供的证据能否证明其对诉争车位享有足以排除执行的民事权益。

第一，从原告所陈述的借款过程来看，本案所涉银行借款期限为一年，原告在第一次银行借款期限届满前要求栾某江筹款予以归还后，又将该款借给栾某江，第二次借款期限也应当为一年，因此以物抵债协议形成于债务未届清偿期前，不符合以物抵债合同的构成要件。第二，原告提供了物业管理服务费收据以及栾某江、殷某琴出具的情况说明，证明其已实际占有使用案涉车位。但该物业管理费注明的缴款人为栾某江，开发商工作人员在调查笔录中陈述该费用虽系原告前来缴纳，但认为是栾某江所缴，并未认可原告为案涉车位的实际使用人。由于栾某江、殷某琴是被执行人，同时与原告存有利害关系，该二人所出具的情况说明证明效力较低，不排除虚假陈述的可能，同时该情况说明所注明的时间笔迹与此前的借条、抵债协议上注明的时间笔迹明显不一致，不排除该情况说明存在与借条、抵债协议同时形成而未附注日期交由原告根据执行异议审理的需要而随时标注日期的可能。第三，即使案涉抵债协议是真实的，但依照原告的陈述，南京市房管局有规定，车位过户必须以在同一小区拥有产权住房为前提条件，栾某江与新月房地产公司的车位销售合同也约定栾某江仅可以向本物业管理区域内业主出租或转让该车位，并应到小区物业管理部门备案。因此，案涉抵债协议不符合当地行政主管部门的规定，也不符合栾某江与开发商之间的合同约定。第四，案涉车位包括有产权的母车位和没有产权的子车位，均为东西方向的停车位，母车位为标准车位，但在该车位上与子车位交界处有一立柱，子车位则不是一个标准车位，并不能满足东西方向正常停放车辆的使用要求。该车位的存在可能是开发商在规划车位时考虑到案涉车位有立柱占用部分面积，而立柱南边尚空余部分面积，虽然因不符合标准车位的面积而无法办理产权登记，但是如果与主车位由同一人购买，在使用时将车辆改为南北方向停放，则可以同时满足两辆车的停放需要，对此栾某江应当是明知的，开发商才将两个车位进行捆绑销售。故应当认定两个车位属于同一整体，不能得到产权登记的部分（子车位）应属于案涉11号车位的附属部分，两者应属一个整体，不可分割。

综上所述，原告依据其所提供的抵债协议不能享有诉争的子车位的使用权，原告所提供的证据不足以证明诉争的未进行产权登记的子车位的使用权归其所有，其要求停止对该车位执行的诉讼请求缺乏事实和法律依据，不予支持。江苏省淮安市金湖县人民法院依据《中华人民共和国物权法》第九条，《中华人民共和国民事诉讼法》第六十四条、第二百二十七条，《最高人民法院关于适用〈中华人民共和国民事诉讼法〉的解释》第三百一十一条、第三百一十二条的规定，判决：

驳回俞某的诉讼请求。

俞某不服，提起上诉。江苏省淮安市中级人民法院经审理认为：《最高人民法院关于人民法院办理执行异议和复议案件若干问题的规定》第二十四条规定，对案外人提出的排除执行异议，人民法院应当审查下列内容：（一）案外人是否系权利人；（二）该权利的合法性与真实性；（三）该权利能否排除执行。案外人执行异议之诉的原告应系对执行标的具有实体权利的公民、法人或者其他组织。俞某在二审中陈述，涉案车位应为全体业主所有，并非其所有，则依其主张，其已经认可其对涉案争议车位不享有阻却强制执行的合法民事权益，其作为案外人异议之诉的原告主体不适格。综上，因二审出现新的事实，故依据《中华人民共和国民事诉讼法》第一百一十九条，《最高人民法院关于适用〈中华人民共和国民事诉讼法〉的解释》第三百零五条、第三百三十条，《最高人民法院关于人民法院办理执行异议和复议案件若干问题的规定》第二十四条之规定，裁定如下：

一、撤销江苏省淮安市金湖县人民法院（2017）苏0831民初210号民事判决；

二、驳回俞某的起诉。

【法官后语】

1. “子车位”的法律性质和归属

近年来，随着“有车一族”的不断增加，住宅小区的停车位问题成为我国物业管理中的热点问题，“车位之争”也在开发商、业主和物业公司之间愈演愈烈。

对于小区停车位，依据不同的分类标准可分为地上停车位和地下停车位、规划停车位和非规划停车位、人防停车位和非人防停车位。地上停车位是指直接设置在小区地表，以画线分割方式表明界线的停车设施，可分为规划地面停车位和占用业主共有道路或其他共有场地的停车位。对于地下停车位，可依据是否属于人防工程性质分为人防停车位和非人防停车位两类，或依据是否属于规划范围内分为规划停车位和占用业主共有道路或其他共有场地的非规划停车位。在建筑规划范围内的规划用于停放汽车的车位、车库权属归开发商所有，开发商可以出售或出租，而占用业主共有的道路或者其他场地用于停放汽车的车位，则属于业主共有。

本案中，案涉车位为没有产权的“子车位”，其与有产权的“母车位”均为东西方向的地下建筑物，“母车位”为标准车位，可以办理产权登记。因“子车位”不能满足正常停放车辆的使用要求，无法办理产权登记，故其不属于规划范围内的车位，开发商不可以销售，业主不能买卖。至于该“子车位”的性质，笔者认为，因其与规划范围内的车位连接，且不能正常销售，故应属于类似于楼梯、过道、走廊等建筑物区分所有权中的共有权部分，属于购买车库的业主的公摊面积范围。至于开发商将其与之相连的“母车位”进行捆绑销售，则属于侵犯业主共有权行为，不能依该捆绑销售行为改变该“子车位”的性质和归属。

2. 提出排除执行异议的权利人

《最高人民法院关于人民法院办理执行异议和复议案件若干问题的规定》第二十四条规定，案外人执行异议之诉的原告应是对执行标的具有实体权利的公民、法人或者其他组织。本案中，“子车位”虽与有产权的“母车位”相连，但属于无法办理产权登记的公摊面积部分，虽然被开发商与“母车位”捆绑销售，但是不能改变“子车位”的法律性质和归属，因此涉案“车位”属于购买车库的业主共有，原告亦自认该“车位”不属于其本人所有。根据《物权法》第九十七条的规定，处分共有的不动产，应当经占份额三分之二以上的按份共有人或者全体共同共有人同意，但共有人之间另有约定的除外。因此，原告作为共有人之一，在未经其他共有人同意的情况下，无权以自己的名义对涉案“车位”主张所有权，更不能以此权利排除执行。

编写人：江苏省淮安市中级人民法院　刘玉娟　王伟

59

开放性车位的立体空间权利边界的确定

——北京万科物业服务有限公司诉王某、邹某阳排除妨害案

【案件基本信息】

1. 裁判书字号

北京市朝阳区人民法院（2016）京0105民初16482号民事判决书

2. 案由：排除妨害纠纷

3. 当事人

原告：北京万科物业服务有限公司（以下简称万科公司）

被告：王某、邹某阳

【基本案情】

二被告系原告提供物业服务的北京市朝阳区广泽路某小区2单元201号房屋的业主，同时也是812号、813号车位的产权人。二被告自2015年7月28日起未征得原告或某小区业委会的同意在812号、813号车位上自行搭建了升降停车设备。

经法院组织双方到812号、813号车位进行现场勘验，查明如下事实：（1）812号、813号车位是两个相邻的开放性车位，位于该单元楼的公用楼梯旁；（2）二被告在812号、813号车位上各搭建了一个升降停车设备，一共停放了四辆车，均为二被告家庭自用车辆；（3）升降停车设备中钢立柱所使用的支撑钢钉入了墙面，占用了公共区域；（4）升降停车设备使用的是380伏电，二被告将电路从二层的自有房屋电表穿过公用的楼梯和墙体引入地下一层。

【案件焦点】

开放性车位的立体车位权利边界如何确定。

【法院裁判要旨】

北京市朝阳区人民法院经审理认为：业主对其建筑物专有部分享有占有、使用、收益和处分的权利，但业主行使权利不得危及建筑物的安全，不得损害其他业主的合法权益。此外，业主应当遵守法律、法规以及管理规约。业主违反物业服务合同或者法律、法规、管理规约，实施妨害物业服务与管理的行为，物业服务企业请求业主承担恢复原状、停止侵害、排除妨害等相应民事责任的，人民法院应予支持。本案的争议焦点有以下三个：

第一，原告作为物业管理公司是否有权起诉。《中华人民共和国物权法》第八十一条第一款规定，业主可以自行管理建筑物及其附属设施，也可以委托物业服务企业或者其他管理人管理。可见，物业管理公司依据物业服务合同以及业主管理公约，对小区进行物业服务的同时还承担一定的管理职能，对业主占用小区共有部位、私搭乱建等行为有制止、管理等职责。该管理权来源于全体业主的授权或委托，内容表现为对物业本身和对业主行为的管理，目的在于更好地维护业主的合法利益。原告与某小区业委会签订《物业服务合同》，约定由原告对某小区提供物业服务，内容包括物业共用部位的维修、养护和管理，维护公共秩序，进行安全防范等，现二被告未征得原告或者业委会同意即搭建了升降停车设备，原告作为某小区的物业管理公司有权利起诉。

第二，二被告在812号、813号车位上搭建的升降停车设备是否损害了其他业主的合法权益。首先，二被告所搭建的升降停车设备所使用的支撑杆和电路均占用了业主共有区域，在未取得业委会同意的情况下，其行为侵犯了其他业主对共有部分的权利；其次，二被告擅自将380伏电路穿过公用的楼梯和墙体引入地下一层，存在安全隐患，对其他业主的人身安全存在巨大风险；最后，二被告将未经过相关部门验收的升降停车设备安装在开放性的车位上，会给途经车位的行人的人身安全带来不可预料的风险。故二被告在812号、813号车位上搭建的升降停车设备损害了其他业主的合法权益。

第三，当小区公约对业主行使业主专有权设定限制时，业主是否需要遵守小区公约。《某小区业主公约（草案）》载明禁止擅自在车位上安装设施，二被告辩称该公约限制了业主权利应为无效。法院认为，业主对专有部分的利用，往往涉及小区全体业主与个别业主之间的利益平衡问题。因此，业主在行使业主专有权时不能仅仅依据权利归属状况，还必须遵守小区管理规约的相关规定。故二被告作为812号、813号车位的产权人，有权使用并处分车位，但在使用车位的过程中应当遵守《某小区业主公约（草案）》，据此履行义务。

原告要求二被告拆除812号、813号车位上的升降停车设备的诉请，于法有据，法院予以支持。需要说明的是，为了解决停车难题，政府鼓励兴建立体停车设施，但在兴建立体停车设施时应确保设施安全并遵守相应规范，且不得侵犯他人权益。

综上所述，北京市朝阳区人民法院依照《中华人民共和国物权法》第七十一条、第八十一条、第八十三条以及《最高人民法院关于审理物业服务纠纷案件具体应用法律若干问题的解释》第四条之规定，判决如下：

王某、邹某阳于本判决生效之日起三十日内将安装于北京市朝阳区某小区812号、813号车位上的升降停车设备拆除。

【法官后语】

《物权法》第七十条规定："业主对建筑物内的住宅、经营性用房等专有部分享有所有权……"本案中，虽然涉案车位属于开放性的地下车位，仅通过在地面画线的方式与其他空间区分开来，但是根据《最高人民法院关于审理建筑物区分所有权纠纷案件具体应用法律若干问题的解释》第二条第一款"建筑区划内符合下列条件的房屋，以及车位、摊位等特定空间，应当认定为物权法第六章所称的专有部分：（一）具有构造上的独立性，能够明确区分；（二）具有利用上的独立性，可以排他使用；（三）能够登记成为特定业主所有权的客体"的规定，开放性的地下车位通过画线等方式完全可以独立地、排他地使用，属于具有独立使用价值的特定空间，业主对车位享有独立的物权即建筑物区分所有权。然而目前开放性车位专有权的权利边界模糊不清，在停车位紧张的现状下，因开放性车位加改行为引发的诉讼不断出现。

因开放性车位四周均未封闭，其所对应的地面空间范围较为明确，即画线范围内的部分，然而对于开放性车位上的立体空间范围如何确定尚无具体规范。例如，是否只要是业主在画线范围内搭建的立体停车设施，无论搭建多少层都是合法的？本案即业主在其享有专有权的开放性车位上搭建了两层立体停车设施所引发的纠纷，物业公司表示该车位上方的屋顶面安装了消防喷淋设施，二被告安装的立体停车设施紧贴消防喷淋设施，且二被告将电路从自有房屋电表穿过公用的楼梯和屋顶面引入开放性车位，以供停车设施取电，存在安全隐患。对此，笔者认为，虽然开放性车位的权利边界无法像房屋等封闭性空间一样清晰，但是在司法实践中仍可通过法律对于建筑物专有权的规定来确定开放性车位的专有权边界。《物权法》第七十一条规定："业主对其建筑物专有部分享有占有、使用、收益和处分的权利。业主行使权利不得危及建筑物的安全，不得损害其他业主的合法权益。"由此可见，对开放性车位的使用，应当建立在权利归属的基础之上，但因建筑物区分所有权中业主对物的利用，往往涉及小区全体业主与个别业主之间的利益平衡问题，故不能仅仅依据车位的权利归属状况，还必须结合业主的现实生活需求、车位的实际使用情况、该地区的整体规划等因素加以综合衡量，从而确定开放性车位的立体空间专有权的权利边界。

具体到本案，虽然二被告搭建的立体停车设施固定于车位的画线区域内，但是因其对车位的立体空间利用上存在危及他人人身安全的隐患，亦占用了其他业主的共有区域，违反了小区管理规约的规定，综合考量上述因素，法院判决二被告拆除所建立体停车设施。

编写人：北京市朝阳区人民法院　斯晓荷

60

开发商地下车位定价权依法受保护

——薛某诉北京匠心置业有限公司、北京铄城物业服务有限公司建筑物区分所有权案

【案件基本信息】

1. 裁判书字号

北京市第二中级人民法院（2016）京02民终3981号民事判决书

2. 案由：建筑物区分所有权纠纷

3. 当事人

原告（上诉人）：薛某

被告（被上诉人）：北京匠心置业有限公司（以下简称匠心公司）、北京铄城物业服务有限公司（以下简称铄城物业公司）

【基本案情】

2008年11月，薛某与匠心公司签订《商品房预售合同》，购买了该公司开发的房屋。合同附件《临时管理规约》规定：地下车库车位为匠心公司所有；地下停车使用管理费为300元/个/月；《临时管理规约》自首位物业买受人承诺之日起生效，至业主大会制定的《业主规约》生效之日终止。合同附件《前期物业服务合同》亦约定：地下车位停车服务费为300元/个/月；铄城公司应当与车位使用人签订书面停车服务协议，明确双方权利义务。

薛某入住后，匠心公司两次调整地下车位收费标准，具体为：2011～2012年为300元/个/月，2012～2015年为500元/个/月，2015年8月至今为700元/个/月。

因对停车费标准提高存有异议，薛某等业主向街道办、政府物价部门、新闻媒体进行了投诉举报。2015年9月，北京市丰台区发改委出具《价格监督检查提醒告诫通知》，要求匠心公司“严格按照法律法规和文件开展经营活动，在未与业主协商达成一致前，保持收费水平稳定，不得擅自提高收费标准”。

目前涉案小区已召开业主大会并通过管理规约、议事规则及业主委员会组成，但尚未完成备案手续。涉诉地下车位共计1011个，除241个为人防用途外，其余均为匠心公司单独所有。

薛某认为匠心公司、铄城物业公司的行为侵犯了其建筑物区分所有权，故起诉至法院，请求法院判令：1.《临时管理规约》中300元/个/月停车费标准有效，匠心公司遵照此标准执行；2. 其对现承租的地下停车位有优先续租权利；3. 匠心公司及铄城物业公司立即停止任何限制进入地下停车场的措施。

【案件焦点】

1. 管理规约中能否约定车位使用费的具体价格；2. 涉案合同中300元/个/月的价格条款能否继续适用；3. 业主对其现承租使用的车位是否有优先续租权。

【法院裁判要旨】

北京市丰台区人民法院经审理认为：薛某与匠心公司就车位租赁使用达成新的协议，停车费标准变更为500元/个/月，后又变更为700元/个/月，并未按照300元/个/月标准执行，故不支持薛某继续履行合同请求。薛某至今仍租赁、使用车位，其作为业主对车位的优先续租权并未实际受到侵害。薛某未提交充分证据证明其在符合进出地下车库条件的情形下，匠心公司、铄城物业公司对其车辆进入地下停车场采取了限制措施，故对薛某的该诉讼请求不予支持。

北京市丰台区人民法院依照《中华人民共和国合同法》第四十四条、第一百零七条，《中华人民共和国物权法》第七十四条，《最高人民法院关于民事诉讼证据的若干规定》第二条之规定，判决如下：

一、薛某与北京匠心置业有限公司签订的《商品房预售合同》附件《临时管理规约》约定的每个地下停车位300元/个/月的收费标准合法有效；

二、驳回薛某的其他诉讼请求。

薛某不服一审判决，提起上诉。北京市第二中级人民法院经审理认为：第一，车位使用费并非业主共同管理权行使的对象，也并不存在将该事项归于业主自治的共同利益基础。因此，《临时管理规约》无权约定地下车位使用费具体价格。第二，条款只是合同中的宣誓性条款，即仅仅是双方谈判过程中暂时性条件的约定，而确定具体权利义务，还要经过另行协商并签订停车服务合同。第三，业主享受何种续租条件，只能源于已到期租赁合同的约定或开发商在协商新合同时的承诺。法院审理合同类案件时，没有权利强制任何一方缔约或以具体价格标准缔约。

北京市第二中级人民法院依照《中华人民共和国民事诉讼法》第一百七十条第一款第一项之规定，作出如下判决：

驳回上诉，维持原判。

【法官后语】

随着社会经济的高速发展，城市居民对机动车的需求日益增多，与之相对的是居民住宅小区的地下车位数量紧缺，因规划的滞后性和成本衡量等考虑，日益增长的停车需求越发难以满足，以致停车难已逐渐成为较尖锐的社会矛盾之一，随之而来的定价权之争也愈演愈烈。

为规范车位定价机制，北京市有关部门在《商品房预售合同》推荐范本中的附件《临时管理规约》中，设计了地下车位的具体价格和规约效力期限条款。但是，管理规约能否约定车位具体价格，以及价格条款效力期限如何？对此，笔者持否定态度。地下车位收费标准应由开发商与业主协商确定，不能因价格条款规定在《管理规约》内即简单适用《物权法》第七十六条的双过半数原则，否则将使开发商作为车位产权人的利益受损。具体理由为：

1. 定价权并非《管理规约》的管理范围

《管理规约》虽可以用于管理小区业主公共事务，但仅能对业主间一致性利益的事务予以约定，无权限制业主间的对立性利益。地下车位定价，是作为业主的开发商与同样作为业主的车位使用人之间两种根本对立利益的对抗。如果车位使用费属于业主共同管理事项，则价格上涨必须经过业主双过半数的程序作出决议，可能的结果是价格上涨受限，阻碍开发商专有部分所有权能实现，进而导致其拒绝出租车位；同时其也不能因此将车位出租给非小区业主，导致车位闲置，最终损害需要车位的业主的利益。即如果价格调整受《物权法》第七十六条第二款的规制，则可能因“多数人暴政”而导致“双输”的结局。

2. 价格条款作用有限

既然《管理规约》不能约定价格条款，那么合同的价格条款即应定性为宣示性条款，仅是双方谈判过程中暂时性条件的约定，而确定具体权利义务，还要经过另行协商并签订停车服务合同。同时，其适用期限应截止于业主与开发商首次协商车位租赁时，而且仅作为协商的基础价格，而不能成为缔约的绝对标准。

3. 地下车位定价应靠市场调节

（1）法律规定的影响

《物权法》第七十三条区分了车位所有权分别归属于开发商与全体业主的情形；第七十四条明确了车位“应当首先满足业主需要”的原则；《最高人民法院关于审理建筑物区分所有权纠纷案件具体应用法律若干问题的解释》第五条、第六条对属于满足业主需要的情形又进一步进行了解释和明确。但基于法律的谦抑性，《物权法》仅对“满足”业主停车需要予以明确，应是指“满足业主需要只能是合理的需要，只要是满足业主基本的停车需要”，而对于车位租赁所需的必经程序并未明确。

（2）政策规定的影响

为引导地下车位的定价机制，十余年来，北京市相关行政部门分别出台多个政策，均明确引导地下车位停车费的调价机制为市场调节。其间，北京市政府也在2010年颁布的《北京市物业管理办法》中规定“需双方协商”。可见，相关政府部门也在努力引导开发商和业主在“市场调节”机制下妥善解决问题。

（3）车位定价还需协商

基于各自利益，双方都会拒绝“双输”、追求“双赢”，也就有了通过谈判竞价来实现最有效的结果的可能。车位价格的调整，最终还是取决于双方平等协商。至于调整程序，目前政策并未给出恰当规定，各小区实际情况也不尽相同，如车位配置比例、业主入住情况、单个业主拥有车辆数量、停车场管理水平、小区物业服务水平等。因此，实难确定统一程序予以调整，各住宅小区应根据自己的情况设定双方均能接受的机制。

编写人：北京市第二中级人民法院　王金龙

七、其他物权相关纠纷

61

业主委员会作出程序性告知公告、过程性文件不属于业主委员会决议

——陆某诉北京市海淀区富润家园业主委员会业主撤销权案

【案件基本信息】

1. 裁判书字号

北京市第一中级人民法院（2017）京01民终3906号民事判决书

2. 案由：业主撤销权纠纷

3. 当事人

原告（上诉人）：陆某

被告（被上诉人）：北京市海淀区富润家园业主委员会（以下简称富润家园业委会）

【基本案情】

陆某系富润家园小区业主。2016年11月1日，富润家园业委会发出《公告》，内容为："2014年2月，富润家园业主大会终止了北京昊岳富润家园物业管理公司的物业服务合同……业委会起草了《富润家园小区物业企业选聘方案》进行公示，并提请业主大会表决。"同日，该业委会发出《选聘方案》，主要内容为："鉴于我小区的《前期物业服务合同》早于2014年2月25日经业主大会表决同意解除。现业委会……制订本选聘方案，提交业主大会表决。一、选聘方案的实施主体，在获

得小区业主大会表决通过并授权的基础上，业主委员会有权依照本方案实施包括委托公开招标、组织召开相关议题的业主大会等物业服务企业选聘的各项组织和实施工作……二、选聘方式及流程，富润家园小区本次物业服务企业选聘方式为公开招标方式……选聘物业服务企业的要求及服务标准：1. 根据《物业服务企业资格管理办法》的规定，参与竞聘的物业服务企业必须是依法设立的独立法人，必须具备二级或二级以上的物业服务资质且信誉良好；2. 参与竞聘的物业服务企业必须保证提供的物业服务不低于《普通住宅小区物业管理服务等级标准》规定的住宅物业服务三级标准。”上述文件附有《富润家园业主大会会议表决票》，征求业主对以下表决议题是否同意或弃权的表决意见。

陆某认为，富润家园业委会发出的《公告》具有富润家园业委会决定的性质，且存在违法性、侵犯了业主相关权利，故要求撤销该《公告》。富润家园业委会不同意陆某的全部诉讼请求，认为《公告》的性质并非业委会决定，而是征求意见的草案，其发放该《公告》正是在程序上征求广大业主意见。并且，《选聘方案》提及采取公开招标的方式，但该方案本身属于征求意见性质，并未启动涉及招投标物业收费标准阶段的问题，公开招标由市场决定投标物业公司的收费标准，最终确定收费标准及中标单位的表决权仍是业主，故并未侵犯业主权益。

【案件焦点】

富润家园业委会作出的《公告》是否为业委会决定。

【法院裁判要旨】

北京市海淀区人民法院经审理认为：业委会决定应当是业委会对小区内公共管理事项所作出的处理。具体而言，业委会决定应当包括如下要素：行为主体是业委会；行为对象是小区公共管理事项；行为性质具有结论性，而非程序性告知。涉案《公告》的内容为对《选聘方案》提请业主大会进行表决，并对表决时间、地点、表决内容、表决方式进行公示。虽在作为表决对象的《选聘方案》中，富润家园业委会对选聘方式及流程进行了草拟，如通过公开招标，授权业委会与具有合法资质的招标公司签订《委托招标协议》等方式及流程选聘物业企业，但根据《公告》的内容，业主可对上述方案发表是否同意或弃权之意见。再者，征询意见之方式有多种，包括开放性征询意见和草拟方案提交表决等，可见，提交业主大会表决之草拟方案并非最终决定。因此，上述《公告》应属征询业主意见之文件，而非具有结论性的、对小区内公共管理事项所作出的处理。综上，上述《公告》并非富润家园业委会决定，故陆某以该《公告》系业委会决定为前提，提出该《公告》内容上、程序上违法，应当予以撤销之诉讼请求，不予支持。

北京市海淀区人民法院依据《中华人民共和国物权法》第七十条、第七十八条第二款之规定，判决如下：

驳回陆某的全部诉讼请求。

陆某不服一审判决，提起上诉。北京市第一中级人民法院经审理认为：业委会决定应当是业委会对小区内公共管理事项所作出的结论性的处理。本案《公告》的内容为对《选聘方案》提请业主大会进行表决，并对表决时间、地点、表决内容、表决方式进行公示。业主可对上述方案发表是否同意或弃权之意见。因此，《公告》并非决定。原审法院认定该《公告》并非富润家园业委会决定，故驳回陆某要求撤销该《公告》的诉讼请求正确，予以确认。

北京市第一中级人民法院依照《中华人民共和国民事诉讼法》第一百七十条第一款第一项的规定，判决如下：

驳回上诉，维持原判。

【法官后语】

《物权法》第七十八条第二款规定，业主大会或者业主委员会作出的决定侵害业主合法权益的，受侵害的业主可以请求人民法院予以撤销。实践中，时常有业主就业主委员会的某一行为或发布的某一文件提起业主撤销权之诉。就此类案件的审理，首先需要识别诉争行为或文件是否具有业主委员会决定的性质。此为业主撤销权成立的前提条件，对于经审查，诉争业主委员会行为或文件不属于业主委员会决定的，应当驳回业主要求撤销决定的诉请。

业主委员会作出的决定应当是业主委员会对小区内公共管理事项所作出的处理，业主委员会作出程序性告知公告、过程性文件不属于业主委员会决议。根据《民法总则》第一百三十四条第二款的规定，决议是由一定主体依照法律或者章程规定的议事方式和表决程序作出的。具体来说，业主委员会决定应当包括如下要素：

第一，行为主体是业主委员会。按照多数学者的观点，决议行为是特殊多方法律行为，决议系由若干人组成的机构通过意思表示表达出来，并形成的多数决结果。作出该多数决意思表示结果的机构则为决议的行为主体。该主体的判定并非仅以文件署名为准。例如，实践中存在业主委员会以其名义发布业主大会作出相关决议的情形，由于文件内容实为对业主大会某项决议的公示，因此该决议性质应为业主大会决议。对于业主委员会代表业主大会实施的行为，或由业主大会授权实施的行为，虽其对外效力可被视为业主大会的行为，但业主撤销权之诉针对的是其对内效力，故该行为的主体应为业主委员会。

第二，行为对象是小区公共管理事项。《物业管理条例》第十二条第四款规定，业主大会或者业主委员会的决定，对业主具有约束力。《物业管理条例》第十九条第一款规定，业主大会、业主委员会应当依法履行职责，不得作出与物业管理无关的决定，不得从事与物业管理无关的活动。因此，业主委员会作出的与小区物业公共管理无关的事项，由于超越了业主委员会设立的行为范畴，不产生相应约束力。对于业主委员会作出的，属于小区公共管理事项，但超越《物权法》《物业管理条例》等相关法律法规或业主大会赋予的职责作出的越权行为，应视为业主委员会作出的决议。

第三，行为性质具有结论性，而非程序告知性。《物业管理条例》第十五条规定，业主委员会执行业主大会的决定事项，履行下列职责：（一）召集业主大会会议，报告物业管理的实施情况；（二）代表业主与业主大会选聘的物业服务企业签订物业服务合同；（三）及时了解业主、物业使用人的意见和建议，监督和协助物业服务企业履行物业服务合同；（四）监督管理规约的实施；（五）业主大会赋予的其他职责。可见，业主委员会作为业主大会的执行机构，作出的行为多为经业主大会授权的行为或程序性、告知性、征询性行为。这类行为因未对业主相关权利义务产生实质性影响，不具有业主委员会决议性质。上述程序性问题可在最终决议作出时，作为审查决议是否存在程序性违法的事实行为附带予以审查，但不得单独作为被撤销的对象。

编写人：北京市海淀区人民法院　颜君

62

业主撤销权诉讼中业主受侵害的合法民事权益应具体明确

——孙某林诉北京市昌平区王府花园小区业主委员会业主撤销权案

【案件基本信息】

1. 裁判书字号

北京市昌平区人民法院（2017）京0114民初10260号民事判决书

2. 案由：业主撤销权纠纷

3. 当事人

原告：孙某林

被告：北京市昌平区王府花园小区业主委员会（以下简称王府花园业委会）

【基本案情】

孙某林系王府花园小区业主。2016年2月开始，王府花园小区部分业主认为王府花园原业主委员会自2011年成立以来一直未召开业主大会，导致小区秩序混乱，故联名提议召开业主大会（临时）会议，并成立了王府花园业主大会（临时）会务组。2016年7月30日，王府花园业主大会（临时）会务组在小区内公布了业主大会2016年召开的工作方案，对于会议召开方式、表决方式、会议议题、公示方式、召开时间、公示表决事项、召开地点、更换业委会委员候选人的产生办法、更换业委会委员候选人资格、表决规则、选票统计与监票、召开会议的费用、当选业委会第一次会议、业委会备案、会务组解散等问题在小区内进行了公示。按照公示内容，该次业主大会以书面征求意见的形式召开，会期为2016年8月8日至11月9日。2016年11月6日，王府花园业主大会（临时）会务组对小区业主的投票表决票进行了开箱、验票、计票，并最终产生本次业主大会的四项决议事项，包括：

(1) 通过《王府花园业主公约》及其附件1《王府花园业主大会议事规则》和附件5《王府花园共用物业维权的工作方案》;(2) 通过届内取消原业主委员会委员及候补委员资格的决议;(3) 同意重新招标聘请专业的物业服务企业进驻园区;(4) 选举产生业主委员会委员,其中正式委员5人,候补委员2人。2016年12月8日,北京市昌平区北七家镇人民政府对新成立的王府花园业委会进行了变更备案,并准予其刻制印章。孙某林认为本次业主大会召开程序不合法,故以新成立的王府花园业委会为被告,要求行使业主撤销权,撤销本次业主大会所形成的决议。

【案件焦点】

1. 孙某林的业主权利是否受到侵害;2. 王府花园业主大会(临时)的召开程序是否合法。

【法院裁判要旨】

北京市昌平区人民法院经审理认为:业主撤销权是指业主大会或者业主委员会作出的决定侵害业主合法权益,受侵害的业主可以请求人民法院予以撤销。在民事诉讼中,上述合法权益应指人身权、财产权等平等主体间的民事权益。同时,在业主撤销权诉讼中,业主应举证证明自己的合法民事权益受到业主大会或业主委员会所作决议的侵害,这种权益的侵害应是明确具体和个体化的,而不应该是模糊抽象和概括性的。比如,业主个人在小区内的某项物权因业主大会或业主委员会的决议受到侵害,业主可以提起撤销权诉讼,但如果业主仅是抽象地提出业主大会或业主委员会的决议侵害了业主参与社区治理与管理的权利,则非民事撤销权诉讼所规范的范畴。孙某林起诉要求撤销王府花园小区临时业主大会作出的决议,但其未能举证证明其个人合法的民事权益受到了临时业主大会决议的侵害,也未能证明业主大会的决议违背了业主的整体意愿。关于孙某林提出业主大会召开程序违法的问题,业主大会和业主委员会是小区业主进行自我管理的一种方式,是我国探索基层民主和社区自治的有效形式《中华人民共和国物权法》第七十六条对于业主共同决定的事项和要求进行了规定,业主大会的决议不应违反《中华人民共和国物权法》的规定。在《中华人民共和国物权法》规定的内容之外,对于业主自我组织完善社区治理的活动,司法应给予必要的尊重和支持。孙某林也未能举证证明王府花园小区业主大会(临时)的召开违反了法律所规定的程序。综上,孙某林要求撤销《王府花园2016业主大会（临时）会议决议书》的诉讼请求，没有事实和法律依据，不予支持。

北京市昌平区人民法院依照《中华人民共和国物权法》第七十八条、《中华人民共和国民事诉讼法》第六十四条之规定，判决如下：

驳回孙某林的全部诉讼请求。

【法官后语】

我国《物权法》规定了建筑物区分所有权以及业主大会和业主委员会的制度，但对于业主大会和业主委员会应当如何组织、如何召开，法律没有更为详细的规定。同时，《物权法》规定了业主认为业主大会或业主委员会侵害业主合法权益的，可以请求人民法院予以撤销，但对于业主撤销权的行使，法律也没有更为详细的、具有可操作性的细则，导致实践中业主撤销权诉讼比较混乱，如业主认为是居委会、会议筹备组组织的业主大会，就以居委会和筹备组成员作为被告提起撤销权诉讼，各种情形不一而足。同时，业主撤销权诉讼发生的背景一般都是小区内的利益纷争，业主大会选举产生了新的业主委员会并对小区内选聘物业公司、供暖公司的事项作出了决议。因此，业主之间，部分业主和业委会之间，业主和物业公司、供暖公司之间的矛盾集中爆发，并以业主撤销权诉讼的形式体现在民事诉讼中。在目前业主自治纠纷日益增多的大背景下，我们认为应该谨慎把握司法对社区治理介入的范围和限度，避免司法资源过多地消耗在基层自治纠纷中。

首先，业主大会和业主委员会是小区业主进行自我管理的一种方式，是我国探索基层民主和社区自治的有效形式，《物权法》第七十六条对于业主共同决定的事项和要求进行了规定，业主大会的决议不应违反《物权法》的规定。在《物权法》规定的内容之外，对于业主自我组织完善社区治理的活动，司法应给予必要的尊重和支持。故业主大会的决议违法的举证责任应在原告方。就本案而言，孙某林不能举证证明王府花园业主大会（临时）的召开程序违反了《物权法》的规定，故其应当承担举证不能的后果。其次，在民事诉讼中应把握适度从严的标准，具体案件中，应注意把握业主的合法权益是指人身权、财产权等平等主体间的民事权益，业主合法权益受侵害的标准应明确具体而不应模糊抽象。就本案而言，孙某林仅称王府花园临时业主大会侵犯了其参与社区治理的权利，而社区自治本身就是基层民主的形式，民主权利更多的是政治权利，不应笼统地归为民事权利。同时，也不能说业主大会的决议与本人意见不同，就是侵害了本人权益，这并不符合民主的精神，是否属于合法权益也值得商榷。最后，要加强案例指导，由于关于社区自治方面的法律规定欠缺，因此应当进一步加强案例指导在统一裁判标准方面的作用，减少法院之间在涉社区自治案件上的各行其是。同时应适时向社会公布有关业主自治的典型案例，凝聚社会共识。

编写人：北京市昌平区人民法院　杨帆

63

分割式产权商铺业主所有权的行使须受一定限制

——武某诉北京东方万瑞商业管理有限公司恢复原状案

【案件基本信息】

1. 裁判书字号

北京市海淀区人民法院（2016）京0108民初14245号民事判决书

2. 案由：恢复原状纠纷

3. 当事人

原告：武某

被告：北京东方万瑞商业管理有限公司（以下简称东方万瑞公司）

【基本案情】

武某系天作国际中心负1层某商铺的产权人，2008年3月17日，武某（买受人，乙方）与北京东方家园房地产开发有限公司（出卖人，甲方）签订《北京市商品房预售合同》及附件，其中包括《天作国际中心商业物业管理公约》及附件八《补充协议》，其中《天作国际中心商业物业管理公约》第二条约定商业管理公司为东方万瑞公司，对物业进行管理。该公约还就产权人、商业管理公司的相关权利义务进行了约定。附件八《补充协议》第八条约定：（1）乙方开展经营活动时，应按照甲方及商业管理公司在管理方面各项文件的要求贯彻执行，做到商铺经营品类、广告标识、营业时间等各项内容的统一。(2) 乙方在统一经营时间内不得随意停业、歇业。如遇特殊情况，需提前15天向管理方提出书面申请。第十四条约定：乙方有权将所购商铺出租给东方万瑞公司经营，经营期限为三年。乙方应于签署预售合同之日起七日内与东方万瑞公司签订《租赁协议书》，逾期未签的，视为乙方放弃将所购商铺出租给东方万瑞公司经营的权利。上述协议签订后，武某与东方万瑞公司签订了《委托协议》，前者委托后者对涉案商铺进行招租和管理，后者按照委托协议约定的标准将招租的承租方支付的租金，扣除商业管理费、物业费及税费后交予前者，双方签订的最后一份书面《委托协议》的期限为2016年1月1日至2016年6月30日。涉案商铺的《房屋所有权证》载明了房屋结构及面积，平面图中标记了该商铺在地下一层部分的摊位的位置，但未标明四至。

截至2015年12月，天作国际中心地下一层整体以小商品市场模式分散经营统一管理，经营模式为业主将名下商铺通过与东方万瑞公司签订委托经营协议的方式，委托东方万瑞公司对外出租，由东方万瑞公司收取租金收益后支付业主。其中少部分业主以自营的方式直接使用商铺或者自行将商铺出租收取租金收益。2015年7月，因消防整改，部分摊位位置进行了不同程度的调整。2015年12月31日，东方万瑞公司对地下一层进行业态调整，拟从原有市场经营模式中退出，当日天作国际中心商城地下一层关停。

【案件焦点】

1. 分割式产权商铺的业主所有权的行使是否应当受到限制；2. 基于合同授权的商业管理企业对分割式产权商铺的统一经营管理行为是否构成对个体业主所有权的侵权。

【法院裁判要旨】

北京市海淀区人民法院经审理认为：所有权人对自己的不动产或者动产，依法享有占有、使用、收益和处分的权利。物权的行使应当遵守法律、尊重社会公德，不得损害公共利益和他人合法权益。武某系涉案商铺的产权人，其对商铺的所有权应受法律保护。与此同时，涉案商铺系商业性房产分割为若干独立单元分别销售，由业主委托商业管理公司统一经营管理的模式。该商业模式决定了商铺所有权的行使必须兼顾个体项目的收益与整体管理的有机统一，分割商业单元所有权权利的行使应以不影响商场整体功能的发挥为前提。对于上述商铺特点和权利行使原则，在武某购房时与作为出卖人的开发商所签订的预售合同及附件、物业管理公约中均已有明确约定。

本案中，无论是消防整改还是业态调整，均系商业管理公司即东方万瑞公司从商业整体的安全性、按照相关政策对商业整体使用功能调整升级的角度出发所作出的统一管理行为，该行为符合涉案商业整体使用的利益以及长远发展，在这一前提下，消防改造、退出原有市场模式、为业态调整关停市场的行为，并不构成对商铺产权人权益的侵害。对于恢复原状、返还原物一节，因涉案商铺系分割式产权，根据房屋所有权证书中房屋平面图及整个地下一层整体平面图所载，可以确定涉案商铺为地下一层整体的一部分以及与其他相邻商铺的位置关系，不能确定各个商业单元的具体位置，因此对于武某要求东方万瑞公司恢复原状、返还原物的诉讼请求，不予支持。因东方万瑞公司在本案中并不存在侵权行为，故就武某要求东方万瑞公司赔偿损失一节，亦不予支持。对于东方万瑞公司同意向武某支付的2016年1月1日至6月30日的补偿，武某明确在补偿标准及主体均不明确且需要附加一定条件的情况下，不同意在本案中予以领取，本案不予处理。

北京市海淀区人民法院依照《中华人民共和国物权法》第七条、第三十九条，《中华人民共和国合同法》第八条之规定，判决如下：

驳回武某的全部诉讼请求。

【法官后语】

分割式产权商铺是指商业房产开发企业将商业建筑物整体分割为若干独立部分分别销售，各独立销售区域之间没有物理间隔，业主购买后享有产权但不直接经营，而是由开发商或专门的经营公司负责统一经营管理，业主获得定期定额回报的房地产销售方式。因该模式所有权归业主，经营管理权由商业管理企业享有，在收益无法兑现或市场波动较大时，往往会产生许多法律纠纷。本案中，引发纠纷的焦点主要有以下几点：

1. 分割式产权商铺的业主所有权的行使是否应受到一定程度的限制。一种观点认为，所有权为绝对的排他性权利，在业主明确取得房屋权属证明的情况下，业主行使所有权并不应受到限制；另一种观点认为，分割式产权商铺系整体商业进行分割出售，其具有整体性的特点，其所有权的行使必须受到一定程度的限制。

笔者赞同第二种观点。第一，分割式产权商铺的业主虽对其享有的商铺享有所有权，但该商业模式本身具有整体性的特点，对于所有权行使不加限制，必将造成整体功能的损害，个体业主所有权的绝对实现，会对其他大部分业主权利造成侵害。第二，从分割式产权商铺的权能角度分析，在业主购房签订买卖合同时，对于其享有的商铺的经营管理权通常会通过约定交由商业管理企业统一行使，这就使得商业管理企业的统一经营管理行为具有合同约定的权利基础。第三，分割式产权商铺实际并无明确的四至边界，无法强行进行区分分割权利范围，这进一步体现了该商业模式的整体性特征。因此，分割式产权商铺的行使必须受到一定程度的限制。

2. 商业管理企业统一经营管理行为是否应受到相应的限制。对此实践中的观点基本一致，即统一经营管理行为必须受到相应的限制，而其管理行为在法律层面是否越界，主要应从以下角度考虑：(1) 合同约定的经营管理范围。商业管理企业行使统一经营管理权，应严格按照业主购房时所签订的买卖合同及管理公约约定的条款，确定商业管理企业的管理范围；(2) 经营管理行为应以整体性利益保障作为基础考量，兼顾个体所有权。在非必要的情况下，不得以整体性考虑侵犯个体业主所有权，否则应认定为侵权。

3. 商业管理企业无法按照合同约定兑现经营收益的，如何保障业主所有权不受侵害。在分割式产权商铺的买卖过程中，一般房地产开发企业会以较高收益的包租条款作为商业销售的基本策略，在该收益无法兑现的情况下，如何保障业主的收益权成为实践中争议较为集中的问题。对此，笔者认为，应赋予业主如下救济途径：(1) 对于拖欠收益的情形，业主可以按照合同约定要求责任主体支付收益；(2) 业主可以根本违约为由要求解除委托管理合同，在具备条件的情况下收回商铺自营，但其经营形式、经营范围仍需要严格遵守统一经营管理的相关规定，不得对整体商业造成损害；(3) 通过业主委员会或业主大会的法定程序，更换统一经营管理企业和变更整体商业模式，以集体意志的统一表达实现个体利益的保障。

编写人：北京市海淀区人民法院　唐铸

64

物业管理权的性质及管理权的合理使用

——朱某庆诉江苏美泉物业管理有限公司恢复原状案

【案件基本信息】

1. 裁判书字号

江苏省江阴市人民法院（2017）苏 0281 民初 7039 号民事判决书

2. 案由：恢复原状纠纷

3. 当事人

原告：朱某庆

被告：江苏美泉物业管理有限公司（以下简称美泉公司）

【基本案情】

朱某庆系万家富公寓商住楼 9 单元某房业主。其与美泉公司签订了《前期物业服务协议》，领取了《业主临时管理规约》。该规约第十四条规定，业主应按设计预留的位置安装空调，未预留设计位置的，应按物业服务企业指定的位置安装，并做好噪声及冷凝水、化霜的处理。朱某庆父亲朱某云代表朱某庆在安装空调承诺书上签字，该承诺书载明在空调机安装过程中应遵守物业服务有关规定，同时应按设计的空调预留位置购买空调，对室外安装质量、安全负全部责任，室外机安装做到严格按设计预留位置安放，不占用邻里位置，不影响美观等。2017 年 2 月 25 日，朱某庆购买空调并进行了安装，其中两台空调室外机安装在两楼之间的连接平台上。在安装过程中，美泉公司于 3 月 8 日认为朱某庆安装空调违反规定，要求其整改或拆除。但朱某庆未予理涉。2017 年 4 月 18 日，美泉公司在朱某庆及家人不在场的情况下，派人拆除了朱某庆的两台空调外机，并在朱某庆房门上贴了通知：由于空调外机违章安装，没有安装在物业指定的地点，该楼业主联名上诉，物业、市公安局多次协商调解，业主不听劝告，一直未整改，政府部门责令物业对该空调外机强行拆除，拆除费用由业主自己承担，现两个空调外机在物业服务中心，如有异议请来物业解决。4 月 24 日，朱某庆授权某律师事务所向美泉公司发出律师函，指出美泉公司在朱某庆不知情的情况下，私自违法强制拆除并侵占朱某庆已安装的两台空调外机，严重侵害业主朱某庆的权益，要求美泉公司在接函后 2 天内返还两台空调外机，并恢复安装原状，赔偿因拆除所产生的一切费用及损失。事后，双方进行了多次协商，但未达成一致意见。

因有业主向美泉公司反映朱某庆安装空调外机问题，美泉公司向城管部门反映，城管部门经查看后回复称不影响市容。

【案件焦点】

物业公司能否以业主违反管理规约为由强制拆除业主的空调。

【法院裁判要旨】

江苏省江阴市人民法院经审理认为：第一，《中华人民共和国物权法》第七十条规定，业主对建筑物内的住宅、经营性用房等专有部分享有所有权，对专有部分以外的共有部分享有共有和共同管理的权利。制定和修改建筑物及其附属设施的管理规约由业主共同决定，业主大会或者业主委员会的决定，对业主具有约束力。美泉公司作为开发公司指定的前期物业管理单位，在万家富公寓商住楼小区业主大会未成立前，其职责是根据前期物业服务协议及业主临时管理规约的规定，对所涉房屋及配套设施设备和相关场所进行维修、养护、管理，维护相关区域内的环境卫生和秩序。其权利本质属于业主的授予，并通过双方的合约确定权利义务关系。

第二，强制性措施由国家权力机关依法赋予法定机关或授权有关机关依照法定程序和法律规定行使或实施。美泉公司作为物业服务企业，无权行使强制性措施。美泉公司称其在与城管及社区进行沟通后拆除了朱某庆的空调，但美泉公司自认其向城管反映后，城管部门认为朱某庆安装的空调并不影响市容。美泉公司以两楼之间平台不能安装空调为由，擅自拆除业主朱某庆空调的行为，超越了物业管理公司的职责范围，该行为不仅侵犯了朱某庆的权利，而且损害了法律的严肃性。

第三，虽然朱某云代表朱某庆签署《前期物业服务协议》及《业主临时管理规约》，但是对朱某庆具有约束力。朱某庆也承诺严格按设计预留位置安装空调。但朱某庆能否在两楼之间的平台上安装空调，美泉公司无权作出评判，更无权利拆除。美泉公司向朱某庆发出通知称政府部门责令物业对空调外机强行拆除，没有证据证明。

无权占有不动产或者动产的，权利人可以请求返还原物，造成不动产或者动产毁损的，权利人可以请求修理、重作、更换或者恢复原状。美泉公司拆除并占有朱某庆的空调外机，侵犯了朱某庆的物权，朱某庆有权要求美泉公司返还财产并恢复原状。故对朱某庆的诉讼请求，法院予以支持。江苏省江阴市人民法院依照《中华人民共和国物权法》第三十四条、第三十六条、第三十八条之规定，作出如下判决：

美泉公司应于本判决发生法律效力之日起十日内返还朱某庆空调外机两台并恢复安装的原状。

【法官后语】

本案需要解决的问题是物业管理规约的性质及物业管理权的正当行使问题。

1. 物业管理规约对业主具有约束力，但不得排除对业主专有部分的合理使用

美泉公司主张拆除空调的依据是业主违反了物业管理规约，而物业公司是否有权以违反管理规约拆除业主的空调？物业管理规约是业主相互间权利义务关系的基本规定，为自治规范或自治规则。管理规约只要不违反法律的强制性、禁止性规定，不违反公序良俗原则或变更、排除区分所有权的本质，区分所有权人就应自觉遵守；但管理规约未排除、未禁止的，区分所有权人就可以自由使用其所有权。朱某庆对两楼间的其专有部分，有权合理使用。朱某庆签订的临时管理规约并没有排除对其专有部分的使用，因此物业公司主张朱某庆违反了物业管理规约的主张不能成立。

2. 物业管理不得实施强制措施

物业企业管理权系基于全体业主的授权或委托对物业本身和对业主等人的行为的管理。物业的管理并非从上至下的管理或者行政意义的管理，而仅仅是基于维护业主共同利益的需要为履行物业服务合同所实施的管理，故不得超出合同约定的权限。业主不是立法者，物业也不是行政管理机关，无权在管理规约中规定强制措施，如对业主进行罚款、限制出行自由等。业主的私搭乱建行为违反了业主共同利益，物业公司可以依据管理规约进行阻止，但不得采取措施直接拆除。因此，即使朱某庆在两栋楼之间的空地安装空调影响了其他区分所有权人的利益，美泉公司也无权对空调外机进行拆除。受此影响或侵害的相邻关系人可以基于相邻关系的法律规定寻求救援。

编写人：江苏省江阴市人民法院　邓云　相娟

图书在版编目（CIP）数据

中国法院2019年度案例．物权纠纷／国家法官学院案例开发研究中心编．—北京：中国法制出版社，2019.5

ISBN 978－7－5216－0054－4

Ⅰ.①中…　Ⅱ.①国…　Ⅲ.①物权－民事纠纷－案例－汇编－中国　Ⅳ.①D920.5

中国版本图书馆CIP数据核字（2019）第040380号

策划编辑：李小草（lixiaocao2008@sina.cn）
责任编辑：李小草　赵律玮　　封面设计：李　宁　温培英

中国法院2019年度案例·物权纠纷

ZHONGGUO FAYUAN 2019 NIANDU ANLI · WUQUAN JIUFEN

编者/国家法官学院案例开发研究中心
经销/新华书店
印刷/三河市紫恒印装有限公司
开本/730毫米×1030毫米　16开　　印张/16.5　字数/215千
版次/2019年5月第1版　　2019年5月第1次印刷

中国法制出版社出版
书号 ISBN 978－7－5216－0054－4　　定价：56.00元

北京西单横二条2号
邮政编码 100031　　传真：010－66031119
网址：http：//www.zgfzs.com　　编辑部电话：010－66071862
市场营销部电话：010－66033393　　邮购部电话：010－66033288

（如有印装质量问题，请与本社印务部联系调换。电话：010－65032926）

中国法院2012～2019年度案例系列

国家法官学院案例开发研究中心　编

简便易用、权威实用——打造“好读有用”的案例

1. 权威的作者：国家法官学院案例开发研究中心持续20余年编辑了享誉海内外的《中国审判案例要览》丛书，2012年起推出《中国法院年度案例》丛书，旨在探索编辑案例的新方法、新模式，以弥补当前各种案例书的不足。

2. 强大的规模：2012、2013年各推出15本，2014年推出18本，2015年推出19本，2016年推出20本，2017年推出21本，2018、2019年推出23本，含传统和新近的所有热点纠纷，所有案例均是从全国各地法院收集到的上一年度审结的近万件典型案例中挑选出来的，具有广泛的选编基础和较强的代表性。

3. 独特的内容：不再有繁杂的案情，高度提炼案情和裁判要旨，突出争议焦点问题。不再有冗长的分析，主审法官撰写“法官后语”，展现裁判思路方法。

1. 婚姻家庭与继承纠纷
2. 物权纠纷
3. 土地纠纷（含林地纠纷）
4. 房屋买卖合同纠纷
5. 合同纠纷
6. 买卖合同纠纷
7. 借款担保纠纷
8. 民间借贷纠纷
9. 侵权赔偿纠纷
10. 道路交通纠纷
11. 雇员受害赔偿纠纷（含帮工受害纠纷）
12. 人格权纠纷（含生命、健康、身体、姓名、肖像、名誉权纠纷）
13. 劳动纠纷（含社会保险纠纷）
14. 公司纠纷
15. 保险纠纷
16. 金融纠纷
17. 知识产权纠纷
18. 行政纠纷
19. 刑事案例一
20. 刑事案例二
21. 刑事案例三
22. 刑事案例四
23. 执行案例

最高人民法院指导性案例裁判规则理解与适用系列

公司卷二	98 元	物权卷	88 元
公司卷（第二版）（上下册）	139 元	婚姻家庭卷（第二版）	68 元
民事诉讼卷（第二版）（上下册）	145 元	合同卷四（第二版）	98 元
侵权赔偿卷二	69 元	合同卷三（第二版）	98 元
侵权赔偿卷一	69 元	合同卷二（第二版）	108 元
房地产卷	98 元	合同卷一（第二版）	108 元
劳动争议卷	58 元	担保卷（第二版）（上下册）	139 元

最高人民法院知识产权审判实务系列

商标法适用的基本问题（增订版）	78 元
反不正当竞争法的创新性适用【精装】	68 元
知识产权保护的新思维——知识产权司法前沿问题	98 元
最高人民法院知识产权审判案例指导（第 9 辑）	88 元
最高人民法院知识产权审判案例指导（第 8 辑）	88 元
最高人民法院知识产权审判案例指导（第 7 辑）	98 元
最高人民法院知识产权审判案例指导（第 6 辑）	78 元
最高人民法院知识产权审判案例指导（第 5 辑）	88 元
最高人民法院知识产权审判案例指导（第 4 辑）	78 元
最高人民法院知识产权审判案例指导（第 3 辑）	78 元
最高人民法院知识产权审判案例指导（第 2 辑）	78 元
最高人民法院知识产权审判案例指导（第 1 辑）	48 元
中国知识产权指导案例评注（第 8 辑）	98 元
中国知识产权指导案例评注（第 7 辑）	118 元
中国知识产权指导案例评注（第 6 辑）	128 元
中国知识产权指导案例评注（第 5 辑）	118 元
中国知识产权指导案例评注（第 4 辑）	98 元
中国知识产权指导案例评注（第 3 辑）	98 元
中国知识产权指导案例评注（上、下卷）	188 元
知识产权法律适用的基本问题——司法哲学、司法政策与裁判方法	168 元
最高人民法院知识产权司法解释理解与适用（最新增订版）	69 元
最高人民法院知识产权案件年度报告（2008～2015）（中英文版）	198 元
知识产权司法实务新型疑难问题：专利、商标与著作权热点问题	138 元
知识产权司法实务新型疑难问题：知识产权司法保护与产业发展	120 元
商业特许经营合同原理解读与审判实务	58 元
赢在 IP：知识产权诉讼实战策略	49 元
网络游戏知识产权司法保护	68 元

最高人民法院审判指导书系

执行规范理解与适用——最新民事诉讼法与民诉法解释保全、执行条文关联解读（增订 2 版）	159 元
最高人民法院民事立案业务指导	108 元
最高人民法院审判监督业务指导	128 元
最高人民法院执行业务指导	128 元